Raimund Frötscher

FARBEN DES KOCHENS

Meine erste Lehrmeisterin war meine Mutter!
Als kleinen Dank
habe ich dieses Kochbuch ihr gewidmet.

Ich möchte mich an dieser Stelle bei allen,
die mir ihr Vertrauen schenkten
und zum guten Gelingen dieses Buches beitrugen,
herzlich bedanken!

Armin Mairhofer
für die außerordentlich gute Zusammenarbeit
als mein zweiter Koch;

Dr. Inga Hosp für die Bearbeitung der Texte;

Firma Zimmermann in Bozen
für das Verleihen von sämtlichem Geschirr

sowie ganz besonders
bei Andrea Mamone und seiner Assistentin
für die Geduld und den Einsatz
beim Fotografieren der Gerichte.

Raimund Frötscher

FARBEN DES KOCHENS

Fotos von Andrea Mamone

VERLAGSANSTALT ATHESIA - BOZEN

*... Ich schrieb dieses Buch, um zu zeigen, wie wichtig es ist,
gesund zu kochen, gesund zu essen,
und welches Wohlbefinden gesundes Essen erzeugt.
Aber auch, weil ich zeigen möchte,
wieviel Kochen und Essen mit Kultur zu tun haben.*

1993
Alle Rechte vorbehalten
© by Verlagsanstalt Athesia Ges.m.b.H., Bozen
Layout: Erwin Kohl
Die Abbildungen auf den Seiten 7, 71 und 115
stammen von Walter Hackhofer
Gesamtherstellung: Athesiadruck, Bozen
ISBN 88-7014-763-0

Inhaltsverzeichnis

Raimund Frötscher – ein Porträt von Inga Hosp *8*

Beim Kochen kreativ sein *12*

Das Menü – der Anfang vom Ende einer Zeremonie *14*

Der Beginn eines Tages *16*

Die Kunst des Kochens fängt beim Einkauf an *17*

Über den Umgang mit der Zeit *21*

DIE REZEPTE

Frühling *27*
Die Menüvorschläge mit Zeiteinteilung *66*

Sommer *71*
Die Menüvorschläge mit Zeiteinteilung *110*

Herbst *115*
Die Menüvorschläge mit Zeiteinteilung *154*

Winter *159*
Die Menüvorschläge mit Zeiteinteilung *198*

Die kleinen Geheimnisse der Kunst des Kochens *202*

Lieblingsgerichte *211*

Auch Essen ist eine Kunst *223*

Wissenswertes *225*

Dinge, die man immer griffbereit haben sollte *236*

Arbeitsgeräte *237*

Rezeptverzeichnis *238*

*D*er Regen wurde aus mehreren Gründen geschaffen,
einer der wichtigsten aber ist der,
uns Menschen zu zeigen, wie schön der Sonnenschein ist!

Raimund Frötscher, China 1988

Raimund Frötscher

Ein Porträt von Inga Hosp

In den Geschichten, die mir als Kind aufgetischt wurden, waren die Köche durchwegs von mächtiger Körperlichkeit, dickbäuchig und rotbackig, als hätten sie nur für sich selbst gekocht und immer brav aufgegessen. Raimund Frötscher ist zart, fast schmächtig, schmalgesichtig und blaß. Alles an ihm ist leise, unaufgeregt, verhalten, nach innen gewendet. Nichts an ihm entspricht dem alten Klischeebild vom kochlöffeldrohenden Küchendiktator, auch nicht dem zeitgemäßeren des drahtigen Kommandeurs einer lärmenden Küchenbrigade, in der die Hierarchie hinauf und hinunter gehorcht und befohlen wird. Nicht das Scheppern von Kochtöpfen, allenfalls das Dröhnen eines fernöstlichen Meditationsgongs würde man Raimund Frötscher zuordnen. Er hat nichts von einem gewöhnlichen Hedonisten, aber den Asketen nimmt man ihm sofort ab.

Dennoch hat er die übliche harte Ochsentour durch die Ausbildungsküchen absolviert – es führt kein andrer Weg zum Abschluß. Daß er unterwegs nicht abgesprungen ist, verdankt er, wie er sagt, einem Jugendtraum. Mit vierzehn habe er schon Koch werden wollen: nicht irgendeiner, sondern ein bekannter, vielleicht sogar ein großer.

Es muß mit seiner Herkunft zu tun haben, mit der kleinen Pension seiner Eltern, mitten im Wald, weit über der Wein- und Obstgrenze, eher skandinavisch herb als südlich opulent, mit Heidekraut und Wacholder, Preisel- und Schwarzbeere als Signalpflanzen, reich an guten Speisepilzen (und noch reicher an deren Sammlern). Ein Gemüse-, Salat- und Kräutergarten ist in solcher Umgebung selbstverständlich, auch die frischen Eier von den eigenen Hühnern, die Milch aus dem Stall der eigenen kleinen Landwirtschaft, die der Vater nebenher unterhielt.

Die flinke, leichte, bodenständig-erfahrene und Neues gern annehmende Küche seiner Mutter (ich weiß, wovon ich schreibe, denn wir sind Nachbarn) hat Raimund wohl nicht nur genossen, sondern auch bewundern gelernt. Auf seinen ersten professionellen Küchenposten muß das anders gewesen sein. Nicht nur Heimweh habe er gehabt, bekennt er, sondern auch seine Zweifel, ob die eine oder andere Lehrstelle gut für ihn sei oder doch eher weniger gut. Aber ein Gefühl habe er gehabt, ein Gefühl, daß es bessere gebe – und ging einstweilen sogar in eine Waffelfabrik.

Als es auch das nicht war, machte er erst einmal die Jungköcheschule. Dann begann wieder die Küchenwanderzeit. Mit dem Heimweh wurde er fertig, es ließ ihn bis nach *Venedig* kommen, und dort hatte er fast ein Erweckungserlebnis: Es steckte in einem Illustriertenbericht über einen unkonventionellen Meisterkoch in seiner Heimat Südtirol. Er bewarb sich und mußte vier Monate warten, bis er unter des Meisterkochs Küchenchef Walter Oberrauch antreten durfte.

Schon nach dem ersten Mittagsservice habe er gewußt, daß er am richtigen Ort gelandet war, denn in jener Küche wurde mit frischen Produkten kreativ gekocht (so wie seine Mutter es auf ihre Weise auch machte). Raimund Frötscher entdeckte seine eigene Fantasie und begann mit ihr zu kochen – zunächst einmal auf dem Papier.

Nach zwei Jahren, mit dreiundzwanzig, wurde er Küchenchef in der *Villa Mozart* in Meran, jenem Ort des ästhetisch hochgespannten Wohnens und der exquisiten Gourmandise, die eben jenem Andreas Hellrigl gehört, über den Raimund in der Illustrierten gelesen hatte. Im Winter, wenn dort die Töpfe kalt blieben, sammelte er Auslandserfahrungen, besonders gründlich 1988 in Hongkong, und wieder besonders gern bei einfachen Menschen. Da war er schon sechsundzwanzig und immer noch lernbegierig.

Eines Tages habe er dort ein Menü nach seiner Art kochen sollen, aber mit chinesischen Produkten. Frühmorgens sei er zu einem Markt nahe beim Hafen gegangen, wo arme Leute an arme Leute verkaufen. Er sah eine alte Frau aus einem mageren Korb Karotten sortieren, die großen von den kleinen trennen. Auf dem Rückweg kaufte er ihr die Handvoll kleiner Karotten ab, für sehr wenig Geld, und die Alte habe ihn angelacht und ihn verstanden, als hätten sie dieselbe Sprache gesprochen...

Raimund Frötscher hält seine Erfahrungen gern in Sentenzen fest. Eine heißt:

*Der Anfang der Fast-food-Ära
war vielleicht das Ende von Großmutters Küche,
aber nicht das Ende guten Kochens.*

Natürlich versteht Raimund Frötscher darunter außergewöhnliches Kochen. Das betrifft gar nicht einmal die Zutaten, die sich meist charakterisieren lassen als *das Frische von nebenan*. Außergewöhnlich ist aber die Art, wie er damit umgeht, wie er in seinen Kreationen Frische zu erhalten und Wohlgeschmack zu intensivieren versteht.

Das ist gewiß zeitaufwendig und verlangt Virtuosität mit *brunoise* und *julienne*. Auch wird bei Raimund Frötscher viel passiert und gerührt, das Wasserbad ist stets präsent und beim Auf-den-Punkt-Braten auch das Herzklopfen. Andererseits ist nicht einzusehen, warum eine Pinzette zum Augenbrauenzupfen schwerer zu führen sein soll als zum Fischgrätenziehen (wenn eine Frau auf Raimund Frötschers Spuren geht), warum eine Hand, die auf Computertasten wandelt oder den Schreibstift huschen läßt, nicht ein Kaninchen zurichten lernen sollte (wenn es sich um Mann *oder* Frau handelt).

Es ist also eine Frage der Bereitschaft (gewiß auch der Übung), Raimund Frötscher zu folgen, vergleichbar den Umstellungen, die Lebenshilfekurse und Selbsterfahrungstraining oft verlangen. Man wird sich sehr *bewußt* für ein Menü à la Raimund entscheiden müssen (weil man sonst *wieder* den Weg des geringsten Widerstands zum schnellen Schnitzel ginge), wird sich ganz *einbringen* müssen (weil sonst die Sauce verdürbe), braucht viel von dem, was Raimund *Respekt und Liebe* nennt und was auch Toleranz und Zuwendung heißen könnte (für die Gäste, weil man ihnen vielleicht einen ganzen Tag Küchenarbeit widmen muß).

Raimund Frötschers Küche ist aber auch außerordentlich spannend und der wohlschmeckendste Nachholkurs in Physik und Chemie, den ich mir vorstellen kann. Nebenbei bemerkt, kann ein Menü nach seiner Fasson niemals unbemerkt bleiben, denn es macht schlaffe Geschmacksnerven augenblicklich so fit, daß das Gespräch bei Tisch (üblicherweise so vorherrschend, daß hinterher kaum noch jemand weiß, was gegessen worden ist) schütterer wird, dem Genuß Raum läßt, bestenfalls sogar fast verstummt, so daß das Wohlgefühl des Genossenen Körper und Seele endlich einmal richtig durchdringen kann. (Vielleicht sitzen die wahren Hedonisten ja in den Klosterrefektorien, wo sie schweigend essen und erst recht genießen.)

Solches Sich-Versammeln und Nach-innen-Gehen ist auch Raimund Frötschers Art. Wenn er sich dann wieder nach außen, den Dingen seiner Berufswelt zuwendet, dann scheinen sie an Farbe und Aroma gewonnen zu haben. Ich denke, seine Methode, mit Eßbarem umzugehen, macht aus Nährmitteln erst recht eigentlich Lebens-Mittel – übrigens auch aus Schülern (seiner Kochkurse) und Gästen (seiner Auftraggeber) Freunde. Und damit kein Mißverständnis aufkommt über das *Du*, mit dem er sich an seine Leser wendet: Nicht anbiedern will er sich, nicht sich selbst will er mit »Farben des Kochens« Freunde schaffen, sondern Freunde einer mütterlichen Erde will er werben. Über das Kochen habe er schreiben wollen, sagt er im Gespräch, aber er habe gemerkt, daß es nicht genüge, Rezepte in ein Buch zu schreiben; Rezepte, die Zutaten brauchen, die es auf dieser Erde vielleicht bald schon nicht mehr geben wird.

So ist sein Kochbuch eigentlich ein Appell geworden, die Erde gemeinsam wieder schmecken und dadurch gemeinsam wieder besser schätzen zu lernen. Er hält das für jenen Teil ökologischer Bewußtseinsbildung, die ein Koch leisten kann.

Es heißt, den tiefsten Eindruck von unserem Heimatplaneten erführen die Astronauten, wenn ihnen draußen im schwarzen, unbewohnbaren All der blaue Planet leuchtet. Raimund Frötscher versucht dieses Heimaterlebnis beim Umgang mit Gaben des Lebens zu vermitteln: Er möchte, daß das, was er kocht, so intensiv wie irgend möglich nach dem schmeckt, was es ist. Wohlgeschmack soll dankbar machen, dankbar für das Leben und bereit, dem Leben wahre Qualität, ja Würde zu erhalten. Diese Passion für das Leben ist die Leidenschaft des Raimund Frötscher. Ihn darum einen kochenden Träumer zu nennen, würde ich jedoch ablehnen.

Der Weg nach oben ist sehr lange und manchmal steinig hart. Sobald man aber dem Ziel näher kommt, weiß man eines ganz bestimmt: Essen ist mehr als nur lebenswichtig, und die Freude, die man bereitet, läßt einen selber sehr viel Freude spüren – obwohl man »nur« kocht.

Für mich waren es Wille und Überzeugung, die mich dem Ziel näher brachten. Ich bin aber noch lange nicht am Ziel angelangt, und dieses Buch ist eine Mittelstation meines Weges als Koch.

Beim Kochen kreativ sein!

Kochen: Was heißt das? Ein Buch hernehmen und ein Rezept nachkochen? Sicher, Köche schreiben Kochbücher auch, damit die Benützer nach ihren Rezepten kochen können. Rezepte sind notwendig, und Erfahrung schafft eine Basis (zum Beispiel ein Grundlehrgang für jemanden, der – oder die – eher selten kocht).

Aber du kannst dir auch deinen eigenen Grundlehrgang machen, indem du einfach kochst, Fehler machst und daraus lernst (übrigens war das *mein bester Grundlehrgang*). Hol dir Ratschläge bei Freunden und aus guten Kochbüchern! Damit wirst du sicher nicht von heute auf morgen kochen können – aber von Tag zu Tag wirst du besser werden. Vor allem: *Beginne mit Freude zu kochen* und nicht mit der Angst, es könnte dir etwas mißlingen!

Mit der Zeit wirst du merken, daß deine eigene Fantasie mehr zu tun haben will, und du wirst dich mit dem Nachkochen nicht mehr begnügen. Du möchtest mehr, möchtest selbst kreieren – und du kannst es! Du hast ja Fantasie (du setzt sie zum Beispiel ein, um dich zu kleiden), du hast ja deinen eigenen Geschmack (du spürst ihn, wenn du dich mit Kunst beschäftigst), und daß du kreativ bist, kannst du gerade beim Kochen entdecken!

Ich glaube sogar, daß Kreativsein etwas mit Naivsein zu tun hat. Wenn wir spielen, spielen wie Kinder, mit der spontanen Fantasie von Kindern, können wir erstaunliche Resultate erzielen. Kreieren – da bin ich ganz sicher – ist nichts Kompliziertes. So einfach eine Kreation ist, so raffiniert kann sie sein, und dann wird das Einfachste zum Größten. Ein Apfel (was ist schon ein Apfel, wirst du sagen): Aber schau ihn dir an wie ein Kunstwerk, und du wirst entdecken, wie einfach und zugleich vollkommen er ist. Er verdient Respekt. Er verdient, daß wir ihm etwas geben, was seine Vollkommenheit unterstreicht, nicht ihm etwas nehmen vom eigenen perfekten Wohlgeschmack. Also schwenke ihn vielleicht in Karamel mit etwas Weißwein und einem Schuß Apfelschnaps und gib ihm ein Fichtenhonigeis zur Gesellschaft. Und schon hast du das, was ich unter einer Kreation verstehe – und unter guter Küche. Denn alle übertriebenen Spielereien und Verfälschungen sind das genaue Gegenteil einer guten Küche. *Einfach sollst du beim Kochen denken,* nicht kompliziert! Es gibt zwei Möglichkeiten, zu einer Kreation zu gelangen: Auf den Markt gehen, spontan kaufen und dabei erfinden. Oder mit der Idee beginnen, einem spontanen Einfall. Manchmal hast du Momente, da sind deine Gedanken wie sprudelnde Quellen. *Wichtig* ist dann nur, die Idee sofort festzuhalten. Eines Tages wird sie als deine Kreation auf weißem Porzellan liegen.

Beginne mit einfachsten Kreationen! Du weißt, daß Äpfel und Honig zusammenpassen (denke einfach an Weihnachten!), Äpfel, Nüsse, Honig, Orangen ... – Kreiere! Lasse allem seinen Eigengeschmack und richte den Teller oder die Platte mit feinfühligen Händen an, zwei, drei Dinge zusammen, einfach und wohlschmeckend: Fisch und Petersilie ... Huhn und Rosmarin ... Nudeln ... Safran ... kleine Gemüse... Das sind kleine Kreationen, wie ich sie mag, ohne Schnörkel und Verfälschung. Eines Tages wirst du also Gelegenheit haben, deine eigene Kreation auf den Teller zu bringen – auf der Basis der Erfahrung und mit deinen besten Gehilfen: der Leidenschaft und dem Respekt.

Nur mit diesen Gehilfen kann Kochen zur Kunst werden, denn *die Basis* deines Kochens (denk an den Apfel!) ist ja schon Kunst in höchster Vollendung.

Respekt ist die Basis der Ehrfurcht.
Ehrfurcht ist die Basis der Liebe.
Die Liebe ist die Frucht aller Früchte.

Alle Früchte dieser Erde, denen wir mit Ehrfurcht gegenübertreten,
die wir mit Respekt behandeln, schmecken nach L i e b e.

Das ist mein wichtigstes Rezept.

. . . und aus kleinen Kreationen entstehen die ersten Menüs.

Das Menü – der Anfang vom Ende einer Zeremonie

Manchmal, wenn ich nach einem vollendeten Tag nach Hause komme, brauche ich weniger den raschen Schlaf, sondern ein wenig Ruhe. Für solche Fälle habe ich Papier und Bleistift in meiner Nähe, denn in solcher Stimmung (ich möchte sie fast meditativ nennen) kann ich ohne jede Anstrengung das Menü für den nächsten Tag schreiben.

Sicher kann nicht jeder dasselbe zur gleichen Zeit fühlen. Was ich sagen will, ist nur: *du brauchst Ruhe,* dieses freie und weite Ausschwingen des Geistes, um ein schönes Menü zu schreiben. Vielleicht liebst du aber den Morgen mehr. Dann könntest du auf den Markt gehen, dich von der Frische der Lebensmittel inspirieren lassen und dein Menü während des Einkaufs zusammenstellen. Jeder findet Ruhe auf seine Art und zu seiner Zeit! Aus Ruhe wächst Harmonie. Für unser Menü heißt das: Die einzelnen Gänge fließen ineinander. Geschmack und Farbe und damit auch die jahreszeitliche Anpassung sind die Träger dieser Harmonie.

Zum Beispiel: ein bißchen italienisch ... auf italienisch – so folgt auf Tomatenmousse mit Lachsmedaillons und Basilikum – eine Zucchinisuppe ... Oder: ein bißchen französisch ... auf französisch – da folgt auf Kalbshirnparfait mit Schalottenconfit eine Blumenkohlsuppe mit Kaviar – und Steinbuttfilet in Safran-Tintenfisch-Sauce ...

In meiner Vorstellung ist ein Menü wie ein wunderbarer Garten, umgeben von einem Zaun.

Es sollten nicht zu viele schwere Gerichte vorkommen oder solche, die insgesamt zuwenig sättigend sind. Ebenso sollte bei einem mehrgängigen Menü, wenn möglich, nicht mehr als einmal eine Sahnesauce oder eine mit Butter gebundene Sauce vorkommen.

Wenn du etwas Cremiges als Vorspeise servierst, ist es nicht angebracht, wieder eine Creme oder dergleichen als Nachspeise zu reichen. Schließlich willst du keine Kindermahlzeit anbieten. Sei aber auch nicht zu steif! Alte Regeln sagen zwar, daß in einem Menü ein und dasselbe Gemüse, die gleichen Kräuter nicht zweimal vorkommen sollten. Auch farblich soll nicht dreimal Grün auf Grün folgen. Aber du könntest aus dem Makel auch einen *Pfiff* machen und ein *Grünes Menü* anbieten oder vielleicht im Herbst einmal ein *Artischockenmenü*.

Auch ich nehme Regeln nicht so ernst, und ich sage dir: Alles geht, *wenn* es einen harmonischen Zusammenklang ergibt. Die Größe der Portionen sollte der Anzahl der Gänge angepaßt sein. Auf dem Teller sollte nicht die falsche Vorstellung von Nouvelle cuisine präsentiert werden: Portionen, die man mit der Lupe suchen muß. Menschen wollen essen und satt werden, ohne übersättigt zu sein. Bei jedem Gang sollte der Gast nach dem letzten Bissen das Gefühl haben, noch ein klein wenig mehr zu wollen. Erst beim vorletzten Gang sollte er fast satt sein. Fast satt sein heißt, daß er Essen noch sehen kann und nicht beim Anblick des Desserts schon satt ist.

Das alles sind wichtige Dinge, die mit der Zusammenstellung eines Menüs zu tun haben. Lasse deine persönlichen Gefühle und Vorstellungen wirken, und halte dich nur in bestimmten Fällen an Regeln! Mach es dir vor allem nicht unnötig schwer, indem du Gerichte auswählst, die du in der gegebenen Zeit nicht bewältigen kannst.

Übrigens ist es gar nicht unbedingt ein Nachteil, wenn du für ein Menü einmal nur wenig Zeit hast: Das einfache, kurze, das du in einem solchen Fall anbietest, kann ein größerer Erfolg sein als ein schwierigeres mit großem Zeitaufwand. Aber *wichtig ist die Zeit,* die du brauchst, um dein Menü zu schreiben. Und das müssen Momente der Ruhe, der konzentrierten Ruhe sein, Momente, die ganz dir gehören.

. . . Du hast dir für deine Gäste ein schönes Menü ausgedacht. Der Tag kann beginnen.

Der Beginn eines Tages

Was hat der in einem Kochbuch zu suchen? Mir erscheint es wichtig, wie man einen Tag beginnt (hauptsächlich für meine Berufskollegen), deshalb möchte ich eine eigene Erfahrung mitteilen: Manchmal gelingt es mir, am frühen Morgen (um sechs oder spätestens sieben Uhr) aufzustehen. Dann gehe ich in den Wald zum Pilzesammeln oder auf den Markt zum Einkaufen. Es kann sein, daß mir das Aufstehen schwerfällt, aber ich komme vorbereitet in die Küche und hatte schon vorher Zeit für mich selbst.

. . . Du beginnst den Tag vielleicht mit dem Einkaufen, denn da beginnt die Kunst des Kochens.

Die Kunst des Kochens fängt beim Einkauf an

Am schönsten wäre es natürlich, wenn die Kunst des Kochens in *Großmutters Garten* beginnen könnte: beim Salat, der vor Morgenfrische strahlt, bei den Karotten, rot unter der noch anhaftenden Erde, bei der Zucchiniblüte, die unsere Fantasie schon mit Langustinenmousse füllt und einen kleinen Salat von Karotten und Zucchini dazu reicht. Ich weiß noch genau, wie die Himbeeren schmeckten, die wir aus dem Garten naschten; und später schimpfte die Großmutter, weil sie nicht mehr genug davon für den Sonntagskuchen hatte.

Wenn du keinen solchen Garten mehr hast, dann hast du doch wenigstens einen Händler in deiner Nähe. Mit ihm solltest du Freundschaft schließen, damit er dir Früchte sucht, die denen aus Großmutters Garten zumindest nahekommen. Er wird es dir sagen, wenn er etwas ganz Besonderes für dich hat. Vielleicht ruft er dich sogar an, wenn die ersten Pfifferlinge eingetroffen sind, weil er weiß, du bist einer von denen, die wollen, daß Gemüse riecht und daß die Himbeeren nach Großmutters Garten schmecken.

Wenn ich aber anfange, dir zu erklären, wie Gemüse aussehen muß, um daraus ein wunderbares Gericht zu machen (nicht nur irgendein Essen), würde ich das halbe Buch vollschreiben. Aber ein paar Beispiele sagen dir auch, worauf es ankommt.

Als ich fünfzehn war, arbeitete ich einige Zeit als Lehrling bei einer Köchin und wurde unter anderem zum Salatwaschen angestellt. Eines Tages ertappte sie mich dabei, wie ich das Salatherz in den Abfalleimer warf. Ihre Predigt höre ich noch heute. Und meine Mutter habe ich des öfteren dabei beobachtet, wie sie das Salatherz weder wusch noch in die Salatschüssel tat ..., sondern es selbst vernaschte. Also, jetzt weißt du, wo der Salat am besten ist ... und daß die Bohnen krachen sollen, wenn du sie auseinanderbrichst ... und daß es dem Gärtner sicher leid tat, den Mangold schon jetzt zu pflücken, da er noch so jung und zart ist; aber er tat es für Kunden wie dich, und du mußt es ihm danken. Es ist auch ein Unterschied zwischen großen und kleinen Karotten, zwischen einer riesig aufgeblasenen und einer kleinen, festen Zucchinifrucht, zwischen gut reifen und grünen Tomaten. Jede Frucht ist zu einer bestimmten Zeit am besten (und dann übrigens meist auch am billigsten). Frag deinen Händler, denn das Fragen ist die beste Warenkunde! *Alles Obst und Gemüse hat seine Saison,* und du kannst riechen, fühlen und sehen.

Feigen kaufe ich im September und Oktober, und ich kann dir sagen, die *Feigen in Rotwein mit Ingwereis* (Seite 150) schmecken nur in dieser kurzen Zeit so, wie sie schmecken können. Ich mag sie am liebsten, wenn sie eine Spur überreif sind – und bei diesem Wort fällt mir auch die Tomatenmousse ein. Mein Gemüsehändler schaute anfangs einigermaßen verdutzt drein, weil ich genau die überreifen italienischen Tomaten nahm, die er am nächsten Tag vielleicht schon nicht mehr hätte verkaufen können. Probier's selbst!

Ich wollte dir noch so vieles erzählen, und meine Hände würden vom Schreiben nicht müde, weil ich mich dieser Dinge so erfreue. Aber du hast das Vertrauen deines Gemüsehändlers, und er wird dich in die Welt der kleinen Geheimnisse der Früchte führen, die uns Mutter Erde mit Hilfe der Sonne und des Regens schenkt und damit den »Regenbogen« der Früchte erschafft.

Wenn du das Vertrauen und die Achtung deines Obst- und Gemüsehändlers hast, dann mach dich auf, dir einen Fischhändler zu erobern! Er wird dir Fische verkaufen, die vor Frische glänzen, deren Augen klar wie Wasser und deren Kiemen rot sind. Du wirst dich schwertun beim Zurichten (weil frische Fische schwerer zu entschuppen sind), aber das Resultat wird die Anstrengung vergessen lassen.

EINFÜHRUNG UND ALLGEMEINES

Du brauchst hier auch keine Fischkunde, wenn du dir *einen Fischhändler zum Freund* machst, denn er wird dir mit Stolz von seinem Wissen geben. Laß ihn dir auch einmal einen Fisch verkaufen, den du noch nicht so gut kennst, und gehe nie mit dem Vorsatz ins Geschäft, unbedingt einen bestimmten Fisch zu wollen! Laß dich beraten und frage nach dem frischesten! Und den nimm dann (es muß gar nicht der teuerste sein), lege ihn in deinen Korb und geh damit zum Gemüsehändler ... und kreiere mit dem Fisch und dem Gemüse ein Gericht nach deiner Vorstellung. Es kann nichts schiefgehen, denn *du hast Respekt* vor dem Fisch (jawohl: Respekt!), liebst die Zitrone, die Petersilie, die wilden Spargeln, aus denen ich im Frühjahr zum Beispiel eine *Forelle in der Kruste mit wilden Spargeln in leichter Zitronensauce* (Seite 46) machen würde.

Manche Menschen essen aus verschiedenen Gründen kein *Fleisch,* und ich möchte das ausdrücklich respektieren. Ich aber mag Fleisch, und mein Wunsch wäre nur, daß Tiere mit Würde und Respekt gehalten und nicht gequält werden. Sonst würde ich lieber verzichten. Ich danke meinem Metzger, der mich im Herbst benachrichtigt, weil er mir einen Rehrücken von einem frisch erlegten Tier anbieten kann, weil er mir (aber sicher auch dir) ein Kalbsbries beiseite gelegt hat.

Übrigens: Aus dem billigsten Stück Schweinefleisch kannst du ein größeres Gericht bereiten als aus dem teuersten Stück Rinderfilet, *wenn* die Qualität des Schweinefleisches die bessere war. Man kann das erkennen, und wenn du nicht weißt wie, dann frage ganz frech deinen Metzger. Er wird dir mit Freude und Stolz eine Lektion in Warenkunde erteilen. Du wiederum sammelst Erfahrungen und erhältst dafür wieder *seinen* Respekt: Ihr versteht euch einfach!

Ich könnte dir auch viel über Geflügel sagen. Vielleicht wirst du dich manchmal schwertun, eine schöne Taube zu finden, denn die kommen meist aus Frankreich. Aber *frage* danach den Mann oder die Frau hinterm Ladentisch, und man wird dir *die* Tauben besorgen, aus denen ich im Sommer *Taubenbrüstchen im Karottensud* (Seite 96) mache und deren kleine Schenkel ich mit Petersilienfarce fülle.

Aus der kleinen Leber, die ich aufbewahre, mache ich dann später ein kleines Geflügelleberparfait, zu dem ich einen kleinen Salat vom Maiskolben serviere, den ich wieder frisch vom Gemüsehändler bekam. Aber auch wenn du besonderes Geflügel nicht finden solltest, bleibt dir immer noch das Huhn. Und ich sage dir: Es ist ein Sonntagsessen! Auch wenn es ganz einfach daherkommt, vielleicht nur mit Rosmarin, frisch aus dem Garten oder von der Fensterbank, mit herrlichen Bratkartoffeln, in seiner eigenen Sauce – wie bei Großmutter.

Ich könnte noch viel erzählen über das Einkaufen. Da fällt mir *der Bauer* ein, der mir immer wieder etwas von seinem selbstproduzierten Buchweizen (Schwarzpolenta sagen er und ich dazu) verkauft.

Vielleicht freut er sich auch, in diesem Buch vorzukommen. Ich aber kann ihm nicht genug danken, daß er mir die Möglichkeit gibt, *Schwarzpolentaroulade mit Erdbeeren und Eis von schwarzem Pfeffer* (Seite 58) zu machen, und wenn ich von den Menschen an der großen Tafel ein Kompliment dafür bekomme, dann ist er es, dem es gilt.

Nur das möchte ich dir noch erzählen, zum Abschluß und weil es mit dem Einkaufen ebenso zu tun hat wie mit der Entstehung dieses Kochbuchs: *Ich nehme mir Zeit,* in meiner Freizeit zwanzig Kilometer weit zu fahren, um auf einem Bergbauernhof Eier zu holen. Mit denen (und nur mit denen) mache ich *Pochierte Eier auf Rösti mit Kaviar* (Seite 38).

Auf dem Teller vereinen sich Berg und Meer, das Einfache und das Edle, Weiß und Schwarz mit einem kleinen Petersilienblatt, das die Farbe ins Schwarzweiße bringt.

Auf diesem Bauernhof lernte ich auch ein Mädchen kennen, das mir unter anderem die erste kleine Anregung gab, ein Buch zu schreiben. Und ob du es jetzt magst oder nicht: Geschichten wie diese sollen dir sagen, daß du beim Kochen auch die Farben des Lebens und der Liebe findest, die aus Menschen große Freunde macht.

. . . Immer vorausgesetzt: Du läßt dir Zeit.

Über den Umgang mit der Zeit

Ganz wichtig bei der Planung und Zubereitung eines Menüs ist für mich die Einteilung der Zeit. Gerne beginne ich am Morgen eines Arbeitstages mit Tätigkeiten, die mich geistig nicht so anstrengen. Ich putze Spinat oder schneide Gemüse, und während ich das tue, kann ich gut nachdenken und mir die Zeit für die folgenden Arbeitsgänge einteilen: *eins nach dem andern,* bei voller Konzentration, mit Freude und Fantasie.

Oft beginne ich mit den Desserts, weil sie meine ganze Konzentration und auch relativ viel Zeit beanspruchen. Terrinen, Cremes, Halbgefrorenes und dergleichen empfehle ich, gleich zu Beginn zu machen, auch weil sie, um fest zu werden oder zu gefrieren, einige Zeit im Kühlschrank stehen müssen. Außerdem weiß ich dann, daß das Dessert als gelungener Abschluß des Menüs bereits gesichert ist, und das beruhigt mich. Auch wenn ich weiß, daß ich in den nächsten Tagen einmal ein Leberparfait als Vorspeise anbieten will, bereite ich es in aller Ruhe rechtzeitig vor, damit es im Kühlschrank sein volles Aroma entfalten kann. Diese Vorgangsweise kann auch dir nur nützlich sein, weil du deine Gäste mit Ruhe erwarten und es dir leisten kannst, einige raffiniertere Gerichte in dein Menü aufzunehmen: Einen Gang hast du ja schon fertig! Auch die Zubereitung von Farcen oder Füllungen für Ravioli und dergleichen braucht größeren Zeitaufwand. Richte dir diese Dinge also schon am Vormittag her oder am Vortag – oder einfach dann, wenn du nicht an viel anderes zu denken hast.

Mit Gelassenheit und ohne Zeitdruck solltest du auch an das Zurichten von Fleisch und Fisch gehen können, an die Vorbereitungen für Fleischsaucen, Fischfond und Suppen, die aber am besten erst zu einem späteren Zeitpunkt auf den Herd kommen, weil Suppen und Saucen nur kurz kochen sollten. Auch Teige für Nudeln, Strudel oder Kuchen solltest du einige Zeit vorher kneten, damit sie ruhen können.

Schließlich können Aprikosen, Äpfel oder andere Strudel- und Kuchenfüllungen schon vorab geschnitten und mariniert werden. Ich jedenfalls stelle mich erst dann an den Herd, wenn ich alles gut vorbereitet habe und so Suppen, Saucen und dergleichen zum selben Zeitpunkt aufstellen und kontrollieren kann. Aus all diesen Gründen solltest du, sobald du dein Menü geschrieben hast, gut *überlegen* und sorgsam *deine Zeit einteilen.* Aus Erfahrung weiß ich, daß es nicht gut ist, drei oder vier Töpfe auf dem Herd zu haben und nebenbei noch andere Arbeiten verrichten zu müssen. Du riskierst dabei allerlei *Unfälle*, wie trüb gewordene Suppen, angebrannte oder zu fest gewordene Saucen usw.

Ich nehme sehr viel Rücksicht auf die Frische der Zutaten, und deshalb koche, dünste oder dämpfe ich Gemüse fast zum Schluß der Vorbereitungen, ohne es noch einmal in den Kühlschrank stellen zu müssen.

Die Zunge für den Salat von der Kalbszunge koche ich ca. drei Stunden vor Gebrauch, damit sie, wenn ich sie auf das Salatbett lege, noch lauwarm und ganz frisch ist.

Für Cremesuppen und dergleichen richte ich alles her, bereite sie aber erst kurz vor Beginn des Essens zu.

Saucen stelle ich so weit fertig, daß ich sie bei Gebrauch nur mehr mit einem Stückchen Butter verfeinern muß.

Kleine Törtchen oder den Strudel für das Dessert gebe ich ca. zwei bis drei Stunden vor Gebrauch ins Backrohr, damit sie so frisch wie möglich sind.

Zusammengefaßt: Da jedes Menü anders ist, kommt es immer darauf an, dir zu überlegen, was du wann machst. Ich gehe davon aus, daß du dein Menü wohl am Abend servierst. Andernfalls solltest du dir einiges schon am Vortag herrichten.

Und noch ein kleiner Ratschlag: Hilfreiche Hände, die dir einiges abnehmen, sind ein Segen für das Menü. Lade dir doch einen Freund oder eine Freundin zum Kochen ein; das kann richtig Spaß machen!

Übrigens findest du in der Folge bei den Menüvorschlägen immer auch Hinweise zur Zeitökonomie des jeweiligen Menüs. Bei den Einzelrezepten ergibt sich die Zeiteinteilung ohnehin aus der Zubereitung.

Ein Grundsatz zum Schluß: Hast du wenig Zeit, dann koche Einfaches – und es bleibt dir immer noch genügend Zeit, um daraus etwas Raffiniertes zu machen. Eines Tages, wenn du *Erfahrung* und *Zeit* hast, dann zeig einmal, was du kannst!

. . . *Mit der Zeit* kann Kochen zur Kunst werden.
Aber jede Kunst hat ihre kleinen Geheimnisse. Sie stehen auf Seite 202.

Die Chinesen halten es für äußerst wichtig,

Obst und Gemüse der Jahreszeit zu essen,

weil sich in der natürlichen Reifezeit der Früchte

die Kräfte von Himmel und Erde am nächsten sind!

DIE REZEPTE

Lies jedes Rezept zuerst sorgfältig durch!

Beginne mit dem Einfachen und probiere dann das Schwierigere.

Beim Zeichen * gibt es unter *Wissenswertes* (Seite 225) eine genaue Erklärung!

Bei den Menüvorschlägen mit Zeiteinteilung
solltest du dich
an die angegebene Reihenfolge (1, 2, 3 . . .) halten.

FRÜHLING

Salat von Gemüsestreifen, Steinbutt und Miesmuscheln an Champagnervinaigrette

4 Personen

ZUTATEN

1 Steinbutt zu ca. 600–800 g

Für das Champagnerdressing:

*Die Gräten und den Kopf vom Steinbutt
1 Schalotte
1/2 Knoblauchzehe
einige Petersilienstengel
1/2 Karotte
1 Selleriezweiglein
Champagner- oder Weißweinessig
bestes Olivenöl*

Für die Miesmuscheln:

*ca. 30 Miesmuscheln
1 Thymianzweiglein
1 halbierte Knoblauchzehe
1/2 Glas Weißwein*

Für das Gemüse:

*2 mittlere Karotten
1 Gurke
ca. 200 g Bohnen
das Herz (untere Teil) von einer Selleriestaude
1 reife Tomate
einige Blätter Vogelesalat (Feldsalat) oder ähnliches*

ZUBEREITUNG

Vom Steinbutt jeweils von der Mitte nach außen hin, nahe den Gräten entlang, die vier Filets herausschneiden. Bei den Filets ein sehr scharfes Messer zwischen Haut und Fleisch durchziehen und somit die Haut entfernen. Dann die Filets in längliche, nicht zu große Stücke schneiden, auf ein Tablett geben, mit Klarsichtfolie zudecken und kalt stellen. Die Gräten und den Kopf gut waschen und etwas aufhacken.

Für das Champagnerdressing

Gräten, Kopf und Gemüse in einen hohen Topf geben, mit eiskaltem Wasser aufgießen, eine Prise Salz dazugeben und zum Kochen bringen. Sobald das Ganze zu kochen beginnt, Hitze reduzieren, abschäumen und weitere zwanzig Minuten ziehen lassen.

Anschließend durch ein Tuch passieren und auf ca. ein Fünftel einkochen lassen.

Für die Miesmuscheln

Die Miesmuscheln putzen und gut waschen, in einem eher weiten Topf mit der Knoblauchzehe, dem Weißwein und dem Thymian zugedeckt für ca. fünf Minuten kochen. Dabei ab und zu den Topf etwas rütteln, weil sich die Muscheln dann schneller öffnen. Sobald die Muscheln offen sind, den Topf sofort vom Feuer nehmen und knapp zugedeckt abkühlen lassen.

Für das Gemüse

Das Gemüse putzen. Die Karotten und den Sellerie wenn möglich mit der Aufschnittmaschine in Scheiben und dann mit dem Messer in ca. 5 cm lange, dünne Streifen schneiden. Die Bohnen ebenso in ca. 5 cm lange Stücke schneiden und halbieren.

Die Gurke schälen, halbieren und mit einem Teelöffel die Kerne herausnehmen, dann wie das andere Gemüse in Streifen schneiden.

Die Tomaten* enthäuten, vom Kernhaus befreien und dann das Tomatenfleisch in Streifen schneiden, diese auf einen Teller geben und zugedeckt bereitstellen.

Die Gemüsestreifen getrennt voneinander wenn möglich dämpfen* oder sonst in Salzwasser sehr knackig kochen.

Die Bohnen in sehr gut gesalzenem Wasser fast weich kochen, dann alle Streifen, außer den Tomaten, auf ein Tablett geben und bereitstellen. Nicht kalt stellen.
Den Vogelesalat waschen und auf ein Tuch zum Abtropfen geben.

FERTIGSTELLUNG

Die Miesmuscheln aus der Schale nehmen und in einen geeigneten Topf geben. Das Muschelwasser durch ein Tuch dazupassieren. Zusammen vorsichtig warm werden lassen, aber nicht kochen.

Zum reduzierten Steinbuttsud zwei bis drei Eßlöffel vom Miesmuschelsud, zwei bis drei Eßlöffel Champagneressig und drei bis vier Eßlöffel Olivenöl geben und mit dem Mixstab kurz aufmixen.

In einem eher flachen Topf ca. 1–2 Liter gut gesalzenes Wasser fast zum Kochen bringen.

Das Gemüse wenn nötig leicht wärmen (soll lauwarm sein) und mit ein wenig vom Dressing vermengen, auf flachen Tellern verteilen.

Die Steinbuttstreifen in das fast kochende Wasser geben und so ca. fünfzehn Sekunden garen lassen (ohne daß das Wasser kocht). Sofort aus dem Wasser auf ein Tuch zum Abtropfen geben und dann zusammen mit den Miesmuscheln auf dem Gemüse verteilen. Mit den Tomatenstreifen und dem Vogelesalat garnieren, mit dem Champagnerdressing beträufeln und schnell servieren!

*Am Anfang des Frühjahrs wird man vielleicht noch keine Bohnen bekommen, dann kann man diese durch ein anderes Gemüse ersetzen.
Das Wasser zum Kochen des Fisches soll wie Meerwasser gesalzen sein, dann ist der Fisch nach dem Garen perfekt im Geschmack.*

Marinierter Lachs mit Spargelspitzen

Der Lachs muß mindestens 36 Stunden vor Gebrauch mariniert werden und reicht für ca. 10–15 Personen. Restliches Gericht für 4 Personen.

ZUTATEN

Für den Lachs:

*1 ganzes Lachsfilet
zu ca. 1–1½ kg Gewicht
ca. 100 g Petersilie
1 Karotte
2 Zweiglein Sellerie
1 EL zerstoßene Korianderkörner
Pfeffer aus der Mühle
insgesamt 1 Glas trockener Sekt
½ kg grobes Salz mit
100 g Zucker vermischt*

Für das restliche Gericht:

*12 weiße Spargel
12 grüne Spargel
Champagneressig oder bester
Weißweinessig*

ZUBEREITUNG

Für den Lachs

In einer dem Lachs entsprechend großen Reine das Salz mit dem Zucker der Länge nach in die Mitte geben und den Lachs mit der Hautseite nach unten auf das Salz legen. Die Fleischseite leicht salzen und etwas Zucker darüberstreuen. Die ganze Seite pfeffern, den Koriander darauf verteilen und ein wenig vom Sekt gleichmäßig darübergeben. Die Petersilie und den Sellerie etwas aufschneiden, die Karotte waschen und in feine Scheiben schneiden. Alles auf die Fleischseite geben und den restlichen Sekt darüber verteilen. Wenn möglich, ein geeignetes Gewicht auf den Lachs geben und so für mindestens 36 Stunden im Kühlschrank marinieren* lassen.

Für das restliche Gericht

Von den ganzen Spargeln den untersten, holzigen Teil ca. 4 cm lang wegschneiden (nicht aufbewahren). Den weißen Spargel schälen und die Spitzen ca. 8 cm lang abschneiden. Den Rest für die Sauce aufbewahren. Den grünen Spargel etwas zuputzen und die Spitzen gleich lang wie den weißen abschneiden. Den Rest ebenso für die Sauce aufbewahren.

Die grünen Spargelspitzen in reichlich gut gesalzenem Wasser für ca. fünf Minuten knackig kochen, aus dem Wasser nehmen und auf einem Tablett im Kühlschrank abkühlen lassen.

In dasselbe Wasser wenig Zucker geben und die weißen Spargelspitzen ca. acht Minuten nicht zu knackig kochen, vom Feuer nehmen und im Wasser abkühlen lassen. Der weiße Spargel sollte fast gekocht sein, der grüne ein wenig knackig bleiben.

Die grünen und die weißen Spargelreste etwas aufschneiden und zusammen in Salzwasser mit ein wenig Zucker weich kochen. Anschließend mit ein wenig vom eigenen Wasser in den Mixer geben, einen Tropfen Champagneressig dazugeben und fein mixen. Diese Sauce soll sehr dickflüssig sein, damit sie auf dem Teller nicht rinnt.

FERTIGSTELLUNG

Die Lachsseite aus der Marinade nehmen und sauber abstreifen. Mit der Hautseite nach unten auf ein Brett legen und mit einem langen, dünnen und sehr gut schneidenden Messer eher flache, sehr feine Scheiben schneiden.

Pro Teller sechs Scheiben Lachs geben und den Spargel darauf verteilen. Die lauwarme Spargelsauce in die Mitte geben und sofort servieren.

Es wäre gut, wenn die Spargelspitzen noch warm sind, wenn man sie auf den Teller legt. Deshalb sollte man sie, wenn möglich, zum Schluß kochen und braucht den grünen Spargel auch nicht abzukühlen.

Eventuell kann man, wenn man einen sehr guten Lachs hat, diesen, auch ohne ihn zu marinieren, verwenden. Nachdem man ihn geschnitten hat, nur leicht salzen und pfeffern. Marinierter Lachs hält sich im Kühlschrank 4–5 Tage.

Lauwarmer Salat von Spargeln und Scampi mit Himbeer-Zitronen-Dressing

4 Personen

ZUTATEN

12–16 Scampi (Langustinen)
12 weiße Spargel
12 grüne Spargel

Für das Dressing:
1 Zitrone
2 Radieschen
3 EL Himbeeressig
5 EL leichtes Olivenöl

ZUBEREITUNG

Von den Scampi die Köpfe abtrennen (nicht wegwerfen). Die Scampischwänze aufbrechen und das Fleisch vorsichtig herausnehmen. Mit einer Pinzette den dünnen, schwarzen Darm entfernen, mit Klarsichtfolie zugedeckt kalt stellen.

Alle Schalen und Köpfe von den Scampi gut waschen und in Gefrierbeutel abgefüllt tiefgefrieren, für ein Scampimousse (Seite 34) aufbewahren.

Die weißen Spargel schälen und dann die Spitzen ca. 6 cm lang abschneiden. Diese, wenn es dicke Spargel sind, vierteln, sonst nur halbieren. Den restlichen Teil bis zum holzigen Ende schief in längliche Scheiben schneiden und die Scheiben dann halbieren, so daß eine Art Streifen entstehen. Spitzen und Streifen getrennt voneinander bereitstellen.

Von den grünen Spargeln ebenso die Spitzen ca. 6 cm lang abschneiden und vierteln oder wenn es dünne Spargel sind, auch nur halbieren. Den restlichen Stiel gleich wie bei den weißen Spargeln in Streifen schneiden, ebenso getrennt voneinander bereitstellen.

Für das Dressing

Von den Radieschen die Schale abschneiden, diese in kleinste Brunoise* schneiden und in ein kleines Gefäß geben.

Den Himbeeressig, das Olivenöl und ein wenig Salz in das Gefäß zu der Radieschen-Brunoise geben, einige Tropfen Zitronensaft dazugeben und alles gut verrühren. Von der Zitrone die Schale mit einem Kartoffelschäler dünn abschneiden und diese mit einem Messer in feine Streifen schneiden, zum Garnieren beiseite stellen.

FERTIGSTELLUNG

In einem eher weiten Topf reichlich gut gesalzenes Wasser mit einem halben Teelöffel Zucker zum Kochen bringen. Die weißen und die grünen Spargelspitzen getrennt voneinander knackig kochen, danach auf ein Tablett geben (nicht abkühlen). Die in Streifen geschnittenen Spargelstiele im selben Wasser getrennt voneinander knackig kochen. Ebenso auf ein Tablett geben.

Die Scampi salzen, leicht pfeffern und in einer heißen Pfanne mit ein wenig Olivenöl für ca. ein bis zwei Minuten, je nach Größe, rundherum goldbraun braten. Dann aus der Pfanne nehmen und mit einem gut schneidenden Messer der Länge nach halbieren.

Die verschiedenen Spargel abwechselnd mit Scampihälften in der Mitte des Tellers locker anrichten, mit dem Dressing beträufeln, mit den feinen Zitronenstreifen garnieren und lauwarm servieren.

*M*an kann anstelle von Scampi auch Gamberi (Garnelen) verwenden. Wenn es zuviel Arbeit ist, die Spargel weniger klein schneiden.

Die Spargel für den Salat auf dem Bild sind außerordentlich dünn, deshalb habe ich sie nicht geschnitten, sondern ganz gelassen.

Sülze von Kaninchen und Frühlingsgemüse auf Kressesalat

12 Personen

ZUTATEN

Für die Sülze:

1 Kaninchen
2 Schalotten oder 1/2 Zwiebel
1 Karotte
2 Knoblauchzehen
1 Stück Selleriegrün
einige Petersilienstengel
} (1)

2 Eiweiß zum Klären
4 1/2 dicke Blatt Gelatine (22 g)

3 Karotten
10 dünne weiße Spargel
1 große Gurke
3 mittlere Tomaten
300 g dünne Bohnen
200 g Morcheln (wenn möglich, sonst weglassen)
2 EL gehackte, verschiedene Kräuter (Majoran, Petersilie, Rosmarin, Kerbel und andere)

Für das restliche Gericht:

ca. 1 kg Kressesalat
Champagneressig oder guter Weißweinessig
Sonnenblumenöl

ZUBEREITUNG

Für die Sülze

Die hinteren Keulen vom Kaninchen lösen und von diesen mit einem Messer das Fleisch abschneiden. Das Fleisch von Sehnen und Häuten befreien, so daß kleine Stücke entstehen. Mit Klarsichtfolie zugedeckt bereitstellen. Das Rückenfilet mit einem kleinen Messer nahe dem Rückgrat entlang vom Kaninchen lösen und dieses ebenso von Haut und Sehnen befreien. Zum anderen Fleisch legen.

Die Eingeweide vom Kaninchen entfernen. Das restliche Kaninchen mit einem großen Messer etwas zerkleinern und in einer heißen Pfanne mit ein wenig Öl auf allen Seiten goldgelb anbraten. Mit einer Fleischgabel aus der Pfanne nehmen und in einen hohen Topf geben. Das Gemüse (1) dazugeben, etwas salzen und mit eiskaltem Wasser gut bedeckt aufgießen. Bei kleiner Flamme für ca. eine Dreiviertelstunde leicht köcheln lassen.

In der Zwischenzeit das weitere Gemüse putzen und schälen. Die Karotten in ca. 10 cm lange Stücke schneiden, dann, wenn möglich, mit der Aufschnittmaschine in Scheiben und diese wiederum in Stäbchen. Die Gurke halbieren und mit einem kleinen Löffel die Kerne herausnehmen. Dann, wie die Karotten, in gleich große Stäbchen schneiden.

Die Bohnen putzen.
Die Spargel schälen und vom holzigen Ende befreien.
Die Tomaten* vierteln und enthäuten.
Die Morcheln putzen, gut waschen und grob schneiden.

Nach einer Dreiviertelstunde Kochzeit die Kaninchensuppe durch ein Tuch passieren und bis auf einen guten Liter einkochen lassen.
In dieser Zeit getrennt voneinander Karotten, Bohnen und Spargel in demselben Salzwasser nicht zu weich kochen und dann auf ein Tablett zum Abkühlen geben.

Die Morcheln in einem kleinen Töpfchen mit ein wenig Butter, einer halben Knoblauchzehe und einer Prise Salz für ca. fünf Minuten dünsten. Erkalten lassen.

Das Kaninchenfleisch leicht salzen und pfeffern. Die kleinen Stücke von der Keule und die Rückenfilets in einer Pfanne mit ein wenig Butter goldbraun anbraten. Dann die Hitze reduzieren, das Fleisch zudecken und so für ca. dreißig Sekunden, je nach Größe der Fleischstücke, fertiggaren. Abkühlen lassen.

Die Gelatine in eiskaltem Wasser einweichen.

Die reduzierte Kaninchensuppe mit dem Eiweiß klären* und dann noch einmal durch ein Tuch passieren. Kontrollieren, ob ein Liter geblieben ist, dann wieder erhitzen, gut abschmecken, die Gelatine dazugeben und anschließend kalt stellen.

Eine Terrinenform*, die gut 1 1/2 Liter Wasser enthalten kann, mit Klarsichtfolie auslegen und kalt stellen.

Das Fleisch von der Keule (nicht die Rückenfilets) in kleine Würfel schneiden und mit den Kräutern vermischen.

Vom erkalteten, aber noch flüssigen Gelee ca. 1 cm hoch in die Terrinenform geben und die Form wieder kalt stellen. Sobald das Gelee fest ist, beliebig nach Geschmack eine Schicht Gemüse hineinlegen und diese mit Gelee bedecken. Wieder fest werden lassen. So weiterverfahren, bis Gemüse, Morcheln, Fleisch und Gelee aufgebraucht sind.

(Ich würde empfehlen, das Rückenfilet in der Mitte der Terrine zu plazieren.)
Damit alles schön fest wird, ca. eine Stunde oder länger im Kühlschrank stehenlassen.

Für das restliche Gericht

Die Kresse putzen und vorsichtig waschen. Auf ein Tablett mit Tuch zum Abtropfen geben.

FERTIGSTELLUNG

Die Kresse mit einigen Tropfen Champagneressig, Salz und sehr wenig Sonnenblumenöl vorsichtig anmachen und auf Tellern verteilen.

Um die Terrine ohne Probleme zu stürzen, ein entsprechend großes Schneidbrett auf die Terrine legen, Terrine und Brett mit beiden Händen festhalten und ganz umdrehen, so daß die Terrine nun umgekehrt auf dem Brett liegt. Vorsichtig Terrinenform und Klarsichtfolie entfernen. Die Sülze mit einem Elektromesser* in jeweils 2 cm dicke Scheiben schneiden. Dabei jeweils eine Teigkarte vor die einzelnen Scheiben halten und mit Hilfe dieser die Scheibe auf den Kressesalat heben. Erst nach vier bis fünf Minuten servieren, damit das Gelee nicht ganz kalt ist.

FRÜHLING · KALTE VORSPEISEN

*G*emüse und Fleisch können auch in Würfel geschnitten, alles vermischt und zusammen mit dem Gelee in die mit Klarsichtfolie ausgelegte Terrinenform gegeben werden. So erspart man sich viel Zeit.

Einen kleinen Teil von der reduzierten Kaninchensuppe, nachdem man die Gelatine dazugegeben hat, erstarren lassen, um zu sehen, ob sie fest genug wird. Auf diese Weise riskiert man nichts.

Jegliches Gelee von Fleisch oder Geflügel wird mehr oder weniger auf dieselbe Art zubereitet.

Mousse von Langustinen in der Zucchiniblüte mit einem kleinen Salat von Karotten und Zucchini

4 Personen

ZUTATEN

8 Scampi (Langustinen)
4 Zucchiniblüten

Für die Mousse:

Schalen, Köpfe und Scheren von den
8 Scampi
eventuell Scampischalen vom Salat von
Spargeln und Scampi
(siehe Seite 31)
2 Schalotten oder eine halbe Zwiebel
1 Karotte
2 Knoblauchzehen
1 kleines Selleriezweiglein
wenn möglich Lauch
(ist im Frühjahr schwer erhältlich)
2 junge Frühjahrszwiebeln
ca. 3 EL Cognac
ca. 3 EL eingeweckte
oder eine frische Tomate
2 dicke Blatt Gelatine (10 g)
250 g Sahne
1 Eiweiß

Für den Salat:

4 Zucchini
2 Karotten
1 EL Himbeeressig
bestes Olivenöl

ZUBEREITUNG

Von den acht Scampi die Köpfe abnehmen und beiseite legen. Die Schwänze mit der Hand etwas zusammendrücken, damit sich das Fleisch leichter entnehmen läßt, dann die Schale aufbrechen und das Fleisch, ohne es zu beschädigen, aus der Schale nehmen. Die Schalen und Scheren aufbewahren.

Vom Scampifleisch mittels einer Pinzette den dünnen, schwarzen Darm entfernen. Die Scampi auf ein Tablett geben, mit Klarsichtfolie zudecken und kalt stellen.

Für das Mousse

Die acht Köpfe der Scampi von allem befreien, bis nur mehr die Schale übrig bleibt. Das aus den Köpfen Entnommene in einen Topf geben und gut durchwaschen. Die Schalotten, die Karotte, den Knoblauch, das Selleriezweiglein, die Petersilienstengel und wenn möglich ein Stück Lauch dazugeben, mit ca. 2 Litern eiskaltem Wasser aufgießen, eine Prise Salz dazugeben und für ca. dreißig Minuten leicht köcheln lassen (Scampisud).

Sämtliche Schalen und Scheren von den acht Scampi (und eventuell die Schalen aus dem Tiefkühler) gut waschen und in ein Sieb zum Abtropfen geben. Dann auf ein Blech geben und im Ofen bei ca. 180 Grad so lange trocknen lassen, bis sie beginnen, leicht hellbraun zu werden. Ab und zu wenden.

Die jungen Zwiebeln putzen, grob aufschneiden und in einem weiten Topf mit einem nußgroßen Stück Butter kurz anziehen lassen, die getrockneten Scampischalen dazugeben, kurz umrühren und mit dem Cognac flambieren*. Mit dem durch ein Tuch passierten Scampisud aufgießen und für ungefähr eine Dreiviertelstunde kochen lassen.

Anschließend durch ein feines Sieb passieren und so lange einkochen lassen, bis ziemlich genau 125 cl (1/8 Liter) übrig bleiben. Die Gelatine in eiskaltem Wasser einweichen. Die Sahne halbsteif schlagen und im Kühlschrank bereitstellen. Das Eiweiß noch nicht schlagen, aber kalt stellen.

Zur reduzierten Scampisauce die Tomaten dazugeben, einige Sekunden kochen lassen und gut salzen. Dann die aufgeweichte Gelatine beifügen, vom Feuer nehmen und mit dem Mixstab kurz aufmixen. Durch ein Sieb in eine Metallschüssel passieren und diese so lange in kaltes Wasser stellen, bis die Sauce lauwarm ist.

Das Eiweiß mit einer Prise Salz knapp steif schlagen. Die Sahne noch einmal durchrühren und vorsichtig mit dem Eiweiß vermengen, ohne dabei lange zu rühren. Die Sahne-Eiweiß-Masse sofort unter die lauwarme Scampisauce heben und nur so lange rühren, bis alles vermengt ist. In den Kühlschrank stellen, bis die Masse zu stocken beginnt, das heißt, fast fest ist (ca. vierzig Minuten). Dann in einen Spritzbeutel mit runder Tülle abfüllen.

Die offenen Zucchiniblüten auf einen Teller legen und mit Hilfe des Spritzsacks füllen. Wieder in den Kühlschrank stellen, bis die Scampimousse ganz fest ist (für ca. eine Stunde).

Für den Salat

Die vier Zucchini waschen, in dünne Scheiben schneiden und diese in dünne Streifen. Die Karotten schälen und gleich wie die Zucchini schneiden (eventuell etwas dünner). Beide zusammen bereitstellen.

FERTIGSTELLUNG

Die Zucchiniblüten aus dem Kühlschrank nehmen. Ein dünnes, gut schneidendes Messer unter heißfließendes Wasser halten und die Zucchiniblüten damit halbieren (Bild), auf flachen Tellern anrichten.

Eine Pfanne mit ein wenig gutem Olivenöl heiß werden lassen und die Zucchini-Karotten-Streifen darin für ca. zwanzig Sekunden schwenken, dabei salzen und leicht pfeffern, mit dem Himbeeressig ablöschen, vom Feuer nehmen, einige Tropfen Olivenöl dazugeben und vermengen. Neben den Zucchiniblüten anrichten.

Das Scampifleisch leicht salzen und in einer heißen Pfanne mit ein wenig Olivenöl auf beiden Seiten für insgesamt eine knappe Minute goldbraun braten. Ebenso auf die Teller geben und sofort servieren. Eventuell getoastetes Baguette dazu reichen.

Wenn man die Zucchiniblüten kauft, sollten sie noch offen sein. Die Blüten an den Zucchini bleiben länger offen; man braucht sie nicht ins Wasser zu legen. Blüten ohne Fruchtfleisch bleiben nur sehr kurz offen (eine Stunde) und sollten eingefrischt werden. Auf jeden Fall rate ich, die Blüten schon bald nach dem Kauf mit der Mousse zu füllen.

Man kann die Mousse auch ohne die Scampischalen aus dem Tiefkühler zubereiten. Man sollte dann aber zwölf anstatt nur acht Scampi verwenden, da sie sonst zu schwach im Geschmack wird.

Spargelsuppe mit Lachsstreifen

4 Personen

ZUTATEN

ca. 300 g Lachsfilet

Für die Spargelsuppe:

ca. 200 g Lachsgräten
1 Stückchen Lauch
1 Stückchen Karotte
1 Zweiglein Petersilie
1 Zweiglein Sellerie

20 weiße Spargel
50 g Butter
1/4 Glas trockener Sekt (Champagner)
1 dl Sahne (100 g)

ZUBEREITUNG

Das Lachsfilet mit einer Pinzette von den kleinen Gräten befreien und mit Klarsichtfolie zugedeckt kalt stellen.

Für die Spargelsuppe

Die Lachsgräten und das Gemüse in einen hohen Topf geben, mit ca. 3/4 Liter Wasser aufgießen, leicht salzen und zum Kochen bringen. Sobald das Ganze zu kochen beginnt, abschäumen und dann nur mehr für ca. eine Viertelstunde ziehen lassen. Anschließend vom Feuer nehmen.

Die Spargel gut schälen und die Spitzen ca. 5 cm lang abschneiden. Die Spitzen halbieren und beiseite stellen. Vom restlichen Spargel den untersten holzigen Teil wegschneiden, den restlichen guten Teil etwas aufschneiden und bereitstellen.

In einem eher weiten Topf die Spargelstükke (nicht die Spitzen) mit der Butter, einer guten Prise Salz und einer guten Prise Zucker bei mittlerer Hitze für fünf Minuten dünsten.

Mit dem Sekt löschen, diesen einkochen lassen und mit der Sahne aufgießen. Den Lachssud durch ein Tuch dazupassieren und so die Suppe für zehn Minuten kochen lassen.

Anschließend im Mixer gut mixen und durch ein nicht zu feines Sieb passieren. Dabei mit Hilfe eines Schöpfers soviel wie möglich von der Spargelmasse durchdrükken. Die Suppe soll nicht zu dünn, aber auch nicht fasrig sein, wenn nötig abschmecken.

FERTIGSTELLUNG

Vom Lachsfilet mit einem dünnen, scharfen Messer kleine, dünne Scheiben herunterschneiden (5–7 pro Person) und diese auf einem Teller bereitstellen.

Die Spargelspitzen in einem Topf mit einer Prise Salz, einer Prise Zucker und einem kleinen Stückchen Butter für ca. drei Minuten knackig dünsten. Dabei des öfteren umrühren.

In vier tiefe Teller ein wenig von der sehr heißen Suppe geben und die Lachsstreifen darin verteilen. Noch einmal von der Suppe über die Lachsstreifen geben, so daß diese knapp bedeckt sind. Die Spargelspitzen darüber verteilen und servieren.

Die Lachssuppe muß sehr heiß sein, damit die Lachsstreifen, bis sie bei den Gästen sind, leicht garen können. Deshalb darf der Lachs nicht zu dick geschnitten werden.

Falls einer der Gäste reklamiert, die Suppe sei nicht heiß genug, so hat er recht. Der rohe Lachs in der Suppe kühlt diese leicht ab, was aber an einem warmen Maitag eine angenehme Sache sein kann.

Kräuterrahmsuppe

4 Personen

ZUTATEN

*3/4 l kräftige, abgeschmeckte
Hühnersuppe
1/4 l Sahne
2 TL Kartoffelmehl
50 g kalte Butter
1 EL Schlagsahne
ca. 50 g Petersilie
ca. 150 g verschiedene
frische Kräuter
(von den kräftig duftenden wenig
und von den leicht duftenden mehr)*

ZUBEREITUNG

Von allen Kräutern, die man finden kann, die kleinsten Blätter abzupfen, vorsichtig waschen und für die Einlage beiseite stellen. (Diese Blätter sollen wirklich fein und zart sein.) Von den restlichen Kräutern und von der Petersilie ebenso die Blätter abzupfen und waschen.

Die Hühnersuppe zusammen mit der Sahne zum Kochen bringen. Das Kartoffelmehl mit ganz wenig Wasser verrühren und in die Suppe einrühren, dann die Butter dazugeben und noch einmal aufkochen lassen.

Einen Teil der Suppe in den Mixer geben, die Kräuter und die Petersilie dazugeben und alles zusammen für ca. dreißig Sekunden mixen. Anschließend durch ein Sieb passieren. Die übrige Suppe und die Schlagsahne dazugeben und noch einmal kurz aufmixen, wenn nötig abschmecken.

Die Suppe in Tassen geben, die feinen Kräuter für die Einlage darin verteilen und servieren.

Ich habe keine bestimmten Kräuter angegeben, weil ich die Fantasie nicht fesseln möchte. Man sollte einfach von allen Kräutern, die zu finden sind, nehmen. Dabei braucht man auch nicht unbedingt auf das Gewicht zu achten. Ich habe es nur zur Orientierung angegeben. Mit Rosmarin, Salbei, Thymian vorsichtig umgehen, davon nur einen Hauch nehmen!

Auf dem Bild sieht man von vorne nach hinten: Petersilie, Rosmarin, Thymian, kleines sizilianisches Basilikum, Sellerie, Majoran, Estragon.

Pochiertes Hühnerei auf Rösti mit Kaviar

4 Personen

*E*s könnte passieren, daß nicht alle Eier eine schöne Form beibehalten, deshalb rate ich, ein oder zwei Eier mehr in das Wasser zu geben. Es wäre wichtig, daß die Eier frisch sind, weil sie dann sicher die Form behalten. Man verwende zum Pochieren reichlich Wasser (2–3 Liter).

Rösti sollten goldbraun und knusprig sein.

ZUTATEN

4 frische Hühnereier
4 mittlere Kartoffeln
ca. 40 g Kaviar

ZUBEREITUNG

Die Kartoffeln waschen, schälen, dann – wenn möglich mit der Aufschnittmaschine – in feine Scheiben und diese in feinste Streifen schneiden. Auf ein Tuch legen und mit diesem trockentupfen.

Einen hohen, schmalen Topf, dreiviertelvoll mit Wasser und einem Schuß Essig, erhitzen, leicht salzen.

In eine heiße Pfanne drei bis vier Eßlöffel Samenöl geben. Die Kartoffelstreifen auf vier Häufchen verteilt in die Pfanne geben, leicht salzen und ein wenig pfeffern. Sobald sie goldbraun sind, mit einer Spachtel umkehren, etwas Öl nachgeben und die Rösti auch auf dieser Seite leicht salzen und ein wenig pfeffern. Wiederum knusprig braun werden lassen und dann von der Pfanne auf ein Küchenpapier zum Entfetten legen.

Die Eier in das kochendheiße Wasser schlagen, dann die Hitze etwas reduzieren und drei Minuten pochieren*. Anschließend mit einer Schaumkelle vorsichtig aus dem Wasser nehmen und kurz auf ein Tuch zum Abtropfen geben.

FERTIGSTELLUNG

Die Rösti in vier tiefe Teller verteilen und jeweils ein Ei daraufgeben. Das Ei sofort obenauf mit einem Messer ein wenig einschneiden und Kaviar daraufgeben. Mit einem Petersilienblatt garnieren.

Petersilientaglierini mit Venusmuscheln, Miesmuscheln und Tomaten

4 Personen

ZUTATEN

Für die Taglierini:

200 g Mehl
50 g feiner Hartweizengrieß
4 Eidotter
1 ganzes Ei
2 EL bestes Olivenöl
Salz
50 g Petersilie ohne grobe Stengel

Für die Miesmuscheln:

ca. 20 Stück Miesmuscheln
1 Thymianzweiglein
1 halbierte Knoblauchzehe
einige Petersilienstengel
1/4 Glas trockener Sekt oder Weißwein

Für die Venusmuscheln:

ca. 300 g Venusmuscheln
1/2 grob geschnittene Schalotte
1 halbierte Knoblauchzehe
einige Petersilienstengel
1/4 Glas trockener Sekt oder Weißwein

Für das restliche Gericht

2 mittelgroße reife Tomaten
30 g kalte Butter
2 EL bestes Olivenöl
1 EL geschnittene Petersilie

ZUBEREITUNG

Für die Taglierini

Die 50 g Petersilie mit ca. 1 Liter kaltem Wasser für zwanzig Sekunden im Mixer mixen, dann durch ein Spitzsieb in einen hohen Topf passieren. Das im Sieb Zurückgebliebene wegwerfen. Das grüne Wasser im Topf zum Kochen bringen und kurz bevor es kocht, den oben entstandenen Schaum in ein feines Sieb abschöpfen. Diesen Schaum mit den Eigelb und den Eiern gut verrühren und dann mit allen restlichen Zutaten zu einem glatten und festen Teig kneten, mit Klarsichtfolie zudecken und für mindestens eine halbe Stunde ruhen lassen.

Anschließend mit der Nudelmaschine zuerst nicht zu dünn ausrollen und dann mit dem Teil für Taglierini ca. 15 cm lange Taglierini machen. Bei der Verarbeitung immer gut bemehlen. Portionsweise auf ein Tablett geben, das vorher mit Grieß bestreut wurde.

Taglierini kann man auch mit der Hand schneiden, indem man den ausgerollten, gut bemehlten und in 15 cm lange Stücke geschnittenen Teig wie eine Roulade der Länge nach aufrollt und dann mit einem Messer der Breite nach Scheiben schneidet.

Für die Miesmuscheln

Die Muscheln putzen* und waschen. Alle anderen Zutaten in einen weiten Topf geben, zum Kochen bringen und dann die Muscheln dazugeben, zudecken und so lange kochen lassen, bis sich die Muscheln geöffnet haben (ca. fünf Minuten). Dabei ab und zu etwas rütteln, damit sich die Muscheln schneller öffnen. Danach vom Feuer nehmen und halb zugedeckt etwas abkühlen lassen.

Für die Venusmuscheln

Die Venusmuscheln sehr gut waschen, weil sie viel Sand enthalten. Dann auf die gleiche Weise wie die Miesmuscheln, aber nur ungefähr drei Minuten kochen. Ebenso halb zugedeckt etwas abkühlen lassen.

Wenn man es eilig hat, kann man auch beide Muscheln zusammen für fünf Minuten kochen.

Für das restliche Gericht

Die Tomaten* enthäuten. Die Kerne in einen kleinen Behälter geben, salzen und so bereitstellen. Das Tomatenfleisch in kleine Würfel schneiden und ebenso bereitstellen.

Wenn man die Taglierini mit der Sauce kocht, muß man darauf achten, daß man sie nicht zu lange kocht, weil sie sonst verkochen könnten. Ebenso könnte der Muschelsud zu kräftig sein, weil die Muscheln schon Salz enthalten. In diesem Falle kann man ein wenig Wasser dazugeben.

FERTIGSTELLUNG

Die Mies- und die Venusmuscheln aus den Schalen nehmen und in einen kleinen Topf geben. Beide, den Venus- und den Miesmuschelsud, durch ein Tuch in einen Topf passieren. Mit einem Teil davon die Muscheln knapp bedecken und diese so warm stellen, aber auf keinen Fall mehr kochen lassen.

Den restlichen Sud (sollte ein gutes Glas voll sein) zum Kochen bringen, die kalte Butter und das Olivenöl dazugeben und mit dem Mixstab kurz aufmixen. Den Saft von den Tomatenkernen durch ein Sieb dazupassieren und die Sauce abschmecken.

Sollte die Sauce eher kräftig sein, darf man das Nudelwasser nur mehr wenig salzen.

Die Taglierini in reichlich kochendem Salzwasser einmal aufkochen lassen, dann sofort absieben und kurz abschrecken.

Die meiste Sauce in einen weiten Topf geben, die Taglierini dazugeben und unter dauerndem Rühren so lange weiterkochen, bis die Sauce dicker wird und sich mit den Nudeln zu binden beginnt. Die Muscheln sehr gut absieben und zu den Taglierini geben. Die restliche Sauce fast zum Schluß zusammen mit den Tomatenwürfeln und der Petersilie dazugeben und ganz kurz weiterkochen lassen. Pfeffer aus der Mühle dazureiben und sofort servieren.

Grüne Tortelloni vom Kalbsbries in Lorbeersauce

4 Personen

ZUTATEN

Für den Nudelteig:

300 g Mehl
2 Eier
1 Dotter
1 Schuß Weißwein
1 EL Olivenöl, Salz
ca. 50 g Petersilie
(von den Stengeln befreit)

Für die Lorbeersauce:

ca. 500 g Hühnerknochen
(Flügel, Hälse usw.)
1 Schalotte oder 1 Stück Zwiebel
1 Knoblauchzehe
1 Stückchen Lauch (wenn vorhanden)
1 Stückchen Karotte
einige Petersilienstengel
30 g kalte Butter
einige junge, frische Lorbeerblätter

Für die Tortellonifülle:

500 g Kalbsbries
2 TL weiße Trüffelpaste
4 EL von der Hühnersauce
(Lorbeersauce)
1 EL geschnittene Petersilie

Wenn möglich ca. 1 l Hühnersuppe zum Kochen der Tortelloni

ZUBEREITUNG

Für den Nudelteig

Die Petersilie waschen und im Mixer mit ungefähr 1/2 Liter kaltem Wasser für ca. zwanzig Sekunden mixen, dann durch ein Spitzsieb in einen schmalen, hohen Topf passieren. Das im Sieb Zurückgebliebene wegwerfen. Das entstandene grüne Wasser zum Kochen bringen und kurz bevor es aufkocht den oben entstandenen grünen Schaum in ein feines Sieb abschöpfen. Den Eidotter und die ganzen Eier mit diesem Schaum gut verrühren und dann zusammen mit den restlichen Zutaten zu einem geschmeidigen Teig kneten. Den Nudelteig für mindestens eine halbe Stunde in Klarsichtfolie eingewickelt an einem kühlen Ort ruhen lassen.

Für die Lorbeersauce

Die Hühnerknochen etwas aufhacken und in einem eher weiten Topf mit ein wenig Öl bei guter Hitze goldbraun anbraten. Das geschnittene Gemüse dazugeben und kurz mitrösten, dann mit eiskaltem Wasser aufgießen, eine Prise Salz dazugeben und für ca. dreißig Minuten leicht köcheln lassen.

Anschließend durch ein Tuch passieren und auf ca. ein Fünftel reduzieren.

Für die Tortellonifülle

Das Kalbsbries gut waschen und von allen Häuten befreien, bis einzelne nußgroße Stücke bleiben. Diese Stücke (nicht mehr waschen) in einer heißen Pfanne mit einem nußgroßen Stück Butter für ca. zehn Minuten goldbraun rösten. Zum Schluß salzen und etwas abkühlen lassen.
Dann mit einem Messer mittelfein aufhakken, in eine Metallschüssel geben und die vier Eßlöffel von der reduzierten Hühnersauce, die Petersilie und die Trüffelpasta dazugeben. Alles gut vermengen, wenn nötig nachsalzen, leicht pfeffern und mit Klarsichtfolie zugedeckt bereitstellen.

Zubereitung der Tortelloni

Den Teig sehr dünn ausrollen, dabei immer gut mehlieren und dann mit einem Ausstecher runde Stücke von 6 bis 7 cm Durchmesser herausstechen, diese sofort bemehlt übereinanderlegen und mit Klarsichtfolie zudecken.

Immer sechs bis sieben Stück nehmen, diese leicht mit Ei bestreichen und auf jedes einen Teelöffel von der Fülle geben, zu Halbmonden zusammenlegen, rundherum gut zudrücken, die zwei spitzen Enden waagrecht zueinander zusammenziehen und gut zusammendrücken, damit sie beim Kochen nicht auseinandergehen. Die fertigen Tortelloni auf ein mit Grieß bestreutes Tablett geben (den Teil, der die Fülle enthält, nach oben) und für ca. eine halbe Stunde an einem luftigen Platz trocknen lassen.

FERTIGSTELLUNG

Die Hühnersuppe (sonst Salzwasser) abschmecken und zum Kochen bringen.

In die reduzierte kochende Hühnersauce einige Lorbeerblätter geben und die kalte Butter dazuschwenken, dann durch ein Sieb passieren und warm halten.

Die Tortelloni in der Hühnersuppe al dente kochen (nach dem Aufkochen kontrollieren), dann mit einer Schaumkelle vorsichtig aus dem Wasser nehmen und kurz auf ein Tuch zum Abtropfen geben. Ein wenig von der Sauce in tiefe Teller geben, die Tortelloni dazugeben und reichlich von der Sauce darübergeben. Eventuell mit in Streifen geschnittenen Karotten und einem jungen Lorbeerblatt garnieren.

FRÜHLING · WARME VORSPEISEN UND SUPPEN

*S*ollte man die Tortelloni frühzeitig zubereiten, dann rate ich, sie einzufrieren. Sie halten sich so perfekt, und bei Gebrauch kann man sie direkt aus dem Tiefkühler in die kochende Hühnersuppe geben. Sollte es schon die ersten Pfifferlinge geben, dann kann man die Fülle damit etwas bereichern.

Die hellgrünen jungen Lorbeerblätter im Frühling haben einen besonders zarten Geschmack.

Kräuterrisotto mit kleinen Scampi

4 Personen

ZUTATEN

30 kleine Scampi (Langustinen) oder 12 große

Für die Scampisauce:

Schalen und Scheren von den Scampi
1/2 Zwiebel
1/2 Karotte
1 Knoblauchzehe
1 kleines Selleriezweiglein
1/2 kleiner Lauch oder
1 Frühlingszwiebel
30 g kalte Butter

Für den Kräuterrisotto:

verschiedene Kräuter: Basilikum, Estragon, Kerbel, Petersilie, Origano, Schnittlauch, ein wenig Sellerie, ein wenig Minze, ganz wenig Rosmarin
240 g Reis für Risotto*
1 feingeschnittene Schalotte
1 halbierte Knoblauchzehe
1/2 Glas Weißwein
ca. 1 l vom noch nicht reduzierten Scampisud
1/2 TL Parmesan

ZUBEREITUNG

Von den Scampi die Köpfe und Scheren abtrennen, dann die Schwänze aufbrechen und das Fleisch herausnehmen. Dieses putzen, auf ein Tablett geben, mit Klarsichtfolie zudecken und kalt stellen.

Für die Scampisauce

Die Köpfe der Scampi von allem befreien, bis nur mehr die Schale übrigbleibt. Das Entnommene in einen Topf geben und gut durchwaschen. Das geschnittene Gemüse (außer Lauch oder Frühlingszwiebel), ca. 2 Liter Wasser und eine Prise Salz dazugeben und für ca. zwanzig Minuten leicht köcheln lassen (Sud).

Die Schalen und die Scheren der Scampi gut waschen und in ein Sieb zum Abtropfen geben, dann in einer Rein im Ofen bei ungefähr 180 Grad trocknen lassen, dabei ab und zu umrühren. Auf keinen Fall braun werden lassen! Den Lauch oder die Frühlingszwiebel grob schneiden und in einem Topf mit einem nußgroßen Stück Butter kurz anziehen lassen. Die getrockneten Scampischalen dazugeben, kurz umrühren, etwas zerstampfen und mit dem vorher zubereiteten Sud aufgießen und für ca. dreißig Minuten leicht köcheln lassen.

Anschließend durch ein Tuch passieren. Einen knappen Liter entnehmen und diesen für den Risotto beiseite stellen. Den Rest auf ca. ein Fünftel einkochen lassen.

Für den Kräuterrisotto

Von sämtlichen Kräutern die kleinsten und feinsten abzupfen und in etwas Wasser beiseite geben. Den Schnittlauch fein schneiden, den Rosmarin hacken und ebenso beiseite geben. Alle restlichen, eher groben Kräuter ebenso abzupfen, kurz waschen und mit dem einen Liter nichtreduzierten Scampisud für ca. fünfzehn Sekunden mixen, dann durch ein Sieb passieren.

Man kann diesen Reis auch ohne Scampi zubereiten und anstatt Scampisud Hühnersuppe zum Aufgießen des Reises verwenden. Der Risotto soll am Ende nicht zu dick sein, aber auch nicht zu flüssig.

Man muß nicht unbedingt die angegebenen Kräuter nehmen, sondern die, die man finden kann – immer harmonisch (leichtere und kräftigere) abgestimmt.

FERTIGSTELLUNG

Die feingeschnittene Schalotte mit der halbierten Knoblauchzehe in einem weiten Topf mit einem nußgroßen Stück Butter kurz anziehen lassen. Den Reis dazugeben und für ca. dreißig Sekunden unter dauerndem Rühren glasig dünsten. Dann mit dem Weißwein ablöschen. Diesen zur Gänze einkochen lassen und mit einem Schöpfer von dem Scampi-Kräuter-Sud aufgießen, salzen, ab und zu rühren und immer wieder Sud dazugeben. So für insgesamt achtzehn Minuten weiterverfahren.

Währenddessen in die reduzierte, kochende Scampisauce die kalte Butter geben, zum Kochen bringen und mixen.

Ca. drei Minuten vor Ende der Garzeit des Reises die Scampi leicht salzen und in einer heißen Pfanne mit wenig gutem Olivenöl bei mittlerer Hitze rundherum goldbraun braten, vom Feuer nehmen, halb zudecken und so warm halten.

Nach achtzehn Minuten Garzeit des Reises die meisten Kräuter, ein nußgroßes Stück Butter und einen halben Teelöffel Parmesan dazugeben. Alles schön sämig rühren (das nennt man auch mantecare* und abschmecken, wenig pfeffern und sofort in flache Teller verteilen. Die Scampi in die Mitte des Tellers geben, mit der Scampisauce beträufeln und die restlichen Kräuter darüberstreuen. Sofort servieren!

Pochierte Wachteleier auf jungem Spinat mit Hühnerlebersauce

4 Personen

ZUTATEN

gut 1/2 kg junger Spinat
30 Wachteleier

Für die Hühnerlebersauce:

1/2 kg Hühnerknochen
(Flügel, Hals usw.)
1 Schalotte oder ein Stückchen Zwiebel
1 Stück Frühjahrszwiebel
1 Stückchen Karotte
1 Knoblauchzehe
einige Petersilienstengel

100–150 g Hühnerleber
ein wenig Petersilie
1 Zweiglein Rosmarin
1 Salbeiblatt
1 Zweiglein Thymian
1 kleines Lorbeerblatt
5–6 Sultaninen
2 Champignons
1 Knoblauchzehe
1 Eigelb
40 g kalte Butter
1/2 EL Schlagsahne

ZUBEREITUNG

Den Spinat von den Stengeln befreien, putzen und gut waschen, auf ein Tablett mit Tuch zum Abtropfen geben.

Für die Hühnerlebersauce

Die Hühnerknochen etwas zerkleinern und in einem heißen Topf mit ein wenig Öl bei mittlerer Hitze goldbraun werden lassen. Das geschnittene Gemüse dazugeben und kurz mitrösten. Dann mit eiskaltem Wasser knapp bedeckt aufgießen, eine Prise Salz dazugeben und für ca. dreißig Minuten leicht köcheln lassen.

Anschließend durch ein Tuch passieren und auf ca. ein Fünftel einkochen lassen, so daß ca. ein halbes Glas voll bleibt.

Die Hühnerleber putzen, das heißt, von Fett und dergleichen befreien. Dabei das Herz (wenn es noch dabei ist) ebenso putzen und Herz und Leber etwas aufschneiden. Auf einem Teller mit Klarsichtfolie zugedeckt bereitstellen. Alle Kräuter von den Stengeln befreien. Die Champignons putzen und in Scheiben schneiden.

Die Kräuter, die Sultaninen, die Champignons und die Knoblauchzehe in einem Topf mit einem nußgroßen Stück Butter für zwei bis drei Minuten dünsten. Dann die reduzierte Hühnersauce dazugeben, einmal aufkochen lassen und in einen anderen Topf absieben. Dabei die Kräuter gut ausdrücken.

Die Sauce wieder zum Kochen bringen, die kalte Butter dazugeben und noch einmal aufkochen lassen, dann vom Feuer nehmen, sofort die Hühnerleber und das Eigelb dazugeben und im Mixer mixen. Die Sauce soll dickflüssig sein. Wieder absieben und warm stellen, aber nicht kochen lassen, weil die Sauce dann nicht schön glatt bleiben würde.

FERTIGSTELLUNG

Einen hohen Topf fast voll mit Wasser (2–3 Liter) und zwei bis drei Eßlöffel Essig sowie ein wenig Salz zum Kochen bringen.

Alle Wachteleier aufschlagen und in einen tiefen Teller geben. (Um die Wachteleier leichter aufzuschlagen, sollte man sie auf einem scharfkantigen Gegenstand aufschlagen.)

Den Spinat in einem Topf mit einem nußgroßen Stück Butter und ein wenig Salz für ungefähr eine Minute dünsten. Warm halten!

Ein Tablett mit einem Tuch bereitstellen. Sobald das Wasser kocht, die Hitze etwas reduzieren und das Wasser mit einem Schneebesen zum Kreisen bringen. Dann die ganzen Wachteleier ins Wasser geben und ca. dreißig Sekunden pochieren*. (Wenn sich das Wasser dreht, bleiben die Wachteleier getrennt und einzeln, ansonsten könnten sie zu einem riesigen Ei werden.) Die Wachteleier mit einer Schaumkelle aus dem Wasser auf das Tuch geben.

Den Spinat in tiefen Tellern verteilen und die Wachteleier daraufgeben. Die gut warme Hühnerlebersauce noch einmal kurz aufmixen und die Wachteleier damit überziehen.

*D*ie Hühnerlebersauce sollte auf keinen Fall zu flüssig sein, deshalb rate ich, vorsichtshalber einen kleinen Teil der Hühnersauce zurückzubehalten. Sollte die Sauce dann zu dick sein, kann man so viel Hühnersauce wie notwenig nachgeben. Die Wachteleier sollten in der Mitte noch roh bleiben.

Man kann dieses Gericht auch mit Hühnereiern machen. Ein Hühnerei pro Kopf, 2 1/2 Minuten Pochierzeit.

Seewolf im Sud von rosa Pampelmusen mit grünen Spargeln

4 Personen

ZUTATEN

2 Seewolf zu je ca. 300 g
20 dünne grüne Spargel

Für den Sud:

Gräten und Köpfe vom Seewolf
1 Schalotte
einige Petersilienstengel
1 Selleriezweiglein
½ Knoblauchzehe
2 rosa Pampelmusen

ZUBEREITUNG

Den Seewolf entschuppen, putzen, waschen und dann mit einem scharfen Messer filetieren. Gräten und Köpfe aufbewahren. Aus den Filets mit einer Pinzette die noch vorhandenen kleinen Gräten herausnehmen, dann mit Klarsichtfolie zudecken und kalt stellen.

Von den Spargeln den holzigen Teil abschneiden und die Spitzen mit einem kleinen Messer etwas zuputzen.

Für den Sud

Die Gräten und Köpfe zusammen mit dem geschnittenen Gemüse in einen hohen Topf geben, mit eiskaltem Wasser gut bedeckt aufgießen, eine Prise Salz dazugeben und zum Kochen bringen. Sobald der Sud zu kochen beginnt, die Hitze auf das kleinste reduzieren und den Sud für ca. zwanzig Minuten ziehen lassen.

Anschließend durch ein Tuch passieren und auf ca. ein Viertel einkochen lassen. Dabei ein Stückchen Pampelmusenschale mitkochen lassen. Der Sud sollte, wenn möglich, klar bleiben und nicht zu kräftig sein.

Die Pampelmusen mit einem dünnen, scharfen Messer gänzlich von der Schale befreien und dann die einzelnen Filets herausschneiden, ohne dabei die Haut mitzunehmen. Alle Filets in ein Gefäß geben und so viel wie möglich vom Saft mitaufbewahren.

FERTIGSTELLUNG

Ca. 1 Liter gut gesalzenes Wasser mit einem Teelöffel Zucker zum Kochen bringen und die Spargelspitzen darin knackig kochen. Nach der Garzeit das Wasser abschütten und die Spitzen im selben Topf warm halten.

Zum reduzierten Sud so viel vom Pampelmusensaft dazugeben, bis er leicht nach Pampelmusen, aber auch noch nach Seewolfsud schmeckt.

Die Pampelmusenfilets am Herdrand nur lauwarm werden lassen.

Die Seewolffilets leicht salzen und in einer Pfanne mit gut bodenbedecktem Wasser und einem Stückchen Butter zuerst auf der Hautseite für ca. eine Minute garen, dann zudecken, vom Feuer nehmen und so für ca. dreißig Sekunden ziehen lassen.

Anschließend sofort auf einem flachen Teller zusammen mit den Spargelspitzen, den Pampelmusenfilets und dem Sud anrichten und servieren.

*U*m einen optimalen Pampelmusensud zu erhalten, muß man darauf achten, daß der Fischsud nicht zuviel einkocht, deshalb ab und zu probieren. Pampelmusensaft mit Vorsicht dazugeben, damit ein ausgewogener Geschmack entsteht.

FRÜHLING · FISCHGERICHTE

Forelle in der Kruste mit wilden Spargeln in leichter Zitronensauce

4 Personen

ZUTATEN

*2 Forellen zu je ca. 300 g (eventuell 4 Forellenfilets)
ca. 40 wilde Spargel
oder 15 weiße Spargel*

Für die Zitronensauce:

*Gräten und Köpfe der Forellen
1 Schalotte
1/2 Karotte
1 Knoblauchzehe
1 Selleriezweiglein
einige Petersilienstengel
1/4 Glas Weißwein
ein Schuß trockener Vermouth
1 Zitrone
1 nußgroßes Stück Butter*

Für die Kruste:

*3–4 EL Brotbrösel
1 kleine Handvoll Petersilie (ohne Stengel)
1 Knoblauchzehe
1 Zweiglein Rosmarin
ein Stückchen Zitronenschale
2–3 EL bestes Olivenöl
1 Eiweiß*

ZUBEREITUNG

Die Forellen putzen, waschen und filetieren (eventuell vom Fischhändler filetieren lassen). Dann mit einer guten Pinzette die kleinen Gräten herausnehmen. (Das ist eine Frage der Geduld und der Zeit. Wenn man keines von beiden hat, dann lasse man diese Arbeit). Die Forellenfilets halbieren, auf ein Tablett geben, mit Klarsichtfolie zudecken und kalt stellen.

Die wilden Spargel mit einem kleinen Messer sauberschaben und den untersten, holzigen Teil wegschneiden. Wenn diese recht lang sind, eventuell halbieren. Die Spargel kurz in kochendem Wasser blanchieren*, damit sie den extrem bitteren Geschmack verlieren, und dann ohne abzukühlen auf ein Tablett geben und zum Erkalten in den Kühlschrank stellen.

Sollte man normale Spargel verwenden, kann man sie zubereiten wie auf Seite 31 für den Spargelsalat mit Langustinen.

Für die Zitronensauce

Die Forellengräten und -köpfe mit dem geschnittenen Gemüse, dem Weißwein und dem Vermouth in einen hohen Topf geben, mit eiskaltem Wasser gut bedeckt aufgießen, eine Prise Salz dazugeben und zum Kochen bringen. Nachdem das Ganze zu kochen beginnt, etwas abschäumen und dann nur mehr ca. zwanzig Minuten bei kleinem Feuer ziehen lassen.

Anschließend durch ein Tuch passieren und auf ungefähr ein Viertel einkochen lassen. Ein Stückchen Zitronenschale mitkochen.

Von der Zitrone die Schale mit einem Kartoffelschäler dünn abschälen und diese in feinste Streifen schneiden.

Für die Kruste

Petersilie, Knoblauch, Zitronenschale und den gezupften Rosmarin etwas aufhacken und dann zusammen mit den Bröseln im Mixer oder im Cutter* feinstens mixen. Das Olivenöl in einer Pfanne leicht erhitzen und die grünen Brösel unter dauerndem Rühren mit einer Gabel für ca. zwei Minuten anrösten. Dabei nicht braun werden lassen und anschließend zum Abkühlen auf ein Tablett geben.

FERTIGSTELLUNG

Das Eiweiß mit einer Gabel leicht aufschlagen. Die Forellenfilets leicht salzen und pfeffern. Nur auf der Seite ohne Haut in das Eiweiß tauchen, auf derselben Seite mit den grünen Bröseln panieren und so bereitstellen.

Die wilden Spargel in einem Topf mit einem nußgroßen Stück Butter, Salz und einem Viertel Teelöffel Zucker für vier bis fünf Minuten bei mittlerer Hitze knackig dünsten. Öfter umrühren.

Zur reduzierten kochenden Sauce das nußgroße Stück Butter sowie den Saft der halben Zitrone geben und einmal aufkochen lassen, wenn nötig abschmecken.

In eine Pfanne bodenbedeckt gutes Samenöl sowie ein Stückchen Butter geben und heiß werden lassen. Die Forellen zuerst auf der Hautseite schön knusprig braten, dann umdrehen und auf der panierten Seite für ca. eine Minute weiterbraten, dabei die Hitze etwas zurückdrehen.

Die Forellenfilets kurz auf ein Küchenpapier legen und dann mit den Spargeln, der Zitronensauce und den Zitronenstreifen (diese eventuell kurz in wenig Butter fritieren) in tiefen Tellern anrichten und sofort servieren!

Wilde Spargel gibt es nur für eine kurze Zeit in den Monaten April und Mai. Außerdem ist es sehr schwierig, solche zu finden. Deshalb kann man ohne weiteres normale weiße Spargel nehmen. Wenn man die kleinen Gräten der Forellenfilets herausnehmen will, dann rate ich, mit einem Messerrücken von vorne nach hinten über das Forellenfilet zu fahren. So kommen die Gräten besser zum Vorschein.

Störklößchen mit Kaviarsauce

4 Personen

ZUTATEN

1 Stück Stör zu ca. 700 g mit Knochen und Haut

Für die Kaviarsauce:

Knochen und Haut vom Stör
1 Schalotte
1 Stück Lauch
wenige Petersilienstengel
2 EL Sahne
30 g kalte Butter
ein Tropfen trockener Sekt (Champagner)
1 EL Schlagsahne
25–30 g Kaviar

Für die Störklößchen:

300 g zugeputztes Störfleisch
200 g flüssige Sahne
3 EL Schlagsahne

Für die Beilagen:

1 ganzer Lauch, wenn vorhanden, sonst Bohnen
12 mittlere, nicht mehlige Kartoffeln

ZUBEREITUNG

Das Störfleisch mit einem scharfen Messer von der Mitte weg dem Knochen entlang auf beiden Seiten lösen. Anschließend das Messer zwischen Haut und Fleisch durchziehen und somit das Fleisch von der Haut lösen. Das Fleisch zerkleinern und mit Klarsichtfolie zugedeckt kaltstellen. Knochen und Haut für den Sud bereitstellen.

Für die Kaviarsauce

Die Knochen und die Haut vom Fisch mit dem geschnittenen Gemüse in einen hohen Topf geben, mit eiskaltem Wasser gut bedeckt aufgießen, eine Prise Salz dazugeben und zum Kochen bringen. Sobald das Ganze kocht, etwas abschäumen, die Hitze auf das kleinste reduzieren und so für ca. zwanzig Minuten ziehen lassen.

Anschließend durch ein Sieb passieren und auf ca. ein Fünftel einkochen lassen.

Für die Störklößchen

Das kalte Störfleisch mit einem Viertel der Sahne im Cutter* fein mixen und dann durch ein Haarsieb in eine Metallschüssel streichen, mit Klarsichtfolie zudecken und für ca. dreißig Minuten kalt stellen. Danach langsam und vorsichtig (eventuell auf Eis) die kalte Sahne dazurühren, dabei salzen und abschmecken. Eine Probe* machen.

Der Probe entsprechend mehr oder weniger Schlagsahne dazurühren. Immer darauf achten, daß die Masse kalt bleibt.
Die Masse erneut mit Klarsichtfolie zudecken und kalt stellen.

Für die Beilagen

Den Lauch von den äußeren weißen Blättern befreien, waschen und in Stücke von ca. 5–6 cm Länge schneiden. Diese Stücke halbieren und der Länge nach in feine Streifen schneiden. Bereitstellen. (Bei Bohnen, diese halbieren und in Salzwasser kochen.)

Die Kartoffeln schälen und allen die gleiche Form geben, das heißt turnieren*. In ein entsprechend großes Töpfchen geben und knapp mit Wasser bedeckt bereitstellen.

FERTIGSTELLUNG

Die Kartoffeln leicht salzen und weich kochen (das Wasser nicht wechseln). Nach der Garzeit das Wasser wegschütten und zugedeckt stehenlassen.

Den Lauch in einem Topf mit einem Stückchen Butter und einer Prise Salz für dreißig Sekunden unter ständigem Rühren mit einer Gabel dünsten.

Für die Klößchen einen Topf ca. dreiviertelvoll Wasser erhitzen und salzen.

Zum reduzierten und kochenden Störsud die Sahne geben, einmal aufkochen lassen und die kalte Butter dazugeben. Noch einmal aufkochen lassen und dann mixen. Durch ein Sieb passieren. Die Schlagsahne und den Sekt dazugeben und warm stellen.

Hitze vom Klößchenwasser reduzieren, so daß das Wasser heiß ist (80–90 Grad), aber ja nicht kocht.

Mit einem Eßlöffel die Klößchen formen und in das heiße Wasser geben. (Die Klößchen lösen sich vom Löffel, wenn man sie mit dem Löffel in das Wasser hält.) Zwei Minuten ziehen lassen, dann vorsichtig mit einem Löffel umdrehen und weitere zwei Minuten ziehen lassen.

Die heiße, aber nicht kochende Kaviarsauce noch einmal mit einem Mixstab aufmixen und den Kaviar dazugeben. Nicht mehr kochen lassen, sonst wird der Kaviar hart.

Die Klößchen mit einer Schaumkelle vorsichtig aus dem Wasser nehmen und zum Abtropfen auf ein Küchentuch legen. Sofort mit dem Lauch (oder den Bohnen), den Kartoffeln und der Kaviarsauce anrichten.

Es ist sicher nicht immer möglich, beim Fischhändler 700 g Stör zu bekommen. Wenn man keinen bekommt, kann man eventuell einen ähnlichen weißen Fisch nehmen. Aber der Stör und der Kaviar gehören zusammen. Störfleisch ist eher fest und braucht deshalb mehr Sahne, welche die Masse auflockert.

Scampi auf Erbsencreme mit jungen Karotten

4 Personen

ZUTATEN

16–20 Scampi
ca. 600 g Erbsen
(Gewicht mit Schale)
ca. 20 kleine junge Karotten

Für die Scampisauce:

die Schalen, Scheren und
Köpfe der Scampi
2 Schalotten oder 1/2 Zwiebel
1/2 Karotte
1 Knoblauchzehe
1 Selleriezweiglein
einige Petersilienstengel
2 junge Frühjahrszwiebeln
2 EL Cognac oder Brandy

1/2 kleine, gut reife Tomate
oder 2 EL eingeweckte Tomaten
ca. 4 EL Sahne
40 g kalte Butter

ZUBEREITUNG

Die Köpfe der Scampi abtrennen. Die Schwänze mit der Hand etwas zusammendrücken, damit sie sich leichter öffnen lassen, dann die Schale aufbrechen und das Fleisch vorsichtig und ohne zu beschädigen aus der Schale nehmen. Den dünnen schwarzen Darm vom Fleisch mittels einer Pinzette entfernen. Das Fleisch auf ein Tablett geben, mit Klarsichtfolie zudecken und kalt stellen. Scheren, Köpfe sowie Schalen von den Schwänzen auf die Seite stellen.
Die Erbsen aus der Schale nehmen.

Die jungen Karotten schälen, putzen, fast das ganze Grün abschneiden und waschen.

Für die Scampisauce

Die Köpfe der Scampi von allem befreien, bis nur mehr die Schale bleibt. Das aus den Köpfen Entnommene in einen Topf geben und gut durchwaschen. Die Schalotten, die Karotte, die Knoblauchzehe, das Selleriezweiglein und die Petersilienstengel dazugeben, mit ca. 2 Liter eiskaltem Wasser aufgießen, eine Prise Salz dazugeben und für ca. dreißig Minuten leicht kochen lassen, so daß ein Scampisud (1) entsteht.

Die Scheren sowie die Schalen der Köpfe und der Schwänze ebenso waschen und in ein Sieb zum Abtropfen geben. Dann im Ofen bei ungefähr 180 Grad so lange trocknen lassen, bis sie beginnen, leicht hellbraun zu werden.

Die jungen Zwiebeln putzen und grob aufschneiden. In einem Topf mit einem nußgroßen Stück Butter kurz anziehen lassen. Die getrockneten Scampischalen dazugeben, das Feuer reduzieren und mit dem Cognac ablöschen, flambieren* und einkochen lassen.

Vom Scampisud einen guten 1/2 Liter entnehmen und auf die Seite stellen. Den Rest durch ein Sieb passieren und zu den Scampischalen geben und alles für eine weitere Dreiviertelstunde kochen lassen.

Anschließend durch ein Tuch passieren und auf ca. ein Fünftel einkochen lassen.

FERTIGSTELLUNG

Die Erbsen in dem beiseitegestellten Scampisud mit einem Stückchen Butter für ca. fünfzehn Minuten bei kleiner Hitze zugedeckt weichkochen lassen. Ab und zu kontrollieren und eventuell etwas Wasser nachgeben.

Die Karotten in einem kleinen Topf zusammen mit einem nußgroßen Stück Butter, vier bis fünf Eßlöffel Wasser und einer Prise Salz zugedeckt bei schwacher Hitze knakkig kochen, ebenso kontrollieren und eventuell Wasser nachgeben. Nach der Garzeit warm stellen.

Die halbe Tomate etwas aufschneiden und zur reduzierten Scampisauce geben, kurz kochen lassen und anschließend mit der Sahne aufgießen. Sobald das Ganze wieder kocht, die kalte Butter dazugeben, noch einmal aufkochen lassen und im Mixer mixen. Anschließend durch ein Sieb passieren und wenn nötig abschmecken.

Die gekochten Erbsen mit der noch vorhandenen Flüssigkeit im Mixer fein mixen. Sollte dabei zuwenig Flüssigkeit vorhanden sein, einfach etwas Wasser nachgeben, so daß eine eher dicke, aber noch leicht flüssige Creme entsteht. Diese durch ein Sieb passieren und abschmecken. Warm stellen.

Die Scampi leicht salzen und in einer heißen Pfanne mit wenig Olivenöl auf beiden Seiten je nach Größe insgesamt ca. eine Minute goldbraun garen. Sofort auf flachen Tellern mit der Erbsencreme in der Mitte und der Scampisauce außen herum anrichten, mit den Karotten garnieren und servieren.

*A*nstelle von Scampi kann man auch Garnelen oder dergleichen verwenden und auf dieselbe Art zubereiten. Wenn man die Scampischalen mit Cognac ablöscht, sollte man danach alles kurz flambieren, damit sich der Alkoholgeschmack verflüchtigt. Vorsicht, damit beim Flambieren die Scampischalen nicht schwarz werden!

FRÜHLING · FISCHGERICHTE

Consommè von der Ente mit Konfit von Belgischer Endivie und Zitronenmelisse

4 Personen

ZUTATEN

4 kleine oder 2 größere Entenbrüste (700 g)

Für die Sauce:

*½ kg Hühner- oder
Entenknochen (Flügel, Hälse usw.)
Parüren* von den Entenbrüsten
1 Schalotte oder ein Stückchen Zwiebel
einige Petersilienstengel
1 Selleriezweiglein
einen kleinen Bund Zitronenmelisse*

Für das Konfit:

*8 Stück Belgische Endivien
ca. 30 g Butter
2 EL Crème fraîche**

ZUBEREITUNG

Die Entenbrüste von Sehnen und Häuten befreien sowie einen Teil der Haut wegschneiden. Die Entenbrüste mit Klarsichtfolie zugedeckt kalt stellen. Die Parüren aufbewahren.

Für die Sauce

Die Hühner- oder Entenknochen zerkleinern und in einem eher weiten Topf mit ein wenig Öl bei guter Hitze goldbraun anbraten. Dann die Entenparüren dazugeben und so lange mitrösten, bis diese knusprig braun sind und das ganze Fett ausgelaufen ist.

Anschließend das geschnittene Gemüse dazugeben und kurz mitrösten.
Alles zusammen in ein Nudelsieb abschütten, damit alles Fett abrinnen kann. Dann wieder in denselben Topf zurückgeben, bedeckt mit eiskaltem Wasser aufgießen, eine Prise Salz dazugeben und für ca. dreißig Minuten leicht köcheln lassen.

Anschließend durch ein Tuch passieren und auf ca. ein Viertel einkochen lassen.

Für das Konfit

Die Belgischen Endivien von den äußeren, nicht schönen Blättern befreien und vierteln. Den Strunk herausschneiden und anschließend der Breite nach fein aufschneiden. Sofort in eine Schüssel mit reichlich Wasser und Zitronensaft geben, weil die Endivie ansonsten sehr schnell braun wird.

In einem Topf die 30 g Butter goldbraun werden lassen. Die Endivien absieben, ein wenig ausdrücken und dazugeben. Sofort salzen und einen halben Teelöffel Zucker dazugeben. Dann so lange dünsten, bis der Saft, der entstanden ist, wieder eingekocht ist (ca. zehn Minuten). Vom Herd wegziehen und die Crème fraîche einrühren.

FERTIGSTELLUNG

Den Ofen auf 140 Grad vorheizen.

Die schönsten Blätter der Zitronenmelisse in feine Streifen schneiden und bereitstellen, die restlichen für die Sauce aufbewahren.

Die Entenbrüste mit einer Mischung aus Salz und Paprika (neunzig zu zehn) würzen. In einer heißen Pfanne ohne Öl zuerst auf der Hautseite knusprig und dann auf der anderen Seite goldbraun anbraten.

In der Mitte des Ofens auf einem Gitter bei 140 Grad garen (bei kleinen Brüsten ca. fünf Minuten, bei größeren sieben bis acht Minuten). Anschließend in Stanniolpapier einwickeln und im offenen Ofen warm halten.

Das Endivienkonfit vorsichtig erhitzen.

Zur reduzierten Sauce die Melisse geben und diese am Herdrand ziehen lassen, so daß die Sauce den Geschmack der Melisse annimmt. Dabei sollte die Sauce nicht kochen. Nach drei bis vier Minuten durch ein Sieb passieren.

Die Entenbrüste in feine Scheiben schneiden, das Konfit in der Mitte von tiefen Tellern verteilen und die Scheiben rund herum legen. Reichlich von der Melissensauce dazugeben, die Melissenstreifen darüberstreuen und servieren.

Wenn der Winter dem Frühling Platz macht und die Saison der Endivie bald zu Ende ist, beginnt irgendwo ganz langsam Zitronenmelisse zu sprießen. Dann treffen sich die Endivie und die Melisse zu einem kurzen Stelldichein.

FRÜHLING · FLEISCHSPEISEN

Piccata vom Kalb in der Schwarzbrotkruste mit Karotten-Zucchini-Gemüse und Zitrone

4 Personen

ZUTATEN

*600 g Kalbsfilet oder -rücken
(eventuell auch 8 kleine Kalbsschnitzel)*

Für die Sauce:

ca. 1/4 kg Kalbsknochen und die Parüren
1 Schalotte oder ein Stückchen Zwiebel
1 kleine Karotte
1 Knoblauchzehe
1 Selleriezweiglein
einige Petersilienstengel
1/4 Glas Weißwein
1 nußgroßes Stück kalte Butter
1 Zitrone*

Für das Gemüse:

*3 mittelgroße Karotten
4 kleine feste Zucchini
1/2 Knoblauchzehe*

Für die Schwarzbrotkruste:

*1 ganzes Ei
ca. 200 g Schwarzbrot
(sollte mindestens einen Tag alt sein)*

ZUBEREITUNG

Das Kalbsfilet sauber zuputzen (die Parüren aufbewahren) und in acht ca. 60 g schwere Scheiben schneiden, mit Klarsichtfolie zugedeckt kalt stellen.

Für die Sauce

Die Kalbsknochen mit den Parüren in einem weiten Topf anfangs bei guter Hitze, dann bei mittlerer goldbraun anbraten, das geschnittene Gemüse dazugeben, kurz mitdünsten und mit dem Weißwein ablöschen. Diesen zur Gänze einkochen lassen, dabei ab und zu umrühren und danach mit eiskaltem Wasser knapp bedeckt aufgießen. Eine Prise Salz dazugeben und für ca. dreißig Minuten leicht köcheln lassen.

Anschließend durch ein Tuch passieren und auf ca. ein Fünftel reduzieren.

Für das Gemüse

Die Karotten schälen, wenn möglich mit der Aufschnittmaschine in eher dünne Scheiben und dann mit dem Messer in ca. 6 cm lange Streifen schneiden. Die Zucchini auf dieselbe Art schneiden, aber etwas dicker.

Für die Schwarzbrotkruste

Das Brot in Stücke zerreißen und im Mixer oder Cutter nicht zu fein mixen.

FERTIGSTELLUNG

Die Filetscheiben leicht salzen und pfeffern, im aufgeschlagenen Ei wenden und in den Schwarzbrotbröseln panieren. Bereitstellen.

In die reduzierte kochende Sauce die kalte Butter einschwenken. Die Zitrone in Spalten schneiden.

Karotten und Zucchini in einem weiten Topf mit ein wenig bestem Olivenöl bei guter Hitze für ca. dreißig Sekunden sehr knackig dünsten. Die Knoblauchzehe fein hacken und dazugeben, salzen und leicht pfeffern.

Eine Pfanne mit bodenbedeckt gutem Samenöl heiß werden lassen und die panierten Piccate auf beiden Seiten knusprig backen. Nicht zu lange, damit sie innen noch schön rosa sind.

Das Gemüse in der Mitte der Teller verteilen, die Piccate daraufgeben, rundherum mit der Sauce beträufeln und eine Spalte der Zitrone dazulegen.

So einfach und alltäglich scheint dieses Gericht zu sein, daß es sogar ein bißchen an »Wiener Schnitzel« erinnert.

Die Zitrone soll erst der Gast am Tisch über das Schnitzel geben. Die Sauce nicht auf das Schnitzel geben, damit dieses knusprig bleibt. Das Gemüse soll fast roh sein.

Frikassee vom Kaninchen mit Artischockenherzen

4 Personen

ZUTATEN

2 Kaninchen zu je ca. 1,5 kg
ca. 10 Basilikum- und gleich viel Petersilienblätter

Für die Sauce:

Karkassen* von den Kaninchen
1 Schalotte oder ein Stückchen Zwiebel
1 Knoblauchzehe
1/2 Karotte
1 Selleriezweiglein
einige Petersilienstengel
1/4 Glas Weißwein
3 EL Sahne
30 g Butter
ca. 10 Basilikum- und gleich viel Petersilienblätter

Für die Beilage:

20 kleine oder
12 größere Artischocken

ZUBEREITUNG

Die hinteren und vorderen Keulen am Gelenk von den Kaninchen abtrennen. Dann nahe dem Rückgrat entlang die Rückenfilets herausschneiden und zuputzen. Eventuell die Haut abtrennen, dabei mit einem kleinen, scharfen Messer der Haut entlang durchfahren. Die Filets in Stücke schneiden.

Von den vier hinteren Keulen den mittleren Knochen herauslösen, dabei das Fleisch nicht zerstören, dann innen salzen und pfeffern. Die Basilikum- und Petersilienblätter etwas aufschneiden und die Keulen damit innen einreiben.

Die Filetstückchen, die mit Basilikum und Petersilie gefüllten hinteren Keulen und die vier vorderen auf ein Tablett geben und mit Klarsichtfolie zugedeckt kalt stellen.

Die übrigen Knochen (eventuell nicht alle) mit einem großen Hackmesser etwas aufhacken und für die Sauce bereitstellen.

Für die Sauce

Die Knochen in einem eher weiten Topf mit ein wenig Öl und bei guter Hitze langsam goldbraun werden lassen. Das geschnittene Gemüse dazugeben und kurz mitrösten. Mit dem Weißwein ablöschen und diesen bis zur Gänze einkochen lassen, dabei ab und zu umrühren und vorsichtig sein, daß das Ganze nicht anbrennt. Danach mit eiskaltem Wasser aufgießen, eine Prise Salz dazugeben und für ca. dreißig Minuten leicht köcheln lassen.

Anschließend durch ein Tuch passieren und auf ca. ein Viertel einreduzieren lassen.

Für die Beilage

Die Artischocken* putzen. Die Herzen alle gleichmäßig zuputzen und innen mit Hilfe eines Parisienneausstechers* ein wenig aushöhlen. Diese Herzen in reichlich Salzwasser mit dem Saft einer halben Zitrone nicht zu weich kochen. Je nach Größe der Artischocken fünf Minuten und länger. Probieren! Im eigenen Wasser stehen lassen.

FERTIGSTELLUNG

Den Ofen auf 140 Grad vorheizen.

Die hinteren und vorderen Kaninchenkeulen rundherum salzen und leicht pfeffern. In einer nicht zu heißen Pfanne mit einem Stückchen Butter auf allen Seiten goldbraun anbraten. Anschließend auf ein Gitter in die Mitte des Ofens geben und bei 140 Grad für ca. zehn Minuten fertig garen. Die Filetstückchen später garen.

Zur reduzierten kochenden Sauce die Sahne geben, einmal aufkochen lassen, die kalte Butter dazugeben, noch einmal aufkochen lassen und dann im Mixer mixen. Sollte die Sauce nicht dick genug sein, noch einmal zum Kochen bringen, etwas kalte Butter nachgeben und wieder mixen.

Die Hälfte der Sauce so bereitstellen.

Die andere Hälfte im Mixer lassen, die Basilikum- und Petersilienblätter dazugeben und für ca. zwanzig Sekunden mixen. Durch ein Sieb passieren und ebenso bereitstellen.

Die Artischockenherzen im eigenen Wasser erhitzen.

Die Kaninchenkeulen aus dem Ofen nehmen und mit Alufolie zudecken.

Die Filetstückchen leicht salzen und pfeffern und in einer nicht zu heißen Pfanne rundherum und für ca. fünfzehn bis zwanzig Sekunden hellbraun garen.

Die Artischockenherzen aus dem heißen Wasser nehmen und zum Abtropfen umgekehrt auf ein Papiertuch legen.

Die gefüllten Keulen in Scheiben schneiden und in der Mitte der Teller anrichten, die vordere Keule darauflegen. Die Filets und die Artischockenherzen rundherum verteilen. Zuerst die Herzen mit der weißen, dann mit der grünen Sauce füllen und den Rest der Sauce um das Fleisch herum verteilen.

Das Kaninchen nicht zu lange garen, da es sonst trocken und spröde wird.

Stubenküken mit Morcheln in weißer Pfeffersauce

4 Personen

ZUTATEN

2 Stubenküken

Für die Sauce:

Karkassen* von Stubenküken
2 Schalotten oder ein Stückchen Zwiebel
1 Selleriezweiglein
1 Knoblauchzehe
reichlich Petersilienstengel
eventuell Morchelreste
50 g kalte Butter
weißer Pfeffer aus der Mühle
1 EL Schlagsahne

Für die Morchelfarce*:

1 Hühnerbrust (120 g)
400 g frische Morcheln oder
50 g getrocknete Morcheln
(die getrockneten mindestens 4 Stunden davor in warmem Wasser einweichen)
1/2 feingeschnittene Schalotte
1 Knoblauchzehe
70 g flüssige Sahne
4–5 EL von der reduzierten Stubenkükensauce
2–3 EL Schlagsahne
2 EL geschnittene Petersilie

Für die Beilagen:

4 mittelgroße mehlige Kartoffeln
1/8 l Milch
1 nußgroßes Stück Butter
2–3 EL Schlagsahne
16 der schönsten Morcheln
(von den oben genannten)

ZUBEREITUNG

Vom Stubenküken die Keulen abschneiden und aus diesen den mittleren Knochen herauslösen. Ebenso die Brüste dem Knochen entlang wegschneiden und schön zuputzen. Beides, Keulen und Brüste, auf ein Tablett geben und mit Klarsichtfolie zugedeckt kalt stellen. Alle übrigen Knochen etwas aufhakken und bereitstellen.

Für die Sauce

Die Knochen in einem eher weiten Topf mit ein wenig Öl bei mittlerer Hitze goldbraun werden lassen. Das geschnittene Gemüse dazugeben und kurz mitrösten. Dann mit eiskaltem Wasser bedeckt aufgießen, eine Prise Salz dazugeben und für ca. dreißig Minuten leicht köcheln lassen.

Anschließend durch ein Tuch passieren und auf ca. ein Fünftel reduzieren lassen.

Für die Morchelfarce

Die Hühnerbrust etwas aufschneiden und im Cutter* ganz fein mixen. Dann durch ein Haarsieb in eine Metallschüssel passieren, mit Klarsichtfolie zudecken und kalt stellen.

Die Morcheln putzen und zweimal gut waschen, weil sie meistens sehr viel Sand enthalten. Die sechzehn schönsten aussuchen und in einem Töpfchen mit einem Stückchen Butter, zwei bis drei Eßlöffeln Wasser, einer halben Knoblauchzehe, einigen Petersilienblättern sowie einer Prise Salz für ca. zehn Minuten zugedeckt bei wenig Hitze dünsten. Ab und zu kontrollieren und dann kalt stellen.

Die restlichen Morcheln mit einem Messer grob aufhacken. Die geschnittene Schalotte in ein wenig Butter kurz anziehen lassen. Die halbe Knoblauchzehe, die gehackten Morcheln sowie die vier bis fünf Eßlöffel von der Stubenkükensauce dazugeben, leicht salzen und so für ca. zehn Minuten bei schwacher Hitze dünsten. Ab und zu kontrollieren und eventuell etwas Sauce oder auch Wasser nachgeben.

Zum Schluß die flüssige Sahne dazugeben, einmal aufkochen lassen, die Knoblauchzehe entfernen und sofort kalt stellen.

Sobald die Morcheln kalt sind, diese zusammen mit der passierten Hühnerbrust in den Cutter geben und nur so lange mixen, bis die Masse schön glatt ist, weil sie sonst gerinnen könnte. Eine Probe* machen. Diese Farce soll ganz locker sein!

Der Probe entsprechend noch Schlagsahne dazugeben sowie die Petersilie und reichlich Pfeffer aus der Mühle, eventuell abschmecken, mit Klarsichtfolie zudecken und bis zum Gebrauch kalt stellen.

Für die Beilagen

Die Kartoffeln schälen, waschen und in Stücke schneiden, in einen Topf geben und nur bis zur Hälfte der Kartoffelmenge mit Wasser aufgießen, eine gute Prise Salz dazugeben und zugedeckt bei nicht zuviel Hitze weich kochen.

In dieser Zeit die Morcheln mit der Morchelfarce füllen. Dabei in einen Spritzsack mit einer mitteldicken Lochtülle ein wenig der Farce füllen und diese so in die Morcheln einspritzen. Die gefüllten Morcheln in dasselbe Töpfchen zurückgeben und bereitstellen.

Die gekochten Kartoffeln, falls noch Wasser im Topf ist, absieben und dann durch eine Flotte Lotte* in einen Topf passieren. Die Milch kurz aufkochen und zusammen mit der Butter und der Schlagsahne zu den passierten Kartoffeln rühren (nicht sofort die ganze Milch dazugeben, damit das Püree nicht zu flüssig wird), zudecken und warm stellen.

FERTIGSTELLUNG

Den Ofen auf 140 Grad vorheizen.

Die Stubenkükenbrüste und -keulen leicht salzen und ein wenig pfeffern. In einer heißen Pfanne mit ein wenig Butter nur auf der Hautseite goldbraun anbraten. Mit der Hautseite nach unten auf ein Blech geben, kurz abkühlen lassen und dann wiederum mit Hilfe eines Spritzsacks die Morchelfarce ca. 1 1/2 cm dick aufspritzen und eventuell glattstreichen.

In der Mitte des Ofens für ca. zehn Minuten (bis sich die Farce auf den Brüsten fest anfühlt) garen. Die Keulen benötigen eventuell zwei bis drei Minuten länger.

Die gefüllten Morcheln mit einem Stückchen Butter und einigen Tropfen Wasser zugedeckt bei ganz wenig Hitze langsam warm werden lassen.

Zur reduzierten kochenden Sauce die kalte Butter geben. Reichlich frisch geriebenen weißen Pfeffer dazugeben, einmal aufkochen lassen und dann im Mixer mixen. Die Schlagsahne dazugeben und abschmecken. Sollte die Sauce zu dick sein, ein wenig Wasser dazugeben.

Die Stubenkükenbrüste und die Keulen mit dem Kartoffelpüree, der weißen Pfeffersauce und den gefüllten Morcheln anrichten und servieren.

FRÜHLING • FLEISCHSPEISEN

*D*ieses Gericht scheint lang und kompliziert zu sein, aber man kann alles gut vorbereiten und die Farce auch schon frühzeitig auf die Brüste und Keulen spritzen, um sie dann kurz vor Gebrauch in den Ofen zu schieben. (Bis dahin unbedingt im Kühlschrank lassen.)

Die Morcheln gehören zu den ersten Pilzen und sind eher schwer zu finden. Ihre Saison ist nur von Ende April bis Mitte Mai. Deshalb habe ich auch getrocknete als Ersatz angegeben.

Lammkeule mit Kräutern auf Frühlingsgemüse

8 Personen

ZUTATEN

1 Lammkeule zu ca. 1½–2 kg Gewicht
ein wenig Rosmarin
einige Zweige Thymian
einige Minzblätter
einige Basilikumblätter
reichlich Petersilie
eine Knoblauchzehe

Für die Sauce:

Knochen und Parüren* vom Lamm
½ Zwiebel
2 Knoblauchzehen
1 Selleriezweiglein
reichlich Petersilienstengel
ca. 30 g kalte Butter

Für das Gemüse:

24 kleine, junge Karotten
16 junge Frühjahrszwiebeln
8 kleine Radieschen
ca. 30 dünne grüne und weiße Spargel
8 kleine Zucchini
8 kleine Artischocken

ZUBEREITUNG

Von der Lammkeule den Mittelknochen herauslösen. Dabei die Keule oben in der Mitte und von hinten nach vorne mit einem kleinen scharfen Messer bis zum Knochen einschneiden. Dann vorsichtig, immer dem Knochen entlang, den Mittelknochen herauslösen. (Man kann es sich einmal vom Metzger zeigen lassen.) Der hintere Knochen soll noch dranbleiben. Das Fleisch von Sehnen und Häuten befreien, den Mittelknochen mit einem großen Messer, das zum Knochenhacken geeignet ist, etwas zerkleinern. Knochen, Sehnen und Häute für die Sauce beiseite stellen.

Von allen Kräutern ca. die Hälfte beiseite legen. Die restlichen Kräuter von den Stengeln befreien und zusammen mit dem Knoblauch fein aufhacken.

Die Lammkeule innen salzen, pfeffern und mit den gehackten Kräutern gut einreiben, mit einem starken Spagat binden* (Fleisch binden), dann in ein entsprechend großes Gefäß geben und mit Knoblauch, eventuell einigen Kräutern und bestem Olivenöl marinieren*.

Für die Sauce

Die Knochen in einem eher weiten Topf mit ein wenig Öl anfangs bei guter, später bei reduzierter Hitze goldbraun anbraten. Dann das geschnittene Gemüse dazugeben und kurz mitrösten, mit eiskaltem Wasser knapp bedeckt aufgießen, eine Prise Salz dazugeben und für ca. dreißig Minuten leicht köcheln lassen.

Anschließend durch ein Tuch passieren und auf ein Viertel einkochen lassen.

Für das Gemüse

Die Karotten schälen und den größten Teil vom Karottengrün abschneiden. Wenn sie recht groß sind, vierteln.

Die jungen Zwiebeln putzen, dabei nicht zuviel von der Wurzel wegschneiden.

Von den Radieschen nur die Wurzel und einen Teil vom Grün wegschneiden, dann waschen.

Die Spargel schälen und die Spitzen ca. 7 cm lang abschneiden, eventuell auch den unteren (nicht holzigen) Teil verwenden.

Die Artischocken putzen* und vierteln, mit Zitronensaft einreiben.

Die kleinen Zucchini putzen und ebenso vierteln.

Das ganze Gemüse getrennt bereitstellen.

FERTIGSTELLUNG

Den Ofen auf 160 Grad vorheizen.

Die Lammkeule aus der Marinade nehmen und gut salzen und pfeffern. In einer großen, heißen Pfanne – in dem Öl, in dem die Keule mariniert wurde – bei guter Hitze rundherum anbraten. Dann auf einem Gitter in der Mitte des Ofens für ca. fünfzig Minuten, je nach Größe der Keule, rosa braten. Dabei ab und zu umdrehen und nach ungefähr dreißig Minuten Garzeit und bis zum Ende der Garzeit die Keule ab und zu mit ein wenig von der Lammsauce einpinseln. Während der Garzeit das Gemüse zubereiten.

In einen großen, weiten Topf ca. 30 g Butter geben. Zuerst die Karotten, die Artischocken und die Radieschen dazugeben, leicht salzen und dünsten und des öfteren umrühren. Nach ca. zwei Minuten Garzeit bei nicht zu starker Hitze die jungen Zwiebeln dazugeben und mitdünsten. Weitere drei bis vier Minuten dünsten, eventuell etwas Wasser dazugeben. Zum Schluß die Spargelspitzen und die Zucchini dazugeben und alles zusammen für ca. drei Minuten weiterdünsten, bis die Spargel knackig weich sind. Dann mit Salz und Pfeffer abschmecken und warm halten.

In die reduzierte kochende Sauce die kalte Butter einschwenken und, wenn nötig, abschmecken.

Die Keule nach der Garzeit aus dem Ofen nehmen und mit Alufolie gut zudecken, damit sie etwas durchziehen kann. (Den Spagat entfernen.)

Das heiße Gemüse und die Keule auf einer Platte anrichten. Die Keule erst am Gästetisch auf einem Schneidbrett dünn schneiden und mit dem Gemüse auf heißen Tellern anrichten.

FRÜHLING · FLEISCHSPEISEN

Man kann die Keule natürlich auch in der Küche schneiden und anrichten.

Um zu sehen, ob die Keule gar ist, muß man mit einer Gabel auf der Seite bis zur Mitte hineinstechen. Wenn »Blut« herauskommt, ist sie noch nicht gar, wenn rosa Saft herausfließt, ist sie richtig gar.

Dasselbe Gericht kann man mit einem Lammkarree zubereiten.

Schwarzpolentaroulade mit Erdbeeren und Eis von schwarzem Pfeffer

8 Personen

ZUTATEN

Für die Erdbeerfülle:

500 g Erdbeeren
Zucker nach Belieben
1/2 Zitrone
2 1/2 Blatt dicke Gelatine (12 g)
1 EL Schlagsahne
1 Eiweiß und 1 EL Zucker

Für die Roulade:

3 Eigelb
50 g Zucker
1/2 EL Honig
3 Eiweiß
20 g Zucker
80 g grobe Schwarzpolenta (Buchweizenmehl)
geriebene Schale einer Zitrone

Für das Eis:

400 g Milch
100 g Sahne
7 Eigelb
120 g Zucker
1 Stückchen Zitronenschale
1 EL zerdrückte Pfefferkörner

Für das restliche Gericht:

ca. 30 schöne reife Erdbeeren (insgesamt ca. 800 g Erdbeeren)
4 Minzspitzen

ZUBEREITUNG

Für die Erdbeerfülle

Die Gelatine in eiskaltem Wasser einweichen. Die Erdbeeren putzen und waschen, dann mit Zucker nach Geschmack (die Masse sollte reichlich süß sein), einem Stückchen Zitronenschale und dem Saft der halben Zitrone im Mixer gut mixen und anschließend durch ein Sieb in eine Metallschüssel passieren. Einen kleinen Teil davon in einem Töpfchen erhitzen und die Gelatine darin auflösen. Dann wieder zum restlichen Erdbeermark geben und sofort gut verrühren. Das Eiweiß mit dem Zucker steif schlagen, dann mit dem Eßlöffel Sahne vermengen und unter das Erdbeermark rühren. Im Kühlschrank für mindestens eine Stunde kalt stellen.

Für die Roulade

Den Ofen auf 200 Grad vorheizen und Wasser für ein Wasserbad* erhitzen.

Die Eigelb mit dem Zucker und dem Honig auf dem Wasserbad kurz warm rühren und dann schaumig kalt schlagen. Das Eiweiß mit dem Zucker und einer Prise Salz gut steif schlagen und zur Eigelbmasse geben. Das Mehl und die geriebene Zitronenschale dazugeben und alles vorsichtig kurz vermengen.

Ein Blech mit Butterpapier (Pergament) auslegen und die Masse sofort gleichmäßig dünn darauf ausstreichen. Im Ofen bei 200 Grad für vier bis fünf Minuten hellbraun backen.

Anschließend vom Blech umgekehrt auf ein Tuch geben, ganz kurz abkühlen lassen. Dann das Butterpapier vorsichtig wegziehen, die Roulade mit Hilfe des Tuches von oben nach unten einrollen und so erkalten lassen.

Sobald die Roulade erkaltet ist, wieder auseinanderrollen, die festgewordene Erdbeercreme ca. 1/2 cm dick gleichmäßig darauf verteilen und dann die Roulade wieder zusammenrollen. Vorsichtig auf ein Tablett oder Blech heben und mit einem Tuch zugedeckt für ungefähr eine Stunde in den Kühlschrank stellen, damit die Fülle wieder fest wird.

Für das Eis

Die Milch und die Sahne langsam zum Kochen bringen. Die Eigelb mit dem Zucker schaumig schlagen und dann die kochende Milch zur Eigelbmasse rühren. Den zerdrückten Pfeffer und die Zitronenschale dazugeben und im Wasserbad* am Herdrand binden lassen.

Anschließend durch ein Sieb passieren, mit dem Mixstab kurz aufmixen und etwas Pfeffer aus der Mühle dazugeben. In der Eismaschine* gefrieren lassen.

Für das restliche Gericht

Die Erdbeeren putzen, kurz waschen und dann nach Belieben schneiden. Mit etwas Zucker und einem Tropfen Zitronensaft marinieren.

FERTIGSTELLUNG

Die Roulade ca. fünfzehn Minuten vor dem Servieren aus dem Kühlschrank nehmen, in Stücke schneiden und auf Teller geben. Die Erdbeeren ebenso auf den Tellern anrichten und ganz zum Schluß das Eis auf den Teller geben. Mit den Minzblättern garnieren und servieren.

Die Roulade hält sich im Kühlschrank für zwei bis drei Tage, ist aber nach sechs bis sieben Stunden am besten.

Mit der gleichen Masse wie für die Roulade kann man auch ein Biskuit für einen Kuchen machen, zum Beispiel einen »Schwarzpolenta-Erdbeerkuchen« als Geburtstagstorte. Dann sollte man aber die doppelte Menge der Masse verwenden.

FRÜHLING · NACHSPEISEN

Walderdbeeren mit Minzeis

4 Personen

ZUTATEN

500 g Walderdbeeren

Für das Minzeis:

400 g Milch
100 g Sahne
7 Eigelb
70 g Zucker
Zitronenschale
einen Bund Minze
100 g Zuckersirup*
Saft einer halben Zitrone

ZUBEREITUNG

Die Walderdbeeren sortieren, das heißt, die schönen von den weniger schönen trennen. Die schönen Beeren in ein Sieb geben und vorsichtig waschen, gut abtropfen lassen und auf einem Tablett mit Tuch bereitstellen. Die weniger schönen Beeren ebenso waschen und tropfnaß im Mixer mit ein wenig Zucker und einem Tropfen Zitronensaft mixen, eventuell durch ein Sieb passieren und bereitstellen.

Für das Minzeis

Die Milch und die Sahne mit einer Prise Salz langsam zum Kochen bringen. Die Eigelb mit dem Zucker schaumig rühren, dann mit der kochenden Milch aufgießen, gut verrühren und ein Stückchen Zitronenschale dazugeben, im Wasserbad* am Herdrand langsam binden lassen.

Von der Minze die Blätter abzupfen, dabei die ganz kleinen Spitzen zum Garnieren aufbewahren. Die Blätter waschen und ca. zehn Stück beiseite legen, die restlichen im Zuckersirup einmal aufkochen lassen. Den Zitronensaft dazugeben und sofort in den Kühlschrank oder in den Tiefkühler zum Abkühlen stellen.

Von der gebundenen Eiscreme einen kleinen Teil in den Mixer geben und mit der erkalteten Minze samt Sirup im Mixer gut mixen. Dann wieder zur restlichen Eiscreme geben und alles zusammen durch ein Sieb passieren, eventuell mit dem Mixstab aufmixen und in der Eismaschine gefrieren. Die zehn Minzblätter mit einem scharfen Messer kleinschneiden und zum Eis in die Maschine geben.

FERTIGSTELLUNG

Die Sauce von den Walderdbeeren auf Teller geben, die Walderdbeeren verteilen und mit einer Kugel Minzeis servieren, mit den kleinen Minzspitzen ausgarnieren.

Es könnte passieren, daß das Eis nicht schön grün wird, weil es nur selten gelingt, die schöne Farbe der Minze zu erhalten. Ich verwende nie Lebensmittelfarben, auch wenn das Eis dann nicht grün ist. Der Geschmack ist der Geschmack der Minze, und das ist maßgebend.

Rhabarber in leicht geliertem Holundersaft mit Erdbeereis

4 Personen

ZUTATEN

Für den Rhabarber:

2 Rhabarberstangen
0,4 l Wasser
100 g Zucker
1/2 Zitrone
4 Nelken

Für das Holundergelee:

Saft, in dem der Rhabarber gegart wurde
4 gewaschene große Holunderblüten (mit offener Blüte)
1 dickes Blatt Gelatine (5 g)

Für das Erdbeereis:

1/4 l Milch
2 Eigelb
60 g Zucker
1 Stückchen Zitronenschale
250 g Erdbeeren
3 EL Zucker
Zitronensaft

ZUBEREITUNG

Für den Rhabarber

Den Rhabarber der Breite nach in ca. 3 cm lange Stücke schneiden. Den holzigen Teil nicht verwenden! Das Wasser mit dem Zucker, einem Stückchen Zitronenschale, dem Saft der halben Zitrone und den Nelken zum Kochen bringen. Sobald der Saft kocht, den Rhabarber dazugeben und nicht mehr als eine Minute kochen lassen. Danach vom Feuer nehmen, zudecken und so nur mehr ziehen lassen.

Für das Holundergelee

Die Gelatine in eiskaltem Wasser einweichen. Den Rhabarber vorsichtig aus dem Saft nehmen, auf ein Sieb geben und über dem Saft abtropfen lassen, so daß kein Saft verlorengeht.

Dann den Rhabarber vorsichtig auf einen Teller geben, mit Klarsichtfolie zudecken und bereitstellen. Den Saft wieder erhitzen, die ausgedrückte Gelatine darin auflösen und die gewaschenen Holunderblüten in den Saft geben, vom Feuer nehmen und zugedeckt wie einen Tee für ca. fünf Minuten im Saft ziehen lassen. Danach durch ein Tuch in eine Metallschüssel passieren. Dabei den Saft gut herauspressen. Zum Erkalten in den Kühlschrank geben.

Für das Erdbeereis

Die Eigelbe mit dem Zucker schaumig rühren. Die Milch mit einer Prise Salz zum Kochen bringen und dann zu der Eigelbmasse rühren. Die Zitronenschale dazugeben und die Masse im Wasserbad* binden lassen.

Die Erdbeeren putzen, waschen und in Stücke schneiden, mit dem Zucker und einem Stückchen Zitronenschale im Mixer gut mixen. Danach den Saft der halben Zitrone dazugeben und durch ein Sieb passieren.

Die gebundene Eismasse ebenso durch ein Sieb passieren, mit der Erdbeermasse vermengen und in der Eismaschine* gefrieren.

FERTIGSTELLUNG

Die Rhabarberstücke in tiefen Tellern verteilen. Das Erdbeereis in die Mitte geben und den gelierten Holundersaft über dem Rhabarber verteilen.

*R*habarber findet man nicht überall, und vielleicht ist der, den man im Garten hat, erst später reif. Dann kann man die Holunderblüte in Zukkerwasser* ziehen lassen und den entstandenen Holundersirup für dieses Dessert verwenden. Holunderblüten kann man nicht kaufen, aber man findet sie im Frühjahr in rauhen Mengen an Wegen, in Wiesen und Feldern, auf dem Berg und im Tal.

Terrine von weißer Schokolade mit Kirschen

8 Personen

ZUTATEN

Für die Terrine:

300 g weiße Schokolade
3 Eigelb und 1/2 EL Zucker
100 g Milch
1 1/2 dicke Blattgelatine (8 g)
300 g Sahne
3 Eiweiß und 2 EL Zucker
1 EL Kirschschnaps

Für das restliche Gericht:

ca. 60 Kirschen (1 kg)
3 EL Zucker
1 Prise Zimt
1 l Rotwein
100 g weiße Schokolade zum Garnieren
einige kleine Minzblätter

ZUBEREITUNG

Für die Terrine

Die Gelatine in eiskaltem Wasser einweichen. Wasser für ein Wasserbad* erhitzen. Die Schokolade zerkleinern, in eine Metallschüssel geben, mit Klarsichtfolie gut zudecken und im Wasserbad langsam schmelzen lassen. Dabei das Feuer unter dem Wasserbad abschalten. Vorsicht, daß kein Wasser in die Schokolade kommt, beim kleinsten Tropfen wird die geschmolzene Schokolade zu einem Klumpen!

Eine Terrinenform von ca. 30 cm Länge und 8 cm Höhe mit Klarsichtfolie auslegen und kalt stellen. Die Sahne nicht zu steif schlagen und kalt stellen.

Die Eigelb mit dem halben Eßlöffel Zucker gut verrühren und die aufgeweichte Gelatine dazugeben. Die Milch zum Kochen bringen und sofort mit Eigelb und Gelatine verrühren, so daß die Gelatine dabei schmilzt.

Die mittlerweile weiche Schokolade glattrühren, zur Eigelbmasse geben und sofort mit einem starken Schneebesen schnell verrühren. Diese Masse soll nun 40–50 Grad haben, also etwas mehr als Körpertemperatur. (Um das zu erkennen, soll sich die Masse auf den Lippen lauwarm anfühlen.)

Das Eiweiß mit dem Zucker und einer Prise Salz steif schlagen. Die Schlagsahne noch einmal umrühren und dann mit dem Eiweiß vorsichtig vermengen. Die Eiweiß-Sahne-Masse sofort mit Hilfe einer Gummispachtel unter die Eigelb-Schokolade-Masse heben. Dabei den Kirschschnaps dazugeben und, sobald die Masse glatt ist, aufhören zu rühren, in die Terrinenform abfüllen und für mindestens drei Stunden kalt stellen.

Für das restliche Gericht

Den Zucker in einem Topf leicht karamelisieren* lassen, Zimt dazugeben und dann sofort mit dem Rotwein ablöschen, auf ca. ein Siebtel – bis der Rotwein leicht sirupartig ist – einkochen lassen. Dann in ein kleineres Gefäß umschütten und bereitstellen.

Die Kirschen entkernen und halbieren.

FERTIGSTELLUNG

Die 50 g weiße Schokolade an einen sehr warmen Ort stellen (oder wie die Schokolade in ein Wasserbad), damit sie schmilzt. Dann in eine Papiertüte abfüllen und mit einer Schere ein kleines Loch schneiden.

Die Schokoladeterrine auf ein Brett stürzen und die Klarsichtfolie wegziehen. Die Terrine in ca. 2 cm dicke Scheiben schneiden und sofort auf Teller legen. Die Kirschen ebenso auf den Tellern verteilen und ein wenig von der Rotweinsauce darübergeben.

Alles mit der weißen Schokolade in Form von dünnen Strichen überziehen, mit der Minze garnieren und servieren.

FRÜHLING • NACHSPEISEN

*B*ei der Zubereitung der Terrine auf die Temperaturen achten, denn sie sind maßgebend für ein gutes Gelingen.

Diese Terrine kann man auch mit Erdbeeren, Himbeeren oder sonstigen Früchten servieren.

Kirschhalbgefrorenes in Rotweinsauce

6 Personen

ZUTATEN

Für das Halbgefrorene:

200 g Kirschen
2 EL Zucker
3 Eigelb mit 20 g Staubzucker
2 Eiweiß mit 40 g Staubzucker
250 g Sahne
3–4 EL Kirschschnaps

Für die Rotweinsauce:

eine 7/10-Liter-Flasche guten Rotwein
ca. 3 EL Zucker
ein Stückchen Zitronenschale
5–6 Nelken
ein Stück Zimtrinde

Für das restliche Gericht:

60 schöne Kirschen mit Stengel

ZUBEREITUNG

Für das Halbgefrorene

Die 200 g Kirschen entkernen und halbieren. In einem kleinen Topf mit dem Zucker für drei bis vier Minuten bei kleinstem Feuer ziehen lassen, so daß der Saft entrinnt, ohne daß die Kirschen kochen. Danach die Kirschen über einem Topf in ein Sieb abschütten und den Saft gut ausdrücken. Die Kirschen kalt stellen und den Saft einkochen lassen, bis nur mehr zwei bis drei Eßlöffel davon übrig sind. Diesen siruparigen Rest mit den Kirschen im Mixer feinstens mixen und dann erkalten lassen.

Sechs mittelgroße Timbalformen* mit Klarsichtfolie auslegen und in den Tiefkühler stellen.

Die Sahne fast steif schlagen und bis zum Gebrauch kalt stellen. Die Eigelb mit den 20 g Staubzucker gut schaumig rühren, dann die zwei Eiweiß mit den 40 g Zucker und einer Prise Salz steif schlagen. Sahne und Eiweiß vorsichtig miteinander vermengen und zusammen mit dem Kirschschnaps unter die Eigelbmasse heben. Von dieser Masse ca. ein Drittel zu den gemixten Kirschen geben und vorsichtig und so kurz wie möglich damit vermengen.

Von beiden Massen abwechselnd in die kalten Timbalformen geben, bis diese voll sind. Für mindestens drei Stunden zum Gefrieren in den Tiefkühler stellen.

Für die Rotweinsauce

Den Zucker in einem Topf mit mindestens einem Liter Fassungsvermögen leicht karamelisieren* lassen und dann mit dem Rotwein aufgießen. Die Zitronenschale, die Nelken und die Zimtrinde dazugeben und alles bis auf ca. ein Siebtel einkochen. (Es sollte ca. ein Deziliter übrig bleiben.) Zum Erkalten in den Kühlschrank stellen.

Für das restliche Gericht

Von den Kirschen mit einer Schere ein Stückchen Stengel abschneiden, dann die Kirschen mit den Fingern etwas zusammendrücken, so daß sich der Kern im Inneren vom Fleisch löst. Die Kirschen unten mit einem Messer kreuzweise einritzen und den Kern mit Hilfe der Messerspitze herausnehmen. Die Kirschen in ein Sieb geben und kurz waschen. Tropfnaß auf ein Blech legen, mit Zucker bestreuen und so lange im Ofen unter den Grill (»Salamander« oder Oberhitze 200 Grad) geben, bis der Zucker zu schmelzen beginnt. Bereitstellen.

FERTIGSTELLUNG

Die Rotweinsauce auf flachen Tellern verteilen. Das Halbgefrorene aus der Form nehmen, die Klarsichtfolie entfernen und in der Mitte des Tellers anrichten. Die Kirschen rundherum verteilen und das Ganze mit Minzspitzen garnieren. Sofort servieren!

*I*ch bereite Halbgefrorenes immer ungefähr fünf Stunden vor Gebrauch zu, damit es im Tiefkühler nicht zu fest werden kann.

Je mehr Flüssigkeit ein Halbgefrorenes enthält, umso härter wird es im Tiefkühler (Beispiel: Eiswürfel), deshalb lasse ich den Saft der Kirschen einkochen. Alkohol hingegen läßt das Halbgefrorene weniger hart werden.

FRÜHLING · NACHSPEISEN

FRÜHLINGSMENÜ 1

Spargelsuppe mit Lachsstreifen

* * *

*Piccata vom Kalb in der Schwarzbrotkruste
mit Karotten-Zucchini-Gemüse und Zitrone*

* * *

*Schwarzpolentaroulade
mit Erdbeeren und Eis von schwarzem Pfeffer*

Die ersten Vorbereitungen:

1. Die Spargel für die Spargelsuppe putzen und schneiden, den Lachs putzen und den Lachssud für die Spargelsuppe vorbereiten.
2. Kalbsmedaillons schneiden (die Parüren für die Sauce aufbewahren), die Zucchini und die Karotten für die Hauptspeise schneiden.
3. Die Erdbeerfülle für die Roulade zubereiten und zugleich auch Erdbeeren und Erdbeersauce zum Garnieren herrichten.

Die Weiterverarbeitung bis zur Fertigstellung:

4. Die Sauce für die Medaillons ansetzen, den Lachssud für die Spargelsuppe aufs Feuer stellen, den Ofen für die Schwarzpolentaroulade einschalten.
5. Die Schwarzpolentaroulade zubereiten, backen und dann erkalten lassen. Das Eis von schwarzem Pfeffer zubereiten, aber erst später gefrieren.
6. Die Kalbssauce durch ein Tuch passieren und einkochen lassen, den Lachssud nur durchs Tuch passieren.
7. Die Schwarzbrotbrösel zum Panieren der Medaillons herrichten, die Roulade mit Erdbeercreme füllen und wieder kalt stellen.
8. Die Spargelsuppe zubereiten, nebenbei den Lachs in Streifen schneiden und die Kalbsmedaillons panieren, die Kalbssauce kontrollieren.
9. Die Spargelsuppe fertig zubereiten und mit den Lachsstreifen servieren.

Mit den weiteren zwei Gerichten, wie unter *Fertigstellung* bei den einzelnen Rezepten beschrieben, fortfahren!

Das Eis, kurz bevor die Hauptspeise serviert wird, in die Eismaschine geben.

FRÜHLINGSMENÜ 2

*Lauwarmer Salat von Spargeln und Scampi
mit Himbeer-Zitronen-Dressing*

* * *

*Frikassee vom Kaninchen mit
Artischockenherzen*

* * *

Terrine von weißer Schokolade mit Kirschen

Die ersten Vorbereitungen:

1. Die Spargeln für die Vorspeise schneiden und die Scampi putzen.
2. Das Kaninchen auslösen und die einzelnen Teile zuputzen, die Keule, wie im Rezept beschrieben, füllen, die Kaninchenknochen zerkleinern und die Sauce ansetzen.
3. Die weiße Schokoladeterrine zubereiten, die Kaninchensauce durch ein Tuch passieren.

Die Weiterverarbeitung bis zur Fertigstellung:

4. Die Kaninchensauce einkochen lassen.
5. Die Artischocken für die Hauptspeise zuschneiden und kochen.
6. Fürs Dessert die Kirschen herrichten und die Rotweinsauce zubereiten.
7. Grüne und weiße Sauce fürs Kaninchengericht fertig zubereiten, den Ofen einschalten, die Kaninchenkeulen und Schenkel anbraten und auf ein Blech geben.
8. Die Zitronenstreifen für den Salat schneiden, das Himbeer-Zitronen-Dressing zubereiten, die Spargeln kochen.
9. Die Scampi garen, die Vorspeise anrichten und servieren! Die Kaninchenkeulen und Schenkel sofort in den Ofen geben.

Mit den weiteren zwei Gerichten, wie unter *Fertigstellung* bei den einzelnen Rezepten beschrieben, fortfahren!

FRÜHLINGSMENÜ 3

*Salat von Gemüsestreifen, Steinbutt und
Miesmuscheln an Champagnervinaigrette*

* * *

Grüne Tortelloni vom Kalbsbries in Lorbeersauce

* * *

Scampi auf Erbsencreme mit jungen Karotten

* * *

*Consommé von der Ente mit Confit von
Belgischer Endivie und Zitronenmelisse*

* * *

Kirschhalbgefrorenes in Rotweinsauce

Die ersten Vorbereitungen:

1. Die Gemüsejulienne für die Vorspeise schneiden, die Erbsen ausnehmen und die Karotten fürs Fischgericht putzen.
2. Die Hühnersauce für die Lorbeersauce ansetzen, das Kalbsbries reinigen.
3. Die Scampi putzen und den Scampisud (1) aufstellen, den Steinbutt filetieren und schneiden, den Steinbuttsud für die Champagnervinaigrette vorbereiten, die Miesmuscheln putzen, aber noch nicht kochen.
4. Die Entenbrüste putzen und die Knochen für die Sauce herrichten, die Hühnersauce für die Lorbeersauce durch ein Tuch passieren und einkochen lassen, den Scampisud beiseite stellen.
5. Die Tortellonifülle zubereiten und den grünen Nudelteig machen (letzteren in Klarsichtfolie einwickeln), die reduzierte Hühnersauce kontrollieren.
6. Das Kirschhalbgefrorene zubereiten und gefrieren.

Die Weiterverarbeitung bis zur Fertigstellung:

7. Die Scampisauce zubereiten, den Steinbuttsud aufs Feuer stellen, die Entensauce ansetzen.
8. Fürs Dessert die Kirschen herrichten und die Rotweinsauce aufstellen.
9. Die Scampisaucen passieren und einkochen lassen, die Entensauce und den Steinbuttsud durch ein Tuch passieren und einkochen lassen.
10. Die Tortelloni machen (Saucen kontrollieren).
11. Belgische Endivie schneiden und das Confit zubereiten, die Zitronenmelisse herrichten, Tomaten und Salat für die kalte Vorspeise herrichten.
12. Die Erbsencreme und Scampisauce zubereiten (die Karotten erst kurz vor Gebrauch garen), die Lorbeersauce und die Sauce für die Ente kontrollieren, aber erst bei Gebrauch fertigstellen. Aus dem reduzierten Steinbuttsud die Champagnervinaigrette zubereiten.
13. Wasser zum Pochieren vom Steinbutt und zum Kochen der Tortelloni aufstellen, die Miesmuscheln kochen, den Ofen einschalten.
14. Die Gemüsejulienne garen, die Miesmuscheln aus der Schale nehmen, die Vorspeise anrichten, dabei als letztes den Steinbutt pochieren und das Gericht fertig machen, servieren.

Mit den weiteren Gerichten, wie unter *Fertigstellung* bei den einzelnen Rezepten beschrieben, fortfahren!

FRÜHLINGSMENÜ 4

*Sülze von Kaninchen und Frühlingsgemüse
auf Kressesalat*

* * *

Pochiertes Hühnerei auf Rösti mit Kaviar

* * *

*Forelle in der Kruste
mit wilden Spargeln in leichter Zitronensauce*

* * *

Stubenküken mit Morcheln in weißer Pfeffersauce

* * *

Walderdbeeren mit Minzeis

Die ersten Vorbereitungen:

1. Das Kaninchen auslösen und aus den Knochen die Suppe für die Sülze zubereiten. Das Gemüse für die Sülze schneiden und kochen, ebenso alles Restliche für die Sülze vorbereiten.

2. Die Forellen filetieren und entgräten, den Forellensud vorbereiten, die wilden Spargeln putzen, die Brösel zum Panieren der Forellen zubereiten.

3. Die Kaninchensuppe durch ein Tuch passieren und einkochen lassen.

4. Das Stubenküken auslösen, die Karkassen für die Sauce zerkleinern und die Sauce ansetzen, für die Morchelfarce alles gut vorbereiten.

5. Die reduzierte Kaninchensuppe klären, die Gelatine dazugeben und kalt stellen, die Stubenkükensauce durch ein Tuch passieren.

Die Weiterverarbeitung bis zur Fertigstellung:

6. Das Kaninchengelee in die Wärme stellen, damit es leicht flüssig wird, das Kaninchenfleisch garen, den Forellensud aufs Feuer stellen, die Stubenkükensauce einkochen lassen.

7. Damit beginnen, die Sülze zu machen.

8. Die Morchelfarce zubereiten und die Morcheln für die Beilage füllen, die Kaninchensülze weitermachen.

9. Den Forellensud durch ein Tuch passieren und einreduzieren lassen, die reduzierte Stubenkükensauce beiseite stellen.

10. Das Minzeis zubereiten, aber erst später gefrieren. Die Walderdbeeren sortieren und die Walderdbeersauce zubereiten. Die Kaninchensülze weitermachen.

11. Die Stubenkükenbrüste und Keulen nur auf der Hautseite anbraten, kurz abkühlen lassen, mit Morchelfarce bestreichen, auf ein Blech geben und kalt stellen.

12. Die Sülze fertig machen und kalt stellen.

13. Die Kartoffeln für Rösti und für Kartoffelpüree schälen, den Kressesalat für die Vorspeise putzen, die Zitronenstreifen für das Fischgericht schneiden.

14. Die wilden Spargeln blanchieren, die Zitronensauce fertigstellen, die weiße Pfeffersauce zubereiten.

15. Die Forellenfilets panieren, Kartoffeln für Rösti schneiden, den Ofen einschalten, Wasser für pochierte Eier aufstellen.

16. Die Vorspeisen anrichten und servieren! Sofort danach die Kartoffeln fürs Kartoffelpüree aufstellen und die Rösti machen (bei mehr als vier Personen die Rösti vormachen).

Mit den restlichen Gerichten, wie unter *Fertigstellung* bei den einzelnen Rezepten beschrieben, fortfahren!

Stubenküken, kurz bevor die Forelle serviert wird, in den Ofen schieben. Das Eis, kurz bevor die Hauptspeise serviert wird, in die Eismaschine geben.

FRÜHLINGSMENÜ 5

*Mousse von Langustinen in der Zucchiniblüte
mit einem kleinen Salat von Karotten und Zucchini*

* * *

Kräuterrahmsuppe

* * *

*Seewolf im Sud von rosa Pampelmusen
mit grünen Spargeln*

* * *

Lammkeule mit Kräutern auf Frühlingsgemüse

* * *

*Rhabarber in leicht geliertem Holundersaft
mit Erdbeereis*

Die ersten Vorbereitungen:

1. Die Langustinensauce für das Mousse, wie im Rezept beschrieben, zubereiten, die Langustinenschwänze mit Klarsichtfolie zudecken.
2. Kräuter für die Kräutersuppe und für die Lammkeule herrichten, die Lammkeule auslösen, mit Kräutern füllen, binden und marinieren, die Lammknochen für die Sauce herrichten.
3. Gemüse für die Hauptspeise putzen und schneiden.
4. Die Langustinensauce passieren und einkochen lassen.
5. Den Seewolf putzen und filetieren, den Seewolfsud vorbereiten, eine Hühnersuppe für die Kräutersuppe bereitstellen, aber erst später aufstellen.
6. Das Scampimousse fertig zubereiten und erkalten lassen. In der Zwischenzeit Karotten und Zucchini für die Vorspeise schneiden, sobald das Mousse gestockt ist, die Zucchiniblüten damit füllen und wieder kalt stellen.

Die Weiterverarbeitung bis zur Fertigstellung:

7. Den Fischsud und die Hühnersuppe aufstellen, die Lammsauce ansetzen.
8. Grüne Spargeln putzen und Pampelmusen filetieren.
9. Die Lammsauce und den Fischsud durch ein Tuch passieren und einkochen lassen, die Hühnersuppe nur passieren.
10. Alles fürs Dessert zubereiten, das Eis aber erst später gefrieren.
11. Das Gemüse für die Lammkeule knackig garen und abkühlen lassen. Die grünen Spargeln für das Fischgericht kochen, eventuell aber auch erst kurz vor Gebrauch.
12. Die Lammkeule anbraten und bereitstellen, den Ofen einschalten, Lammsauce fertig zubereiten. Den Seewolfsud kontrollieren, aber erst bei Gebrauch mit Pampelmusensaft parfümieren.
13. Die Zucchiniblüte zum Temperieren aus dem Kühlschrank nehmen, die Kräutersuppe zubereiten und warm halten, die Lammkeule in den Ofen geben (Uhr einstellen).
14. Die kalte Vorspeise, wie im Rezept beschrieben, fertigstellen. Vorspeise anrichten und servieren!

Mit den weiteren Gerichten, wie unter *Fertigstellung* bei den einzelnen Rezepten beschrieben, fortfahren!

SOMMER

Salat von Gartensalaten, Steinpilzen und rohen Rinderfiletscheiben

4 Personen

ZUTATEN

verschiedene Gartensalate
1 großer oder 4 kleine
feste Steinpilze
ca. 300 g Rinderfilet
Balsamessig und bestes Olivenöl

Für das Dressing:
1 reife Tomate
ca. 50 g Parmesan am Stück
1 EL geschnittene Petersilie
2 EL Balsamessig
6 EL bestes Olivenöl

ZUBEREITUNG

Die Salate putzen, waschen und auf ein Tablett mit einem Küchentuch zum Abtropfen legen.

Die Steinpilze putzen und wenn nötig mit einem feuchten Tuch säubern, nicht waschen, in feine Scheiben schneiden und mit Klarsichtfolie zugedeckt bereitstellen.
Das Rinderfilet mit einem kleinen, scharfen Messer zuputzen und dann in ca. 2 cm große Würfel schneiden. (Es sollten ungefähr sechs bis sieben Würfel pro Kopf sein.)

Eine ca. 50 cm lange Klarsichtfolie auf dem Tisch ausbreiten und die Filetwürfel in Abständen von ungefähr 10 cm auf die Klarsichtfolie legen. Mit einem gleich langen Stück Klarsichtfolie zudecken. Mit der Hand die einzelnen Würfel etwas flach drücken und dann jeden einzelnen mit einem flachen Schnitzelklopfer so dünn wie möglich klopfen. In der Klarsichtfolie lassen und bis zum Gebrauch kalt stellen.

Für das Dressing
Die Tomaten* schälen, von den Kernen befreien und das Tomatenfleisch in kleine Würfel schneiden.

Den Parmesan mit einem Messer, den Tomatenwürfeln entsprechend grob aufschneiden.

Die Tomatenwürfel, den Parmesan und die geschnittene Petersilie mit einer guten Prise Salz, Pfeffer aus der Mühle, dem Balsamessig und dem Olivenöl in eine kleine Schüssel geben und verrühren.
Man kann zum Dressing eventuell auch kleine Steinpilzwürfel geben.

Eine andere Methode, »Carpaccio« zuzubereiten ist, das noch ganze Stück Fleisch eng in Klarsichtfolie einzuwickeln, einzufrieren und dann mit einer Aufschnittmaschine in feine Scheiben zu schneiden.
Dafür benötigt man auf jeden Fall eine Aufschnittmaschine.

Hingegen behält das Fleisch bei der im Rezept angegebenen Methode seine ganze Güte.

FERTIGSTELLUNG

Den Salat mit einer Prise Salz, einigen Tropfen Balsamessig und ein wenig Olivenöl anmachen und auf Tellern ungeordnet anrichten.

Die Steinpilzscheiben mit einer Prise Salz und einigen Tropfen Olivenöl vermischen und über den Salat verteilen.

Von den Rinderfiletscheiben eine Klarsichtfolie vorsichtig entfernen, die Scheiben ganz leicht und gleichmäßig salzen, ein wenig pfeffern und ebenso auf dem Salat locker verteilen.

Den ganzen Salat mit dem Dressing beträufeln und sofort servieren.

Salat von neuen Kartoffeln und Bohnen mit Gänsestopfleber

4 Personen

ZUTATEN

Für den Salat:

ca. 60 dünne Bohnen (400 g)
12 kleine neue Kartoffeln
4 Scheiben Gänsestopfleber
zu je ca. 50 g (eventuell auch eine
andere Leber, z. B. Entenleber)

Für das Dressing:

4 Radieschen
1 TL weiße Trüffelpaste
(wenn vorhanden)
2 EL Champagneressig
6 El Trüffelöl oder gutes Sonnenblumenöl

ZUBEREITUNG

Für den Salat

Die Bohnen schräg in zwei Teile schneiden und, wenn es dicke sind, halbieren. In gut gesalzenem Wasser eher weich kochen und kurz mit kaltem Wasser abschrecken.
Die Kartoffeln schälen und in nicht zu dünne Scheiben schneiden. In wenig Salzwasser weich kochen, dabei darauf achten, daß sie nicht verkochen. Anschließend mit einer Schaumkelle vorsichtig aus dem Wasser in ein Sieb geben und kurz abtropfen lassen.

Die Gänsestopfleber im Kühlschrank bereitstellen.

Für das Dressing

Von den Radieschen die Schale abschneiden und diese in Brunoise* schneiden. Zusammen mit der Trüffelpaste, dem Samenöl, Salz und Champagneressig zu einem Dressing verühren.

FERTIGSTELLUNG

Die Bohnen und die Kartoffeln getrennt mit etwas Dressing marinieren*. Beides in der Mitte des Tellers anrichten.

Die Gänsestopfleber leicht salzen und in einer sehr heißen Pfanne ohne Fett schnell auf beiden Seiten goldbraun braten. Sofort auf den Salat legen, mit dem restlichen Dressing beträufeln und servieren.

Es gab eine Zeit, in der ich die Köstlichkeit einer Gänsestopfleber sehr gut kannte, aber weniger wußte, wie Gänse gestopft werden.

Von der Köstlichkeit der Gänsestopfleber bin ich auch heute noch überzeugt. Die Art, wie Gänse gestopft werden, habe ich verachten gelernt.

Meine Erkenntnis: Alles »Gute« sollte mit Liebe behandelt werden, damit wahre Köstlichkeiten daraus werden können.

Tomatenmousse an Lachsmedaillons mit Basilikumdressing

4 Personen

ZUTATEN

ca. 400 g Lachsfilet oder
500 g Lachs im Stück

Für die Tomatenmousse:

600 g sehr gut reife
italienische Tomaten
4 EL bestes Olivenöl
2 Knoblauchzehen
einige Basilikumblätter
einige Petersilienblätter
3 dicke Blätter Gelatine (15 g)
1 Eiweiß

Für das Dressing:

6 EL bestes Olivenöl
einige Tropfen Champagneressig
2 EL Wasser
15–20 Basilikumblätter
4 Basilikumspitzen zum Garnieren

ZUBEREITUNG

Den Lachs mit Hilfe eines scharfen Messers von der Haut trennen (siehe unter »Wissenswertes« bei Fisch, enthäuten), dann der Länge nach in der Mitte durchschneiden. Die zwei entstandenen Filets etwas zuputzen und zwölf kleine Medaillons schneiden. (Man kann aber auch eine Tranche pro Kopf geben.) Mit Klarsichtfolie zudecken und kalt stellen.

Für die Tomatenmousse

Die Tomaten waschen, in Stücke schneiden und in einer Metallschüssel mit reichlich Salz und eventuell einer Prise Zucker für mindestens eine halbe Stunde oder länger marinieren*.

Das Olivenöl mit den halbierten Knoblauchzehen, der Petersilie und den Basilikumblättern bei ganz schwachem Feuer für ca. zehn Minuten ziehen lassen (nicht zu heiß, ansonsten beginnen die Kräuter zu fritieren).

Die Gelatine in eiskaltem Wasser einweichen. Die Tomaten, die nun etwas Saft gemacht haben, im Mixer mixen und anschließend wieder durch ein Sieb in die saubere Metallschüssel passieren. Ca. zwei kleine Schöpfer vom Passierten entnehmen und in einem kleinen Töpfchen erhitzen. Die ausgedrückte Gelatine darin auflösen, gut verrühren und schnell zu den restlichen passierten Tomaten rühren. Das warme Olivenöl mit den Kräutern ebenso durch ein Sieb dazuschütten und verrühren.

Das Eiweiß mit einer Prise Salz zu Schnee schlagen und zu der Tomatenmasse rühren (eventuell nicht das Ganze), mit der Schüssel in den Kühlschrank stellen und ca. alle zehn Minuten einmal umrühren, bis die Masse langsam dicker wird. Eventuell auch auf Eis kalt rühren. Danach in eine flache, entsprechend große, ca. 4–6 cm hohe Form füllen und im Kühlschrank ganz fest werden lassen.

Für das Dressing

Die Basilikumblätter wiederum im Olivenöl erhitzen und etwas ziehen lassen. Danach das Salz, den Champagneressig und das Wasser dazugeben und im Mixer bei niederer Drehzahl feinstens mixen und eventuell anschließend durch ein Sieb passieren.

FERTIGSTELLUNG

Von der Tomatenmousse mit einem Eßlöffel, der zuvor in heißes Wasser getaucht wurde, Nocken ausstechen und auf kalten Tellern anrichten.

Die Lachsmedaillons leicht salzen, pfeffern und in einer nicht zu heißen Pfanne mit bestem Olivenöl auf beiden Seiten garen. (Garzeit nach Größe der Medaillons. Diese sollen auf jeden Fall in der Mitte noch rosa und nicht ganz durchgegart sein.)

Die warmen Lachsmedaillons zur Tomatenmousse geben, ein wenig Basilikumdressing darübergeben und sofort servieren.

Überreife Tomaten sind das Wichtigste, um ein gutes Resultat zu erzielen. Mit Tomaten, die wenig nach Tomaten riechen, kann auf keinen Fall ein gutes Resultat erzielt werden.

Sollte die Mousse nicht fest genug werden, kann man einen kleinen Teil entnehmen, diesen erhitzen, noch ein Blatt Gelatine dazugeben und wieder schnell in die restliche Mousse rühren. Dies könnte passieren, weil nicht jede Gelatine gleich fest wird. Deshalb sollte man immer ein und dieselbe Gelatine verwenden.

SOMMER · KALTE VORSPEISEN

Pilze im Gelee und Kaninchensalat

6 bis 8 Personen

ZUTATEN

Für das Gelee:

ca. 500 g Kaninchen- oder
Hühnerkarkassen*
2 Schalotten oder 1/2 Zwiebel
1 Selleriezweiglein
ein kleines Sträußchen Petersilie
2 Knoblauchzehen
eventuell die Reste von den Pfifferlingen
2 1/2 Blatt dicke Gelatine (12 g)
1 1/2 kg Pilze, geputzt und gewaschen
2–3 EL geschnittene Petersilie

Für den Kaninchensalat:

6 Kaninchenkeulen oder
6 Kaninchenfilets vom Rücken
Petersilie, Majoran, Knoblauch und
Koriander aus der Mühle
alles fein geschnitten
verschiedene kleine Salate
guter Balsamessig und bestes Olivenöl

Für eine eventuelle Sauce:

Parüren* und Knochen vom Kaninchen
2 Schalotten
einige Petersilienstengel
2 Knoblauchzehen
1 Selleriezweiglein
eventuell Pilzreste
1 nußgroßes Stück Butter

ZUBEREITUNG

Für das Gelee

Aus den Kaninchen- oder Hühnerkarkassen, dem Suppengemüse, den Pilzabfällen und 1 Liter kaltem Wasser sowie einer guten Prise Salz eine Suppe aufstellen. Für ca. eine halbe Stunde leicht köcheln lassen, dann durch ein Tuch passieren und wenn nötig einkochen lassen, so daß 0,4 Liter übrigbleibt.

Die Gelatine in eiskaltem Wasser einweichen.

Die sauberen, gewaschenen und gut abgetropften Pilze in die heiße Suppe geben und am Herdrand für ca. fünf Minuten ziehen lassen, anschließend mit einer Schaumkelle aus der Suppe in ein Sieb geben und die Pilze über der Suppe gut abtropfen lassen.

Ist die Suppe nicht klar, kann man sie klären*.
In die heiße Suppe einige Petersilienzweiglein geben und kräftig abschmecken, weil das Gelee, wenn es kalt ist, etwas an Geschmack verliert. Die ausgedrückte Gelatine dazugeben, vorsichtig umrühren und nochmals durch ein Tuch passieren. Zur Probe ein wenig in eine Tasse geben und in den Kühlschrank oder, damit es schneller geht, in den Tiefkühler stellen, um zu sehen, ob das Gelee fest wird. Ansonsten noch ein Blatt Gelatine oder umgekehrt, wenn zu fest, ein wenig Flüssigkeit dazugeben. Das Gelee sollte mittelfest sein.

Eine Terrinenform* von ca. 15–20 cm Länge und ca. 5 cm Höhe mit Klarsichtfolie auslegen, die Pilze hineingeben und mit dem noch flüssigen Gelee aufgießen. Im Kühlschrank für mindestens zwei Stunden kalt stellen.

Für den Kaninchensalat

Die Kaninchenkeulen von den Knochen befreien (siehe unter »Gefüllte Kaninchenkeule« auf Seite 182) innen salzen und pfeffern sowie mit den gehackten Kräutern innen einreiben und bereitstellen.

Die Salate waschen und auf einem Tablett mit Tuch bereitstellen.

Für eine eventuelle Sauce

Die Parüren und Knochen vom Kaninchen in einem Topf mit ein wenig Öl bei mittelmäßiger Hitze goldbraun werden lassen. Das geschnittene Gemüse und eventuell die Pilzreste dazugeben, kurz mitrösten, eine Prise Salz dazugeben und mit kaltem Wasser knapp bedeckt aufgießen. Ca. zwanzig Minuten köcheln lassen, durch ein Tuch passieren und auf ca. ein Fünftel einreduzieren.

FERTIGSTELLUNG

Den Ofen auf 140 Grad vorheizen.

Die Kaninchenkeulen außen salzen und pfeffern und in einer Pfanne mit Butter bei mittlerer Hitze auf allen Seiten goldbraun anbraten. Im Ofen bei ca. 140 Grad für ca. zehn Minuten leicht rosa* braten.

In die reduzierte kochende Sauce die Butter einschwenken und einen Tropfen Balsamessig dazugeben.

Das Pilzgelee vorsichtig aus der Terrinenform auf ein Schneidbrett stürzen, die Klarsichtfolie wegziehen und mit der gehackten Petersilie vorsichtig einreiben.

Mit einem Elektromesser* und mit Hilfe einer Teigkarte zum Festhalten, Scheiben von ca. 2 cm Dicke schneiden und auf Tellern anrichten.
Die Salate mit Salz, Pfeffer, Balsamessig und bestem Olivenöl anmachen und mit der in feine Scheiben geschnittenen Kaninchenkeule ebenso auf dem Teller anrichten.

Die Sauce spielt bei diesem Gericht keine bedeutende Rolle und kann deshalb »schnell« oder überhaupt nicht gemacht werden. Sie dient, um das Gericht etwas zu verfeinern.

Man kann das Gelee auch nur mit Pfifferlingen machen. Auf dieselbe Art kann man andere Gelees, wie mit Gemüse und Kaninchen im Frühling oder sonstigem Fleisch und Gemüse – einfach nach eigener Fantasie – zubereiten.

SOMMER · KALTE VORSPEISEN

Salat von Kalbsbries und Pfifferlingen mit Kerbeldressing

4 Personen

ZUTATEN

ca. 500–600 g Kalbsbries
knapp 500 g wenn möglich kleine
Pfifferlinge
2 nußgroße Stück Butter
1 Knoblauchzehe
verschiedene Sommersalate

Für das Dressing:

Balsamessig
bestes Olivenöl
1 EL geschnittener Kerbel
(eventuell genügt auch Petersilie)

ZUBEREITUNG

Das ganze Kalbsbries gut waschen, dann in die einzelnen kleinen Stücke trennen und von den Häuten und Sehnen befreien. Nicht mehr waschen!

Die Pfifferlinge putzen und gut waschen. Den Salat waschen und auf ein Tablett mit Tuch zum Abtropfen legen.

Das Kalbsbries in einer heißen Pfanne mit einem Stück Butter für acht bis zehn Minuten knusprig sautieren*, anschließend salzen und pfeffern.

In dieser Zeit die Pfifferlinge mit dem anderen Stück Butter, der halbierten Knoblauchzehe und einer Prise Salz bei mittlerer Hitze dünsten. Den Pfifferlingsaft, der dabei entsteht, über ein anderes Töpfchen in ein Sieb schütten. Den Saft für das Dressing einkochen, bis ca. drei bis vier Eßlöffel übrig sind. Die Pfifferlinge salzen und pfeffern.

Für das Dressing

Zum reduzierten Pfifferlingsaft einige Tropfen Balsamessig, zwei bis drei Eßlöffel bestes Olivenöl und den Kerbel geben, mit einem Schneebesen gut verrühren oder mit dem Mixstab kurz aufmixen.

FERTIGSTELLUNG

Die Salate mit Salz, ein wenig Pfeffer, Balsamessig und bestem Olivenöl anmachen.

Salate, Bries und Pfifferlinge in Form von einem Salat anrichten und mit dem Kerbeldressing beträufeln.

Das Kalbsbries sollte kurz vor der Fertigstellung sautiert und die Pfifferlinge kurz davor gedünstet werden, damit alles so frisch wie möglich ist.

Wenn es heiß ist, diesen Salat als Einzelgericht in einer großen Schüssel servieren. Ein kleines, großes Mittagessen!

SOMMER • WARME VORSPEISEN UND SUPPEN

Zucchinisuppe

4 Personen

Das Olivenöl ist das Geheimnis dieser Zucchinisuppe!

ZUTATEN

Für die Suppe:

6 mittlere Zucchini
ca. ¾ l abgeschmeckte Hühnerkraftbrühe
2 Knoblauchzehen
8 EL bestes Olivenöl
3 Radieschen

ZUBEREITUNG

Für die Suppe

Die Zucchini in Stücke von ca. 5 cm Länge schneiden und mit einem flachen Messer die Schale, wenn möglich ohne zu beschädigen, abschneiden. Die Schale in kleinste Würfelchen und die restliche Zucchini in Scheiben schneiden. Die Scheiben mit zwei Eßlöffeln Olivenöl ca. fünf Minuten dünsten. Die Würfelchen bereitstellen.

Die halbierten Knoblauchzehen währenddessen in der heißen Suppe ziehen lassen, anschließend zu den Zucchini sieben und ca. drei Minuten köcheln lassen.

In dieser Zeit die Schale von den Radieschen abschneiden und diese in feinste Würfelchen schneiden. In einer Tasse mit weiteren zwei Eßlöffeln Olivenöl, einer Prise Salz und Pfeffer marinieren*.

Die Suppe im Mixer mit dem restlichen Olivenöl mixen und durch ein Sieb passieren.

FERTIGSTELLUNG

Die Zucchiniwürfelchen in ein wenig Olivenöl kurz dünsten. Wenn nötig, die Suppe abschmecken, pfeffern und mit den Zucchiniwürfelchen und den marinierten Radieschenschalen in Tassen servieren.

Kalte Tomatensuppe mit Basilikumöl

4 Personen

ZUTATEN

1 kg überreife italienische Tomaten
4 EL bestes Olivenöl
2 Knoblauchzehen
ca. 15 Basilikumblätter

Für das Basilikumöl:
6 EL bestes Olivenöl
ca. 20 Basilikumblätter
Champagneressig oder guter Weißweinessig
4 Basilikumspitzen zum Garnieren

ZUBEREITUNG

Die Tomaten waschen, vom Stengel befreien, in Stücke schneiden und in eine Metallschüssel geben. Sehr gut salzen, vermengen und so für mindestens eine Stunde oder länger im Kühlschrank ziehen lassen.

Für das Basilikumöl
Die zwanzig Basilikumblätter mit den sechs Eßlöffeln Olivenöl bei wenig Hitze in einem kleinen Topf für einige Minuten ziehen lassen. Danach vom Feuer nehmen, einige Tropfen Champagneressig sowie einen Eßlöffel Wasser und eine Prise Salz dazugeben und im Mixer bei kleiner Drehzahl so fein wie möglich mixen, danach im Kühlschrank erkalten lassen.

FERTIGSTELLUNG

Die fünfzehn Basilikumblätter und die halbierten Knoblauchzehen in den vier Eßlöffeln Olivenöl, gleich wie für das Basilikumöl, für einige Minuten ziehen lassen.

Die Tomaten im Mixer gut mixen und mit Hilfe eines kleinen Schöpfers durch ein Sieb passieren, dabei den Schöpfer dauernd im Kreis drehen, bis nur mehr die Haut der Tomaten im Sieb bleibt.

Das Basilikumöl ebenso durch das Sieb zu den Tomaten passieren, dann die Tomatensuppe mit dem Mixstab kurz aufmixen und wenn nötig abschmecken. Nach Belieben im Kühlschrank kälter werden lassen.

Die Suppe in tiefen Tellern verteilen. Das erkaltete Basilikumöl mit dem Mixstab noch einmal aufmixen und dann je Teller ca. fünf halbe Teelöffel in die Suppe geben. Ein Stäbchen oder einen Zahnstocher durch das Basilikumöl ziehen, die Basilikumspitze in die Mitte geben und servieren.

Die Tomaten muß man fast versalzen und dann ziehen lassen. Man braucht sie am Ende bestimmt nicht mehr nachzusalzen, und die Suppe ist trotzdem nicht versalzen.

Das Geheimnis dieser kalten Tomatensuppe sind beste Tomaten. Bei minderer Qualität kann das Resultat nie so gut sein.

Seezungenröllchen in Steinpilzcreme

4 Personen

ZUTATEN

6 kleine Seezungen zu je ca. 250 g

Für die Petersilienfarce:

Filets von einer Seezunge (ca. 100 g)
1 Eiweiß
50 g kalte Sahne
30 g gewaschene und gezupfte Petersilie

Für die Steinpilzcreme:

ca. 1/2 kg Steinpilze
1 Knoblauchzehe
einige Petersilienblätter
1/2 l abgeschmeckte Hühnerkraftbrühe
2 EL Schlagsahne

ZUBEREITUNG

Die Seezungen mit dem Schwanzende einzeln einen Moment unter das heiße Wasser halten. So löst sich die Haut, und man kann sie leicht wegziehen. Danach die Seezungen filetieren. Dabei mit einem kleinen scharfen Messer einzeln und von der Mitte weg den Gräten entlang die vier Filets herausschneiden.

Vier davon etwas aufschneiden und für die Farce mit Klarsichtfolie zugedeckt in den Kühlschrank stellen.

Die anderen mit der Hautseite nach unten auf ein Brett legen, einen Schnitzelklopfer etwas naß machen und mit diesem die Filets einzeln sehr leicht klopfen. (Durch das Naßmachen des Schnitzelklopfers lassen sich die Filets schonender klopfen.)

Alle Filets auf ein Tablett legen, mit Klarsichtfolie zudecken und kalt stellen.

Für die Petersilienfarce

Die vier Filets im Cutter* sehr fein mixen, durch ein Haarsieb in eine Metallschüssel streichen, mit Klarsichtfolie zudecken und wieder kalt stellen.

Die Petersilie mit ca. einem Liter Wasser im Mixer für ungefähr zwanzig Sekunden mixen, dann durch ein Spitzsieb in einen hohen Topf passieren. Das im Sieb Zurückgebliebene wegwerfen und das grüne Wasser im Topf zum Kochen bringen. Kurz bevor das Wasser zu kochen beginnt, den entstandenen grünen Schaum an der Oberfläche in ein feines Sieb abschöpfen. Dieser Schaum dient dazu, der Farce den Geschmack von Petersilie zu verleihen. Den grünen Schaum erkalten lassen.

Anschließend mit der ebenso kalten Sahne verrühren und langsam zu dem kalten Seezungenfleisch rühren, so daß eine cremige dicke Masse entsteht. Dabei leicht salzen und ein wenig pfeffern. Eine Probe* machen. Dann wieder mit Klarsichtfolie zudecken und kalt stellen.

Für die Steinpilzcreme

Die Steinpilze putzen und mit einem feuchten Tuch reinigen. Die Stengel getrennt von den Köpfen in mitteldicke Scheiben schneiden. Die Köpfe in eher kleine und dünne Scheiben schneiden, auf ein Tablett geben und mit Klarsichtfolie zugedeckt bereitstellen.

Die Stengel in einem Topf mit einem nußgroßen Stück Butter und der Knoblauchzehe bei mittlerer Hitze für ein bis zwei Minuten dünsten, dann mit der Suppe aufgießen und für ca. fünf Minuten leicht kochen lassen.

Anschließend in den Mixer geben. Die Petersilienblätter dazugeben und nicht zu fein mixen, dann durch ein Sieb passieren und bereitstellen.

FERTIGSTELLUNG

Die Seezungenfilets leicht salzen und pfeffern. Einzeln, und dieses Mal mit der Hautseite nach oben, auf einen Tisch legen und mit Hilfe einer kleinen Spachtel knapp 1/2 cm dick mit der Farce bestreichen. Vorsichtig zusammenrollen und eventuell einen Zahnstocher durchstechen, damit sie beim Garen zusammenhalten.

Die ganzen Filets in einem Dämpfer* bei kleiner Hitze für ungefähr vier Minuten dämpfen. (Ansonsten in eine Pfanne ein wenig Wasser und ein Stückchen Butter geben, die Seezungenfilets hineinlegen, zudecken und so ungefähr drei Minuten bei kleinster Hitze garen. Ab und zu kontrollieren. Nach der Garzeit sofort vom Feuer nehmen.)

Die Steinpilzcreme erhitzen, die Schlagsahne dazugeben, leicht pfeffern und mit dem Mixstab kurz aufmixen. Die geschnittenen Köpfe in einer heißen Pfanne mit ein wenig Olivenöl kurz und schnell goldbraun werden lassen. Zum Schluß leicht salzen.

Einen nicht zu großen Schöpfer von der Creme in tiefe Teller geben, je fünf Seezungenröllchen und die Steinpilzköpfe dazugeben und sofort servieren.

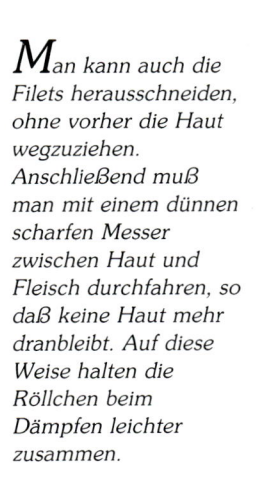

---

*M*an kann auch die Filets herausschneiden, ohne vorher die Haut wegzuziehen. Anschließend muß man mit einem dünnen scharfen Messer zwischen Haut und Fleisch durchfahren, so daß keine Haut mehr dranbleibt. Auf diese Weise halten die Röllchen beim Dämpfen leichter zusammen.

Auf die im Rezept angegebene Weise bleibt ein wenig Haut daran, die sich dann beim Garen der Röllchen aufrollen könnte. Dies ist zu beachten!

Kerbelflan mit Pfifferlingen in Knoblauchsauce

4 Personen

ZUTATEN

*300–400 g Pfifferlinge
(wenn möglich kleine)
1 nußgroßes Stück Butter
1 TL geschnittener Kerbel*

Für die Sauce:

*ca. 300 g Hühnerknochen
(Flügel, Hälse usw.)
1 Schalotte oder ein Stück Zwiebel
1 Knoblauchzehe
einige Petersilienstengel
die Stengel vom Kerbel
eventuell Pfifferlingreste
ca. 30 g kalte Butter
einige Knoblauchzehen (nach Geschmack)
1 EL Schlagsahne*

Für das Flan:

*100–150 g Kerbel
(von den größten Stengeln befreit)
1 nußgroßes Stück Butter
1 Knoblauchzehe
1 dl Hühnersuppe
(oder von der noch nicht
reduzierten Sauce)
150 g Sahne
2 Eier*

ZUBEREITUNG

Die Pfifferlinge putzen (dabei eventuelle Reste für die Sauce aufbewahren), waschen und gut abtropfen lassen.

Für die Sauce

Die Hühnerkarkassen in ein wenig Öl bei mittlerer Hitze langsam goldbraun werden lassen. Das geschnittene Gemüse und die Pfifferlingabfälle dazugeben, kurz mitdünsten, mit kaltem Wasser bedeckt aufgießen, eine Prise Salz dazugeben und für ca. dreißig Minuten leicht köcheln.

Anschließend durch ein Tuch passieren und auf ca. ein Fünftel reduzieren.

Für das Flan

Den Kerbel waschen und trockentupfen, mit der Butter und etwas Salz für ca. zwei Minuten dünsten. Mit der Suppe und mit der Sahne aufgießen und für drei bis vier Minuten kochen lassen. Danach mit dem Topf in kaltes Wasser stellen und ein wenig abkühlen, aber nicht ganz erkalten lassen, dann verliert der Kerbel die grüne Farbe nicht.

Alles zusammen im Mixer feinstens mixen, nebenbei abschmecken. Ganz zum Schluß die Eier in den Mixer geben und noch einmal für einige Sekunden mixen.

Timbalförmchen* mit bestem Olivenöl ausstreichen und diese mit der Masse füllen.

Im Ofen im Wasserbad* bei ca. 140 Grad für ungefähr zwanzig Minuten garen (je nach Größe der Timbalformen), bis sich die Masse durch Druck mit dem Finger fest anfühlt.

FERTIGSTELLUNG

Die Pfifferlinge in einem Topf mit ein wenig Butter und Salz dünsten. Sollte sich dabei viel Wasser entwickeln, dieses durch ein Sieb in ein Töpfchen sieben und etwas einkochen lassen. Danach die Pfifferlinge wieder zum eingekochten Saft geben und mit einem Stückchen Butter und dem Teelöffel Kerbel verfeinern.

In die reduzierte, kochende Sauce den in Stückchen geschnittenen Knoblauch geben, einige Sekunden kochen lassen, die Butter dazugeben, noch einmal aufkochen lassen und absieben. Die Schlagsahne dazugeben, aufmixen und leicht pfeffern.

Das Flan, nachdem es aus dem Ofen kommt, kurz ruhen lassen, danach mit Hilfe eines kleinen Messers vom Rand lösen und in einen tiefen Teller stürzen*. Die Sauce rundherum geben und die Pfifferlinge darin verteilen.

Aus Gemüse, Pilzen oder sonstigem kann man ein Flan zubereiten. Um zu sehen, ob man genügend Eier zum Binden in der Masse hat, sollte man dieselbe immer frühzeitig richten, damit man noch Zeit hat, eine Probe in den Ofen zu schieben. Die restlichen schiebt man erst in den Ofen, wenn man sieht, daß das Flan bei der Probe fest geworden ist.

Tortellini von Miesmuscheln in Basilikumsauce

4 Personen

ZUTATEN

Für den Nudelteig:

300 g Mehl
2 Eier
1 Eigelb
1 EL Olivenöl
ein Schuß Weißwein
Salz

Für die Tortellinifülle:

ca. 35 Miesmuscheln
1 Knoblauchzehe
einige Petersilienblätter
1/2 Glas trockener Sekt

Für die Basilikumsauce:

Miesmuschelsud
40 g kalte Butter
1 EL Olivenöl
ca. 20 Basilikumblätter
4 Basilikumspitzen zum Garnieren

ZUBEREITUNG

Für den Nudelteig

Alle Zutaten zu einem glatten und geschmeidigen Teig kneten, in Klarsichtfolie einwickeln und an einem kühlen Ort für mindestens dreißig Minuten ruhen lassen.

Für die Tortellinifülle

Miesmuscheln putzen* und waschen. Den Sekt zusammen mit der halbierten Knoblauchzehe sowie den Petersilienblättern in einen weiten Topf geben und zum Kochen bringen.

Die gut abgetropften Miesmuscheln dazugeben, zudecken und für ungefähr fünf Minuten kochen lassen, bis sich alle Muscheln geöffnet haben. Dabei ab und zu den Topf etwas schütteln, weil sich so die Muscheln schneller öffnen. Nicht mehr kochen lassen, sobald die Muscheln offen sind, da sie sonst zäh werden.

Anschließend vom Feuer nehmen, etwas abkühlen lassen und dann aus der Schale nehmen. Vier der schönsten Schalen beiseite legen. Das Muschelfleisch auf ein Tuch zum Abtropfen legen und den entstandenen Muschelsud durch ein Tuch in einen Topf passieren.

Zubereitung der Tortellini

Den Teig mit der Nudelmaschine* dünn ausrollen und sofort mit einem Messer in 5 x 5 cm große Quadrate schneiden. Diese sofort übereinanderlegen und mit Klarsichtfolie zudecken. Beim Verarbeiten vom Nudelteig immer darauf achten, daß der Teig bemehlt ist, weil sonst die einzelnen Rechtecke zusammenkleben.

Jeweils ein Teigrechteck nehmen, eine Miesmuschel darauflegen und so falten, daß ein Dreieck entsteht. Gut zusammendrücken! Dieses in die Hand nehmen und zwischen Daumen und Zeigefinger halten. Die Spitzen der langen Seite um den Daumen herum nach hinten zusammendrücken (siehe Bild!). Immer darauf achten, daß der Teig gut zusammengedrückt ist, da er sich sonst beim Kochen öffnen könnte. (Die Ränder eventuell mit ein wenig Wasser bestreichen, damit sie besser kleben.) Die Tortellini auf ein Haarsieb oder ein gut mehliertes Küchentuch zum Trocknen legen. Nicht in den Kühlschrank stellen!

Für die Basilikumsauce

Den Miesmuschelsud eventuell ein wenig einkochen lassen. Dabei darauf achten, daß er nicht zu stark wird. Dann den Eßlöffel Olivenöl, die kalte Butter und die zwanzig Basilikumblätter dazugeben und sobald das Ganze wieder kocht, im Mixer für ca. fünfzehn Sekunden mixen. Durch ein Sieb passieren und eventuell abschmecken.

FERTIGSTELLUNG

Die Tortellini in Salzwasser al dente kochen; nach dem Aufkochen noch ca. eine Minute – probieren! Aus dem Wasser nehmen, kurz auf ein Küchentuch zum Abtropfen legen und in tiefe Teller verteilen. Die Basilikumsauce darübergeben und mit den Miesmuschelschalen und den Basilikumspitzen garnieren.

Um nicht jedes einzelne 5 x 5 cm große Teigquadrat ausmessen zu müssen, kann man sich eine Schablone aus Karton, Papier oder Holz von 5 cm Breite und ca. 20 cm Länge zuschneiden und mit Hilfe dieser den Teig zuerst der Länge und dann der Breite nach in Quadrate schneiden.

Tortellini machen ist nur eine Sache der Übung und Zeit. Wenn man einmal hundert Stück gemacht hat, werden sie dastehen wie Soldaten, so perfekt und genau. Dann läuft man Gefahr, daß die Gäste nicht mehr sehen, ob sie gekauft sind oder handgemacht.

Wenn man sie schon frühzeitig vorbereitet, würde ich raten, sie bis zum Gebrauch einzufrieren.

Melanzanestrudel mit Basilikumsabayon

8 Personen

ZUTATEN

Für den Ziehteig:
170 g Mehl
1 dl Wasser
2 EL bestes Olivenöl
Salz

Für die Fülle:
4 kleine feste Melanzane
4 EL bestes Olivenöl
1/2 Zwiebel
2 Knoblauchzehen
2 gut gereifte Tomaten
ca. 15 Basilikumblätter
ca. 5 EL Brotbrösel
einige Petersilienblätter
1 Knoblauchzehe

Für das Sabayon:
20 Basilikumblätter
3 EL bestes Olivenöl
2 Eigelb
3 EL trockener Weißwein

ZUBEREITUNG

Für den Ziehteig

In einer Metallschüssel das Mehl mit dem Olivenöl, dem lauwarmen Wasser und einer Prise Salz gut zu einem Teig vermengen. Dann auf den Tisch geben und für mindestens drei Minuten mit viel Kraft zu einem glatten und geschmeidigen Teig kneten. Diesen in Klarsichtfolie einwickeln und ruhen lassen. Nur in den Kühlschrank stellen, wenn er erst am nächsten Tag verwendet wird.

Für die Fülle

Die Melanzane schälen, vierteln und in dünne Scheiben schneiden. Die Zwiebel und den Knoblauch fein schneiden und in einem eher weiten Topf mit dem Olivenöl kurz dünsten. Die Melanzane dazugeben, sofort salzen und für ca. fünfzehn Minuten weichdünsten.

Die Tomaten* enthäuten, vierteln und von den Kernen befreien. Die Kerne in eine kleine Schüssel geben, salzen und für das Sabayon beiseite stellen. Das Tomatenfleisch in Würfel schneiden und bereitstellen. Die fertig gedünsteten Melanzane vom Feuer nehmen, wenn nötig nachsalzen und gut pfeffern. Die Basilikumblätter etwas aufschneiden und zu den Melanzane geben. Die Brotbrösel mit dem Basilikum, den Petersilienblättern und dem Knoblauch im Mixer oder im Cutter* fein mixen. In einer Pfanne etwas Olivenöl erhitzen, darin die nun grünen Brösel bei kleinstem Feuer für ca. zwei Minuten unter dauerndem Rühren mit einer Gabel etwas rösten, vom Feuer nehmen und für den Strudel bereitstellen.

Zubereitung des Strudels

Den Ofen auf 190 Grad vorheizen.

Den Ziehteig auf einem gut bemehlten Küchentuch zuerst etwas ausrollen und dann mit den Händen ausziehen. Dabei mit den Handrücken unter den gut bemehlten Teig fahren und diesen nach allen Seiten ziehen, bis er so dünn wie möglich ist. (Nach der Regel sollte man durchsehen können.) Die Form des Teiges sollte eher rechteckig und das Tuch immer gut bemehlt sein, damit der Teig nachher nicht daran kleben bleibt.

Den Teig nun mit der Hälfte der grünen Brösel bestreuen und die Melanzane, immer in Form eines Rechtecks, darauf verteilen. Mit der Handfläche etwas flachdrükken, das in Würfel geschnittene Tomatenfleisch darauf verteilen und mit den restlichen Bröseln bestreuen. Vom Teig die dicken Enden abschneiden. Das Küchentuch an den beiden oberen Zipfeln (lange Seite) nehmen und so den Strudel von oben nach unten einrollen, nicht vom Tuch wegrollen und mit Hilfe desselben auf ein Blech heben. Das Tuch vorsichtig wegnehmen und den Strudel mit einem aufgeschlagenen Ei bestreichen. Im Ofen bei 190 Grad ca. zehn bis zwölf Minuten hellbraun bakken.

Für das Sabayon

Die Basilikumblätter im Olivenöl in einem Töpfchen bei schwacher Hitze einige Minuten ziehen lassen. Dann mit dem Mixstab gut mixen und bereitstellen.

FERTIGSTELLUNG

Wasser für ein Wasserbad erhitzen.

Die Eigelb und den Weißwein in eine Metallschüssel geben. Den Saft, der sich von den beiseitegestellten Tomatenkernen entwickelt hat, durch ein Sieb ebenso in die Metallschüssel sieben. Alles auf dem Wasserbad langsam und bei schwacher Hitze mit einem Schneebesen zu einem Sabayon schlagen.

Dies soll ungefähr fünf Minuten dauern, und die Masse soll nie zuviel Hitze haben. Zum Schluß das Basilikumöl dazugeben, leicht salzen und nur mehr kurz rühren. Wenn man das Öl dazugibt, könnte es passieren, daß das Sabayon etwas zusammenfällt, weil das Öl schwer ist.

Den Strudel, nachdem er aus dem Ofen genommen wurde, zwei bis drei Minuten abkühlen lassen, dann in Stücke schneiden, auf Teller geben und mit dem Sabayon servieren.

SOMMER • WARME VORSPEISEN UND SUPPEN

Das Rezept wirkt etwas lang, dies scheint aber nur so. Für einen solchen Strudel kann man alles gut vorbereiten: Teig, grüne Brösel und die Melanzane. Außerdem ist er leicht anzurichten. Melanzane gibt es heutzutage fast das ganze Jahr, deren Saison ist aber im Sommer, dann schmecken sie so, wie Melanzane schmecken sollen!

Mit Pfifferlingragout gefüllte Zucchiniblüte in Garnelensauce

4 Personen

ZUTATEN

4 schöne größere Zucchiniblüten (wenn möglich offen)

Für die Garnelensauce:

ca. 150 g frische Garnelen
1 Schalotte oder ein Stückchen Zwiebel
1 kleines Stückchen Lauch
ca. 1 l Fischsud*
2 EL Sahne
30 g kalte Butter

Für das Pfifferlingragout:

ca. 300 g Pfifferlinge
1 kleine rote Paprikaschote
2 kleine feste Zucchini
1 Knoblauchzehe
2 EL von der fertigen Garnelensauce
1 EL geschnittene Petersilie
3 EL bestes Olivenöl

ZUBEREITUNG

Für die Garnelensauce

Die Garnelen von der Schale befreien (die Schale nicht wegwerfen) und mit Klarsichtfolie zugedeckt kalt stellen.

Die Schalen in eine kleine Rein oder einen Topf geben und im Ofen bei ca. 160 Grad gut trocknen lassen. Dabei können die Schalen leicht goldbraun werden, aber ja nicht zu dunkel. Ab und zu wenden.

Die Schalotten und den Lauch grob schneiden und in einem Topf mit einem nußgroßen Stück Butter kurz anziehen lassen. Die Garnelenschalen dazugeben, kurz mitrösten und mit dem Fischsud aufgießen. Für ca. dreißig bis vierzig Minuten köcheln lassen, dann durch ein feines Sieb passieren und auf ca. ein Fünftel einkochen lassen.

Für das Pfifferlingragout

Die Pfifferlinge putzen, waschen und auf ein Tablett mit einem Tuch zum Abtropfen geben.

Die rote Paprikaschote mit einem Kartoffelschäler so gut es geht schälen, dann halbieren, die Kerne und den Stengel entfernen und waschen, in kleine Würfel schneiden und bereitstellen.
Die Zucchini waschen und ebenso in kleine Würfel schneiden.

Von den Pfifferlingen ca. 15 bis 20 Stück kleinere beiseite geben und die restlichen den anderen Würfeln entsprechend grob schneiden.

Die Paprikaschote, die Zucchini und die Pfifferlingwürfel zusammen mit der halbierten Knoblauchzehe, zwei Eßlöffeln Olivenöl und einer Prise Salz in einem geeigneten Topf bei mittlerer Hitze so lange dünsten, bis der entstandene Saft wieder eingekocht ist. Vom Feuer nehmen, einen Eßlöffel Olivenöl, zwei Eßlöffel von der schon reduzierten Garnelensauce und die geschnittene Petersilie dazugeben, leicht pfeffern und alles gut verrühren. In einen Spritzsack (ohne Tülle) einfüllen und damit die vier Zucchiniblüten füllen. Die Zucchiniblüten vorne bei der Blüte etwas schließen und vorsichtig in eine entsprechend große, ausgebutterte Rein legen.

FERTIGSTELLUNG

Die gefüllten Zucchiniblüten für ca. sechs bis acht Minuten bei 150 Grad in den Ofen geben.

Zur reduzierten, kochenden Sauce die Sahne geben und einmal aufkochen lassen. Die kalte Butter dazugeben, noch einmal aufkochen lassen und im Mixer mixen. In ein kleines Töpfchen absieben und warm stellen.

Die Garnelen in einer heißen Pfanne mit einem kleinen Stückchen Butter schwenken*. Nach ca. zwanzig Sekunden die kleinen Pfifferlinge dazugeben und für weitere dreißig Sekunden mitschwenken. Zum Schluß salzen und leicht pfeffern.

Die gefüllten Zucchiniblüten aus dem Ofen nehmen und zusammen mit der Garnelensauce, den Pfifferlingen und den Garnelen in tiefen Tellern anrichten und sofort servieren.

SOMMER · WARME VORSPEISEN UND SUPPEN

Die Zucchiniblüten sollten offen sein, damit man sich beim Füllen leichter tut. Wenn man Zucchiniblüten im eigenen Garten hat, dann wird man die Blüten am Vormittag und nur bei Sonnenschein offen finden.

Man kann dann das Gericht (wenn es für den Abend ist) auch vormittags vorbereiten und die Blüten gleich füllen. Sollte man keine Zucchiniblüten im Garten haben, kann man diese tags zuvor beim Gemüsehändler bestellen und die Blüten dann vormittags bei ihm holen.

Steinbuttfilet mit Karottenfarce in Basilikum-Zucchini-Sauce

4 Personen

ZUTATEN

1 Steinbutt zu ca. 700 g
2 mittlere Zucchini
2 größere Karotten

Für die Sauce:

Gräten und Kopf vom Steinbutt
1 Schalotte oder 1 Stückchen Zwiebel
1 Stück Lauch
1/2 Karotte
1/2 Knoblauchzehe
1/2 Glas Weißburgunder oder sonstiger Weißwein
1 kleiner Zucchino
ca. 15 Basilikumblätter
2 EL bestes Olivenöl

Für die Karottenfarce*:

60–70 g Abschnitte von den Steinbuttfilets
2 mittlere Karotten
4 EL kalte Sahne

ZUBEREITUNG

Den Steinbutt filetieren (vom Fischhändler zeigen lassen) und die vier Filets enthäuten. Von den vier Filets sind zwei größer und auch länger. Von diesen zweien an beiden Enden einen Teil wegschneiden, so daß sie ungefähr die Größe der zwei kleineren Filets haben. Das Weggeschnittene soll ca. 60 g wiegen und wird später für die Farce* verwendet. Die vier Filets und die Filetabschnitte mit Klarsichtfolie zudecken und kalt stellen.

Die Gräten putzen, waschen und für den Sud aufbewahren.

Die Zucchini nach Belieben und Zeit schneiden und bereitstellen.

Die Karotten schälen, mit einem kleinen Parisienneausstecher* kleine Kugeln ausstechen und bereitstellen.

Für die Sauce

Die Steinbuttgräten mit dem geschnittenen Gemüse und dem Weißwein in einen Topf geben, mit eiskaltem Wasser aufgießen, eine Prise Salz dazugeben und zum Kochen bringen. Sobald das Ganze kocht, das Feuer stark reduzieren und so nur mehr für ca. zwanzig Minuten ziehen lassen. Anschließend durch ein Tuch passieren und auf ungefähr ein Fünftel einkochen lassen.

Für die Karottenfarce

Eine von den Karotten in kleinste Würfel schneiden und in einem kleinen Topf mit einem Stückchen Butter und einer Prise Salz kurz dünsten. Erkalten lassen.

Die andere Karotte grob aufschneiden und in einem Topf mit einem Stückchen Butter und vier bis fünf Eßlöffel Wasser auf kleinem Feuer zugedeckt gut weich dünsten, bis kein Wasser mehr im Topf ist. Ebenso erkalten lassen.

Anschließend die Filetabschnitte und die erkalteten grob geschnittenen Karotten in den Cutter* geben und sehr fein mixen. Durch ein Sieb in eine Metallschüssel streichen und die kalte Sahne dazurühren. Bei allen Vorgängen ist es wichtig, daß alle Zutaten immer sehr kalt sind, da die Farce sonst gerinnen könnte. Eventuell die Sahne auf Eis einrühren. Probe!*

Zum Schluß die kalten Karottenwürfelchen dazurühren und die Farce mit Klarsichtfolie zugedeckt kalt stellen.

FERTIGSTELLUNG

Ofen auf 140 Grad vorheizen!

Die geschnittenen Zucchini und die Karottenkügelchen getrennt voneinander in einem Töpfchen mit ein wenig Olivenöl, zwei Eßlöffel Wasser und einer Prise Salz bei mittlerer Hitze knackig dünsten.

Die kleine Zucchini für die Sauce in feine Scheiben schneiden und in einem Topf etwas dünsten, dann mit dem reduzierten Steinbuttsud aufgießen, die zwei Eßlöffel Olivenöl dazugeben und noch einmal aufkochen lassen, in den Mixer geben und für ca. zehn Sekunden mixen. Dann die Basilikumblätter dazugeben und für weitere zehn Sekunden mixen. Anschließend durch ein Sieb passieren und wenn nötig abschmecken.

Die Steinbuttfilets leicht salzen und mit der Karottenfarce gleichmäßig und ca. 1 cm hoch bestreichen. Ein Blech leicht mit Butter bestreichen und die Filets darauflegen. In der Mitte des Ofens bei 140 Grad für ungefähr fünf Minuten garen, bis sich die Farce auf den Filets eher fest anfühlt.

Die Basilikum-Zucchini-Sauce, die Zucchini und die Karotten erhitzen, mit den Steinbuttfilets in flachen Tellern anrichten und sofort servieren!

Die Sauce dieses Fischgerichts ist nur mit wenig Olivenöl gebunden und somit sehr leicht.

Das Fischfleisch enthält viel Eiweiß, welches die Masse auch bindet. Die Karotten und die Sahne dienen zum Lockern der Masse. Je mehr Fischfleisch die Masse enthält, umso fester wird sie, und je mehr Sahne (oder Karotten) man verwendet, umso lockerer wird die Masse. Bei zuviel Sahne könnte die Masse aber auch zu locker werden und beim Garen nicht mehr zusammenhalten. Dies gilt für alle Farcen, sei es Fleisch wie Fisch.

Ragout von Seezunge, Steinpilzen und Kartoffeln in Anissauce

4 Personen

ZUTATEN

2 mittelgroße Seezungen (je 400 g)
8 kleine, junge Kartoffeln
4 wenn möglich kleine Steinpilze

Für die Anissauce:

Gräten von den Seezungen
1 kleines Stück Lauch
1 Schalotte oder 1 Stück Zwiebel
1/2 Karotte
1 Petersilienzweiglein
eventuell Reste von den Steinpilzen
2 EL Sahne
30 g kalte Butter
frische Anisblüten oder Aniskörner

ZUBEREITUNG

Die Seezungen am Schwanzende kurz unter heißes Wasser halten. So löst sich die Haut, und man kann sie auf beiden Seiten leichter wegziehen. Danach mit einem kleinen Messer die vier Filets von der Mitte weg den Gräten entlang herausfiletieren, etwas zuputzen und in ca. 5 cm lange Stücke schneiden. Die Filets auf ein Tablett geben, mit Klarsichtfolie zudecken und kalt stellen. Gräten für die Sauce aufbewahren.

Die Kartoffeln schälen und in ca. 1/2 cm dicke Scheiben schneiden, in Wasser legen und bereitstellen.

Die Pilze putzen und mit einem nassen Tuch reinigen, jedoch nicht waschen, in mittelfeine Scheiben schneiden und auf einem Teller mit Klarsichtfolie zugedeckt bereitstellen.

Für die Anissauce

Die Seezungengräten und das geschnittene Gemüse in einen hohen Topf geben, mit eiskaltem Wasser aufgießen, eine Prise Salz dazugeben und zum Kochen bringen, dann abschäumen. Das Feuer aufs kleinste reduzieren und den Sud für weitere zwanzig Minuten ziehen lassen. Ein wenig von der Anisblüte oder den Aniskörnern mitziehen lassen.

Anschließend durch ein Tuch passieren und auf ca. ein Fünftel einkochen lassen.

FERTIGSTELLUNG

Zum reduzierten Seezungensud die Sahne geben, einmal aufkochen lassen, die Butter sowie noch einmal ein wenig von der Anisblüte oder von den Aniskörnern dazugeben und wiederum aufkochen lassen, im Mixer kurz mixen, durch ein Sieb passieren und warm stellen.

Von den Kartoffeln das Wasser abschütten und mit einem Tuch etwas trockentupfen, in einer heißen Pfanne mit etwas Öl bei mittlerer Hitze langsam goldbraun und gar werden lassen, dabei immer wieder wenden und zum Schluß salzen. Kurz auf ein Küchenpapier zum Entfetten geben und warm halten.

Die Steinpilze ebenso in einer heißen Pfanne mit ein wenig Olivenöl kurz und schnell goldbraun werden lassen. Dabei nicht zu oft wenden, damit kein Saft entweichen kann. Zum Schluß salzen und leicht pfeffern. Warm halten.

Die Seezungenfilets leicht salzen und in einer nicht zu heißen Pfanne mit einem nußgroßen Stück Butter auf beiden Seiten jeweils dreißig bis vierzig Sekunden garen. Dabei können die Filets ruhig leicht hellbraun werden.

Kartoffeln, Steinpilze und Seezungen sofort in einem tiefen Teller anrichten, mit der heißen Anissauce gut beträufeln und servieren.

Zum Schluß sollten die Kartoffeln, die Steinpilze und die Seezungenfilets so schnell wie möglich gegart werden, damit sie so frisch wie möglich sind.

Bei den Wintergerichten findet man ein Fischgericht mit Aniskörnern – bei diesem Gericht die frische Anisblüte. Früchte in ihren Jahreszeiten!

Zahnbrasse auf Tomaten im Knoblauchsud

4 Personen

ZUTATEN

2 Zahnbrassen zu je ca. 300 g

Für den Knoblauchsud:
Gräten und Köpfe von den Zahnbrassen
1/2 Karotte
2 Schalotten oder 1/2 Zwiebel
einige Petersilienstengel
4 Knoblauchzehen

Für die Beilage:
4 gut reife »San Marzano«
(die Tomaten auf dem Bild)
oder andere Tomaten
2 Zucchini
bestes Olivenöl

ZUBEREITUNG

Den Fisch entschuppen, putzen, waschen und filetieren. Aus den einzelnen Filets mit einer Pinzette die noch vorhandenen Gräten ziehen.

Für den Knoblauchsud

Die Fischgräten und Köpfe mit dem zerkleinerten Gemüse und zwei von den Knoblauchzehen in einen Topf geben und gut bedeckt mit kaltem Wasser sowie einer Prise Salz zum Kochen bringen. Sobald das Ganze kocht, die Hitze reduzieren und für weitere zwanzig Minuten ziehen lassen.

Danach durch ein Tuch passieren und auf ca. ein Fünftel einreduzieren.

Für die Beilage

Die Tomaten* vierteln, entkernen und enthäuten. Den kernigen Teil in einen entsprechend großen Behälter geben und salzen (so wird der Tomate die Flüssigkeit entzogen). Das Tomatenfleisch in Würfelchen schneiden und mit Klarsichtfolie zugedeckt bereitstellen.
Die Zucchini beliebig schneiden und in bestem Olivenöl mit wenig Salz kurz knackig dünsten (wenn möglich, erst kurz vor Fertigstellung des Gerichtes).

FERTIGSTELLUNG

Zum reduzierten Sud die restlichen zwei etwas aufgeschnittenen Knoblauchzehen geben und einige Minuten ziehen lassen. Die Tomatenwürfel vorsichtig mit einer Prise Salz erwärmen. Zum Sud den Saft von den Tomatenkernen geben und anschließend durch ein Sieb passieren. Warmhalten!

Den Fisch auf beiden Seiten leicht salzen und schwach pfeffern, in einer heißen Pfanne in gutem Olivenöl zuerst auf der Hautseite, dann auf der anderen Seite braten (je nach Größe insgesamt ca. ein bis zwei Minuten). Den Fisch im Sud auf den Tomatenwürfeln und mit den erhitzten Zucchini anrichten und schnell servieren!

*K*noblauch, Tomaten, Zucchini und Fisch – das ist »einfach« italienisch. Die Tomaten werden nicht gekocht, sondern nur gewärmt. Die Zucchini kann man auch einfach nur in Scheiben schneiden, ohne viel Zeit zu verlieren.

SOMMER · FISCHGERICHTE

Seeteufelmedaillons auf Tomatenmark mit Estragon

4 Personen

ZUTATEN

1 Seeteufel zu ca. 800 g

Für die Estragonsauce:

*Knochen und Abschnitte vom Seeteufel
1 Schalotte
einige Petersilienstengel
1/2 Knoblauchzehe
1 kleines Stück Lauch
1 kleines Stück Karotte
1 Selleriezweiglein
1 kleiner Bund frischer Estragon
2 EL bestes Olivenöl*

Für das Tomatenmark:

*2 sehr reife italienische Tomaten oder eventuell 4 sehr reife »San Marzano« (Tomatenart)
4 EL bestes Olivenöl
1 Schalotte
2 Knoblauchzehen*

Für die Beilage:

*4 Zucchini
ca. 100 g Nudelteig**

ZUBEREITUNG

Vom Seeteufel die Haut abziehen und die beiden Filets links und rechts vom Knochen abtrennen. Die Filets rundherum mit einem scharfen Messer zuputzen, eventuell etwas abrunden und dann in ca. 2–3 cm dicke Scheiben (Medaillons) schneiden. Diese mit der Hand etwas flachdrücken, mit Klarsichtfolie zudecken und kalt stellen.

Für die Estragonsauce

Den Seeteufelknochen und die Abschnitte mit dem geschnittenen Gemüse in einen eher hohen Topf geben, mit Wasser gut bedeckt aufgießen, eine Prise Salz dazugeben und zum Kochen bringen. Sobald das Ganze zu kochen beginnt, abschäumen und nur mehr für ca. zwanzig Minuten bei ganz schwacher Hitze ziehen lassen, danach durch ein Tuch passieren und auf ca. ein Viertel reduzieren.

Anschließend die Estragonblätter und das Olivenöl zur reduzierten kochenden Sauce geben und kurz ziehen lassen, dann mit dem Mixstab aufmixen, absieben und bereitstellen.

Für das Tomatenmark

Die Tomaten waschen, in Stücke schneiden, in eine Schüssel geben, gut salzen, eventuell eine Prise Zucker dazugeben und für ca. eine halbe Stunde oder länger marinieren.

Die grobgeschnittene Schalotte mit der halbierten Knoblauchzehe und dem Olivenöl in einem kleinen Töpfchen für ca. fünfzehn Minuten bei schwacher Hitze ziehen lassen.

Danach die Tomaten mixen, zu Olivenöl, Schalotten und Knoblauch geben und alles einmal aufkochen lassen. Durch ein Sieb in ein Töpfchen passieren und mit dem Mixstab einmal kurz aufmixen.

Für die Beilage

Aus dem Nudelteig mit der Nudelmaschine* Taglierini machen, diese zu vier kleinen Portionen formen und auf einem bemehlten Tablett mit Tuch bereitstellen.

Die Zucchini der Länge nach schälen und die Schale wenn möglich durch die Taglierinimaschine (der Teil der Nudelmaschine, mit welchem man Taglierini macht) drehen. So entstehen »Zucchininudeln«. Ansonsten mit einem Messer in lange, dünne Streifen schneiden.

FERTIGSTELLUNG

Tomatensauce und Estragonsauce erhitzen, aber nicht kochen.

Die Taglierini in Salzwasser al dente kochen, absieben und kurz mit kaltem Wasser abschrecken.

Die Zucchinistreifen in einem Topf mit ein wenig bestem Olivenöl für ca. eine halbe Minute dünsten, die Taglierini dazugeben, salzen, pfeffern und gut vermischen.

Die Seeteufelmedaillons in einer Pfanne mit ein wenig Wasser und einem nußgroßen Stück Butter auf beiden Seiten je nach Größe für insgesamt zwei Minuten garen, auf dem Tomatenmark mit den Zucchinitaglierini und der Estragonsauce anrichten und servieren.

*M*an kann auch Nudelteig auf Vorrat machen und diesen in Stücken zu je 100–300 g einfrieren. Für solche Gerichte kann man dann ein Stück Teig aus dem Tiefkühler verwenden. Man kann aber auch fertige Taglierini kaufen.

Seeteufel ist nur gut, wenn er wirklich frisch ist und ja nicht zu lange gegart wurde.

Lachs auf Spinat mit Zitrone

4 Personen

ZUTATEN

ca. 400 g Lachsfilet
ca. 600 g junger Spinat

Für die Zitronensauce:

ca. 1/2 kg Gräten vom Lachs
1 Schalotte oder ein Stück Zwiebel
1/2 Karotte
1 Stückchen Lauch
1 kleines Selleriezweiglein
1 Knoblauchzehe
1 Stückchen Zitronenschale
2 EL Sahne
ca. 30 g kalte Butter
Saft einer halben Zitrone
Schale von einer Zitrone
in feinste Streifen geschnitten

ZUBEREITUNG

Das Lachsfilet mit Hilfe einer Pinzette von den Gräten befreien und wenn nötig zuputzen, mit Klarsichtfolie zudecken und kalt stellen.

Den Spinat gründlich von den Stengeln befreien und wenn nötig aussortieren, in viel Wasser zweimal gut waschen und dann mit einer Salatschleuder schleudern oder auf einem Tablett mit Tuch zum Abtropfen legen.

Für die Zitronensauce

Die Fischgräten und das geschnittene Gemüse in einen hohen Topf geben und mit eiskaltem Wasser aufgießen. Eine Prise Salz dazugeben und zum Kochen bringen. Sobald der Sud zu kochen beginnt, die Hitze reduzieren und den Sud für weitere zwanzig Minuten nur mehr ziehen lassen.

Anschließend durch ein Tuch passieren und auf ca. ein Fünftel einkochen lassen. Das Stückchen Zitronenschale mitkochen.

FERTIGSTELLUNG

Das Lachsfilet mit einem dünnen, langen und scharfen Messer in feine Scheiben schneiden (wie Räucherlachs). Alle Scheiben auf ein Tablett legen und bis zum Gebrauch mit Klarsichtfolie zudecken.

Zum reduzierten Fischsud die Sahne geben, einmal aufkochen lassen. Die Butter dazugeben, noch einmal aufkochen lassen und im Mixer mixen. Dann den Saft der halben Zitrone dazugeben und durch ein Sieb passieren. Wenn nötig abschmecken und warm stellen.

Den Spinat in einem weiten Topf mit einem nußgroßen Stück Butter und Salz in ca. zwei Minuten weichdünsten, dann auf vier tiefe Teller verteilen und mit den leicht gesalzenen Lachsscheiben belegen. Dabei die Lachsscheiben nicht zu sehr übereinanderlegen.

Den Ofen auf »Grill« einschalten (oder »Salamander«) und je zwei oder mehr Teller auf die oberste Stufe des Ofens schieben und den Lachs unter dem Grill garen, bis die Farbe des Lachses eher matt wird. (Je nach Hitze zwanzig bis dreißig Sekunden.)

Die Teller aus dem Ofen nehmen, mit der Zitronensauce beträufeln, die in feinste Streifen geschnittene Zitronenschale darübergeben und sofort servieren.

Den Lachs nicht zuviel garen. Wenn er noch leicht rosa ist, schmeckt das Gericht am besten. Wichtig ist es, daß der Spinat sehr heiß ist, wenn man ihn auf den Teller gibt. Man kann keine genaue Garzeit des Lachses nennen, weil das von der Dicke der Scheiben und von der Hitze des Grills oder Salamanders abhängt. Man muß kontrollieren.

Rinderfiletstreifen und Sommergemüse in der eigenen Sauce

4 Personen

ZUTATEN

ca. 600 g Rinderfilet

Für die Sauce:

*1/2 kg kleingehackte Kalbfleischknochen
Parüren* vom Rinderfilet
1/2 Zwiebel oder 2 Schalotten
1 Selleriezweiglein
reichlich Petersilienstengel
oder Petersilie
1 kleines Stückchen Karotte
2 Knoblauchzehen
eventuell Reste vom geputzten Gemüse
1/2 Glas kräftiger Rotwein
1/2 Glas Bier
ca. 30 g kalte Butter*

Für das Gemüse:

*ca. 12 junge Karotten
ca. 12 junge Zwiebeln
ca. 8 Stück junger Lauch
1 rote Zwiebel
einige Bohnen
2 neue Kartoffeln
1 ausgewachsener Lauch*

ZUBEREITUNG

Das Rinderfilet zuputzen und in eher dicke ca. 5 cm lange Streifen schneiden.

Für die Sauce

Die Knochen in einem weiten Topf, anfangs bei eher starker, dann bei reduzierter Hitze, langsam goldbraun anrösten. Die Rinderfiletparüren und das zerkleinerte Saucengemüse zu den Knochen geben und zwei bis drei Minuten mitdünsten, mit dem Rotwein und dem Bier ablöschen und zur Gänze einkochen, glasieren*. Mit eiskaltem Wasser aufgießen, eine Prise Salz dazugeben und für ca. vierzig Minuten leicht köcheln.

Anschließend durch ein Tuch passieren und auf ca. ein Sechstel einreduzieren.

Für das Gemüse

Die jungen Karotten, die junge Zwiebel und den jungen Lauch schälen und putzen und wenn nötig zurechtschneiden. Die rote Zwiebel schälen, vierteln und der Länge nach in gleichmäßige Streifen schneiden.

Die Bohnen putzen und halbieren.

Die Kartoffeln schälen, in gleichmäßige Spalten schneiden und blanchieren*.

Vom ausgewachsenen Lauch die äußeren Blätter entfernen, den inneren grünen Teil in Stücke von 5–7 cm schneiden, halbieren und dann in feinste Streifen schneiden. Bereitstellen.

Die Karotten in ein wenig Wasser mit einem kleinen Stück Butter und einer Prise Salz zugedeckt bei schwacher Hitze knackig dünsten.

Die jungen Zwiebeln zusammen mit dem Lauch, ca. einem halben Teelöffel Zucker und Salz in einem Topf mit einem Stückchen Butter langsam hellbraun werden lassen. Einen Tropfen Rotwein und ein wenig von der Sauce dazugeben und zwei bis drei Minuten bei schwacher Hitze weiterdünsten.

Die roten Zwiebeln in ein wenig Butter mit einer Prise Salz drei bis vier Minuten dünsten und zum Schluß mit einem Tropfen Balsamessig ablöschen.

Die Bohnen in gut gesalzenem Wasser knackig kochen. Zum Schluß kann man das ganze Gemüse in einen Topf geben. Die Kartoffelspalten in einer Pfanne mit ein wenig Öl schwenken, bis sie goldbraun und gar sind. (Wenn möglich erst zehn Minuten vor Gebrauch.)

Die Lauchstreifen in reichlich nicht zu heißem Öl goldbraun fritieren. Vorsicht, das geht schnell! Sofort aus dem Öl nehmen und auf einem Küchenpapier das Fett abrinnen lassen.

FERTIGSTELLUNG

Die reduzierte Sauce zum Kochen bringen und die kalte Butter einschwenken. Etwas pfeffern.

Die Rinderfiletstreifen salzen, pfeffern und in einer sehr heißen Pfanne mit ein wenig Olivenöl schnell und kurz sautieren*.

Das Gemüse erhitzen und zusammen mit den Rinderfiletstreifen und der Sauce anrichten. Die Kartoffeln rundherum verteilen, den fritierten Lauch über das Gericht streuen und sofort servieren.

Man kann das Gemüse anstatt getrennt auch zusammen vorsichtig dünsten, und man könnte auch anderes Gemüse verwenden, obwohl ich bewußt diese Gemüsesorten verwendet habe.

Auch könnte man versuchen, ein ähnliches Gericht mit anderem Fleisch zu kreieren.

SOMMER · FLEISCHSPEISEN

Taubenbrüstchen mit Petersilienfarce im Karottensud

4 Personen

ZUTATEN

2 Tauben

Für den Karottensud:

die Karkassen von den zwei Tauben
1 Schalotte
1 Karotte
einige Petersilienstengel*

*2 Karotten
30 g kalte Butter
1 Karotte in kleinste Würfel geschnitten*

Für die Petersilienfarce*:

*1 Hühnerbrust zu ca. 120 g
80–100 g kalte Sahne
1 EL Schlagsahne
ca. 80 g gezupfte und gewaschene Petersilie
1 kleine Karotte in kleinste Würfel geschnitten*

Für die Beilage:

20 junge kleine Gartenkarotten

ZUBEREITUNG

Von den Tauben die Brüstchen und die Keulen mit einem kleinen, scharfen Messer abtrennen. Die Brüstchen etwas zuputzen und aus den Keulen den Mittelknochen herausnehmen. Auf einem Tablett mit Klarsichtfolie zugedeckt im Kühlschrank bereitstellen. Die Karkassen etwas zerkleinern und für den Karottensud bereitstellen.

Für den Karottensud

Die Taubenknochen in einem eher weiten Topf mit wenig Öl bei guter Hitze goldbraun anbraten. Das geschnittene Saucengemüse dazugeben und kurz mitrösten, mit eiskaltem Wasser aufgießen, eine Prise Salz dazugeben und für ca. dreißig Minuten leicht köcheln lassen.

Anschließend durch ein Tuch passieren und auf ca. ein Fünftel reduzieren.

Die zwei Karotten etwas aufschneiden und im Cutter* fein mixen. In ein Passiertuch geben und vorsichtig den Saft ausdrücken. Den Saft in einem kleinen Schüsselchen bereitstellen.

Für die Petersilienfarce

Das Hühnerfleisch im Cutter sehr fein mixen und dann durch ein Haarsieb in eine Metallschüssel streichen, mit Klarsichtfolie zudecken und kalt stellen.

Die Petersilie mit ca. 1 Liter kalten Wasser im Mixer fünfzehn bis zwanzig Sekunden mixen, durch ein Spitzsieb in einen eher hohen Topf passieren. Das im Spitzsieb Zurückgebliebene wegwerfen. Das grüne Wasser im Topf zum Kochen bringen und kurz, bevor es kocht, den entstandenen grünen Schaum an der Oberfläche mit einem Schöpfer in ein feines Sieb abschöpfen. Den Schaum im Kühlschrank kurz abkühlen lassen. Dann die Sahne mit dem Schaum verrühren und zu dem kalten Hühnerfleisch rühren, dabei salzen und pfeffern. (Diesen Vorgang langsam und vorsichtig machen und darauf achten, daß alle Zutaten immer gut kalt sind.)

Die Karottenwürfel in einem Töpfchen mit einem Stückchen Butter und einer Prise Salz kurz knackig dünsten, dann erkalten lassen und zusammen mit dem Eßlöffel Schlagsahne zur Petersilienfarce rühren. Probe* machen! Die Farce mit Klarsichtfolie zudecken und kalt stellen.

Für die Beilage

Die jungen Karotten schälen und putzen, dabei ein wenig vom Grün daranlassen. In einem Topf mit vier bis fünf Eßlöffeln Wasser, einem nußgroßen Stück Butter und einer guten Prise Salz zugedeckt für drei Minuten ca. knackig dünsten.

FERTIGSTELLUNG

Ofen auf 140 Grad vorheizen.

Die Taubenbrüstchen leicht salzen und in einer heißen Pfanne mit ein wenig Butter nur auf der Hautseite ein wenig anbraten. Aus der Pfanne mit der Hautseite nach unten auf ein Blech geben und die nicht angebratene Seite mit der Petersilienfarce ca. 1 cm hoch bestreichen.

In der Mitte des Ofens für ca. acht Minuten bei 140 Grad garen, bis sich die Petersilienfarce eher fest anfühlt.

Den Karottensaft zur reduzierten Taubensauce geben, einmal aufkochen lassen, die kalte Butter dazugeben und, sobald sie wieder kocht, im Mixer mixen. Die kleinen Karottenwürfel in einem Töpfchen mit einem Stückchen Butter und einer Prise Salz kurz dünsten und zur Karottensauce geben, einmal kurz aufkochen lassen und wenn nötig abschmecken.

Das Taubenbrüstchen mit dem Karottensud und den jungen Karotten in einem tiefen Teller anrichten und servieren.

Es ist wahrscheinlich schwierig, Tauben beim Metzger zu erhalten, aber vielleicht kann er welche besorgen. Es zahlt sich aus, dieses Gericht zu machen, weil die Taube eine Köstlichkeit sondergleichen ist.

Taubenfleisch muß immer schön rosa bleiben, weil es nur dann zart wie Butter ist.

Pochiertes Rippenstück auf Gemüse
Sauce Hollandaise mit Rosmarin

4 Personen

ZUTATEN

*2 Rippenstücke ohne Knochen
(Entrecôte) zu je ca. 300 g
Rosmarin und Knoblauch*

Für das Gemüse:

*2 Karotten
1 Kohlrabi
1 Sellerieherz
1 Handvoll dünne Bohnen
1 rote Paprikaschote
oder Gemüse nach Saison und Geschmack
1 nußgroßes Stück Butter*

Für die Sauce Hollandaise:

*2 Eigelb
1 feingehackte Schalotte
1 Knoblauchzehe
4 EL Weißwein
200 g geklärte* Butter
frischester Rosmarin*

ZUBEREITUNG

Die zwei Rippenstücke zuputzen und mit der Hand ein wenig flach drücken. In ein geeignetes Gefäß geben, geschnittenen Knoblauch und Rosmarin sowie etwas bestes Olivenöl dazugeben und für mindestens zwei Stunden marinieren*.

Für das Gemüse

Die Karotten, den Kohlrabi und das Sellerieherz in Streifen schneiden und eines nach dem anderen im Dämpfer* knackig dämpfen.

Die rote Paprikaschote putzen, gut waschen und ebenso in Streifen schneiden, in einem eher flachen Topf mit ein wenig Butter und einer Prise Salz knackig dünsten. Die Bohnen putzen und halbieren und in gut gesalzenem Wasser eher weich kochen.

Das ganze Gemüse zusammen auf ein Tablett geben und erkalten lassen. Nicht in den Kühlschrank geben.

Für die Sauce Hollandaise

Zur geklärten Butter etwas Rosmarin geben und für einige Zeit am Herdrand ziehen lassen.

Eigelb, Schalotten, Knoblauch und Weißwein in einer geeigneten Metallschüssel auf einem Wasserbad* langsam und nicht zu heiß schaumig schlagen. Um eine Zeit zu nennen: Dies soll nicht innerhalb von zwei Minuten, sondern eher innerhalb von zehn Minuten passieren. Der Schaum soll luftig und zugleich auch konsistent werden.

Die Butter durch ein Tuch passieren und wie bei Mayonnaise langsam zur Eigelbmasse rühren. Anschließend durch ein Sieb passieren und ca. einen halben Eßlöffel gehackten Rosmarin dazugeben, mit Salz und Pfeffer aus der Mühle abschmecken, mit einer Klarsichtfolie zudecken und an einem warmen Ort in der Nähe des Herdes bereitstellen.

*N*ach Belieben Sauce Hollandaise mit Rosmarin extra dazu servieren.

Bohnen in Salzwasser eher gut durchkochen. Ich glaube, daß sie dann besser schmecken.

FERTIGSTELLUNG

Das Fleisch samt Olivenöl, Rosmarin und Knoblauch in 2 bis 3 Liter ca. 90 Grad heißem Salzwasser pochieren*. Je nach Dicke des Fleisches fünf Minuten oder mehr. Das Fleisch nach ca. fünf Minuten aus dem Wasser nehmen und kontrollieren, ob es medium* ist.

Nach der Garzeit in Alufolie einwickeln, damit das Fleisch etwas durchziehen kann.

Das Gemüse in ein wenig Wasser mit Butter erhitzen, das Fleisch in eher breite Streifen schneiden und zusammen mit der Sauce Hollandaise anrichten.

Lammkarree mit Thymian und Knoblauch
Rösti von Kartoffeln und Weißkohl

4 Personen

ZUTATEN

2 Lammkarrees

Für die Sauce:

Parüren* vom Lamm
1 großes Stück Zwiebel
1 kleines Stück Sellerie
1 Knoblauchzehe
reichlich Petersilienstengel
1/2 Glas Rotwein
ca. 20 g kalte Butter

Für die Farce*:

1 Hühnerbrust zu ca. 120 g
80–100 g kalte Sahne
2 EL Schlagsahne
ca. 50 g gezupfte Petersilie
reichlich frischer und gezupfter Thymian

Für das Knoblauchpüree:

ca. 20 geputzte Knoblauchzehen
ca. 1/4 l Milch
ca. 1/4 l Wasser
2 EL Schlagsahne

Für die Rösti:

1 junger halber Weißkohl
1 nußgroßes Stück Butter
ein kleiner Schuß trockener Sekt
4 kleine Kartoffeln
gutes Samenöl oder Olivenöl

ZUBEREITUNG

Die Lammkarrees zuputzen und von Sehnen und Häuten befreien, mit Klarsichtfolie zugedeckt kalt stellen.

Für die Sauce

Die Parüren und, wenn vorhanden, Knochen vom Lamm in einem eher weiten Topf mit ein wenig Öl anfangs bei guter, danach bei reduzierter Hitze langsam goldbraun werden lassen. Das geschnittene Gemüse dazugeben und kurz mitdünsten. Mit Hilfe eines Siebes vom Fett befreien, dann in den Topf zurückgeben, mit dem Rotwein löschen und diesen total einkochen lassen, mit eiskaltem Wasser aufgießen, eine Prise Salz dazugeben und für ca. eine halbe Stunde leicht köcheln lassen.
Anschließend durch ein Tuch passieren und auf ca. ein Fünftel einkochen.

Ein kleiner Ratschlag

Bei Lamm würde ich empfehlen, die Sauce nach der Kochzeit abzusieben und für zwei bis drei Stunden in den Kühlschrank zu stellen. So setzt sich das Fett oben ab und wird durch die Kälte fest. Man kann es dann mit einer Schaumkelle abschöpfen. Dies gilt auch für andere fette Saucen und Suppen.

Für die Farce

Das Hühnerfleisch im Cutter* mixen und durch ein Haarsieb in eine Metallschüssel streichen, mit Klarsichtfolie zudecken und im Kühlschrank kalt stellen. Die Petersilie mit einem Teil vom Thymian und ca. 1 Liter Wasser im Mixer für fünfzehn bis zwanzig Sekunden mixen, durch ein Spitzsieb in einen Topf passieren. Das im Spitzsieb Zurückgebliebene wegwerfen und das grüne Wasser im Topf zum Kochen bringen. Kurz vor dem Aufkochen den entstandenen grünen Schaum in ein feines Sieb abschöpfen. Diesen Schaum etwas abkühlen lassen, dann zur kalten flüssigen Sahne rühren und diese Sahne langsam und vorsichtig zum kalten Hühnerfleisch. Salzen, pfeffern, einige Thymianblätter und die Schlagsahne dazugeben und vorsichtig unterheben. Probe* machen! Bis zum Gebrauch kalt stellen.

Für das Knoblauchpüree

Die Knoblauchzehen in Wasser kurz blanchieren*. In der gesalzenen Milch und dem Wasser für ca. zwanzig Minuten weichkochen, dann absieben und durch ein Haarsieb in ein Töpfchen streichen, mit der Schlagsahne verfeinern.

Für die Rösti

Den Weißkohl von den groben Strünken befreien und die feinen Blätter in feinste Julienne* schneiden, in einem Topf mit der Butter und einer Prise Salz bei mittlerer Hitze für ca. eine halbe Minute dünsten, dann mit dem Sekt ablöschen und vom Feuer nehmen.

Die Kartoffeln schälen, wenn möglich mit der Aufschnittmaschine in dünne Scheiben schneiden und dann mit einem scharfen Messer in feine Streifen, diese in einem Tuch gut trockentupfen und bereitstellen.

FERTIGSTELLUNG

Den Ofen auf 140 Grad vorheizen

Die Lammkarrees in einer Pfanne mit ein wenig Öl nur auf der unteren Seite gut anbraten. Mit der angebratenen Seite nach unten auf ein Blech geben und die Farce mittels eines Spritzsackes mit geeigneter Tülle auf die Karrees ca. 1 cm dick aufspritzen, mit den restlichen Thymianblättern bestreuen und im Ofen bei 140 Grad für ca. zwanzig Minuten, je nach Größe der Karrees, garen. Nach der Garzeit mit Alufolie zugedeckt für einige Minuten ruhen lassen.

Für die Rösti eine Pfanne mit ein wenig Öl gut heiß werden lassen und vier kleine Häufchen Kartoffelstreifen in die Pfanne geben, auf diese etwas vom Weißkohl und wiederum Kartoffeln. Die Häufchen sollen einen Durchmesser von ca. 5 cm haben. Salzen, Hitze etwas reduzieren und mittels einer breiten Palette umdrehen. Wieder etwas Öl dazugeben, ebenso leicht salzen und pfeffern und wiederum goldbraun werden lassen.

Rösti sollen immer in genügend Öl gebacken werden. Die Rösti auf ein Küchentuch zum Entfetten geben.

In die kochende Sauce eventuell ein Thymianzweiglein und die kalte Butter einschwenken.

Das Lammkarree mit den frischen Rösti, dem Knoblauchpüree und der Sauce servieren.

SOMMER · FLEISCHSPEISEN

*M*an kann dieses Gericht auch einfacher zubereiten, indem man die Farce wegläßt und das Karree nur im Thymian rollt.

Rösti sind am besten, wenn sie ganz frisch sind. Wenn man sie aber für viele Personen machen muß, rate ich, sie vorzumachen und im Ofen auf einem Gitter zu wärmen.

Schweinefilet mit Melanzane und kleinem Risotto mit Origano

4 Personen

ZUTATEN

*1 ganzes Schweinefilet zu ca. 800 g
oder 4 Schweinefiletenden zu je ca. 200 g*

Für die Filetsauce:

Parüren vom Schweinefilet
und eventuell einige Knochen
1 Schalotte oder 1/2 Zwiebel
1 Knoblauchzehe
einige Petersilienstengel
1 Stückchen Sellerie
1/2 Glas nicht zu kräftiger Rotwein
1 TL Tomatenmark
ca. 20 g Butter*

Für die Melanzane:

*2 lange dünne Melanzane (Auberginen)
6 Tomaten (San Marzano oder andere)
bestes Olivenöl
1/2 Knoblauchzehe*

Für den Risotto:

*1 feingeschnittene Schalotte
ca. 120 g Reis für Risotto*
1/2 Knoblauchzehe
1/2 Glas Weißwein
ca. 3/4 l Hühnerkraftbrühe
1 kleines Sträußchen Origano
(schon gezupft)
1 EL bestes Olivenöl
1/2 EL Parmesan*

ZUBEREITUNG

Das Schweinefilet gut zuputzen und die Parüren für die Sauce aufbewahren.

Für die Filetsauce

Die Parüren und eventuell die Knochen in einem weiten Topf mit Öl, anfangs bei kräftiger, dann bei reduzierter Hitze, langsam goldbraun werden lassen. Das geschnittene Gemüse dazugeben und kurz mitrösten. Das Tomatenmark beifügen, umrühren und mit dem Rotwein ablöschen. Unter Rühren den Wein ganz einkochen lassen, mit eiskaltem Wasser aufgießen und eine Prise Salz dazugeben, für ca. eine halbe Stunde leicht köcheln lassen.

Danach durch ein Tuch passieren und auf ca. ein Fünftel reduzieren.

Für die Melanzane

Die Melanzane schälen und in zwölf ca. 1 cm dicke Scheiben schneiden, den Rest in mittelgroße Würfel (ca. 1 cm).
Die Tomaten* enthäuten, von den Kernen befreien und das Tomatenfleisch in kleine Würfelchen schneiden, die Kerne in einen Behälter geben, gut sälzen und für später aufbewahren.

Die Auberginenscheiben auf der Herdplatte oder in einer flachen Pfanne eher kurz grillen und anschließend salzen. Die Würfel in einem Topf mit dem Olivenöl und der Knoblauchzehe sowie einer Prise Salz für ca. zwei bis drei Minuten bei schwacher Hitze dünsten.

In dieser Zeit den Saft der aufbewahrten Tomatenkerne durch ein Sieb in ein Schüsselchen passieren. Diesen Saft für den Risotto aufbewahren.
Das im Sieb Zurückgebliebene im Mixer mixen und die Hälfte davon (den Rest aufbewahren) zu den Melanzanewürfelchen geben, einmal aufkochen lassen, vom Feuer nehmen und einige der Tomatenwürfel dazugeben, mit Salz und Pfeffer abschmecken. Die Knoblauchzehe entfernen und die Melanzanescheiben schichtenweise mit dieser Masse füllen (drei pro Kopf), in eine entsprechend große, niedere, feuerfeste Form geben und mit Olivenöl beträufeln. Bereitstellen.

FERTIGSTELLUNG

Das Schweinefilet salzen und pfeffern, in einer heißen Pfanne mit Olivenöl rundherum anbraten, danach aus der Pfanne nehmen und bereitstellen. Den Ofen auf 140 Grad vorheizen.

Für den Risotto

Die feingehackten Schalotten in ein wenig bestem Olivenöl mit der Knoblauchzehe kurz dünsten, dann den Reis dazugeben und für ca. dreißig Sekunden unter Rühren weiterdünsten, bis der Reis etwas glasig ist. Mit dem Weißwein ablöschen, einkochen lassen und mit der Hühnerkraftbrühe unter dauerndem Hinzufügen und Rühren (ca. achtzehn Minuten) weiterkochen.

Nach sechs bis sieben Minuten Kochzeit des Reises die Melanzane auf den Boden des Ofens geben und die Filets auf das Ofengitter darüber. Die Filets ab und zu drehen.

Die restlichen gemixten Tomatenkerne zur reduzierten Filetsauce geben, zum Kochen bringen und die kalte Butter einschwenken, durch ein Sieb passieren und pfeffern.

Nach achtzehn Minuten Kochzeit des Risottos das Olivenöl, den Parmesan, die Origanoblätter, die restlichen Tomatenwürfel sowie den aufbewahrten Tomatensaft dazurühren und abschmecken.

Filet und Melanzane aus dem Ofen nehmen. Das Filet in Scheiben schneiden und mit dem Risotto, den Melanzane und der Filetsauce anrichten.

SOMMER · FLEISCHSPEISEN

*M*an kann als Beilage auch nur den Risotto geben und einige Melanzanewürfel in die Filetsauce.

Das Schweinefilet soll leicht rosa sein, wenn es zu sehr durchgebraten ist, wird es trocken.*

Himbeer-Joghurt-Terrine

10 Personen

ZUTATEN

Himbeermasse:

200 g Himbeeren
3 EL Zucker
1 Blatt dicke Gelatine (5 g)
1 EL Schlagsahne
(von der Joghurtmasse entnehmen)

Joghurtmasse:

250 g Naturjoghurt
50 g Staubzucker
1 Zitrone
2 Blatt dicke Gelatine (10 g)
150 g nicht zu steif
geschlagene Sahne
(1 EL für die Himbeermasse)
1 Eiweiß

Zum Garnieren:

ca. 60 schöne Himbeeren zum Garnieren
ca. 200 g Himbeeren und
2 EL Zucker fürs Himbeermark
(für das ganze Gericht benötigt
man gut 800 g Himbeeren)
10 schöne Minzspitzen

ZUBEREITUNG

Für die Himbeermasse

Die Gelatine in eiskaltem Wasser einweichen. Die Himbeeren mit dem Zucker und einem Stückchen Zitronenschale im Mixer mixen. Dann durch ein Sieb in eine kleine Metallschüssel passieren. Einen Schöpfer davon in ein kleines Töpfchen geben und leicht erhitzen. Die ausgedrückte Gelatine darin auflösen, gut verrühren und zum restlichen Himbeerpüree rühren. Den Eßlöffel Schlagsahne dazurühren und kalt stellen.

Für die Joghurtmasse

Eine ca. 20 cm lange und 8 cm hohe Terrine oder Rehrückenform mit Klarsichtfolie auslegen und kalt stellen.

Die Gelatine in eiskaltem Wasser einweichen.

Ca. ein Viertel vom Joghurt in ein kleines Töpfchen geben und leicht erhitzen. Die ausgedrückte Gelatine dazugeben und gut schmelzen lassen. Das restliche Joghurt und das mit der Gelatine in den Mixer geben. Ein Stückchen Zitronenschale, ein wenig Zitronensaft sowie drei Viertel vom Staubzucker dazugeben und gut mixen. Dabei wird das Joghurt flüssig. Durch ein Sieb in eine Metallschüssel passieren.

Das Eiweiß mit dem restlichen Staubzucker und einer Prise Salz zu Schnee schlagen. Dann mit der Schlagsahne vermengen und vorsichtig unter die Joghurtmasse heben. Für ca. zehn Minuten kalt stellen, aber nicht fest werden lassen.

Himbeer- und Joghurtmasse aus dem Kühlschrank nehmen und die Terrinenform bereitstellen. Zuerst die Joghurtmasse kurz umrühren und ca. ein Drittel davon in die Form geben. Dann die Himbeermasse kurz umrühren und mit einem kleinen Schöpfer die Hälfte davon auf die Joghurtmasse in die Form geben. Sofort einen Stab spiralenförmig durch die Masse ziehen. Diesen Vorgang wiederholen, bis die Terrinenform voll ist. Im Kühlschrank für mindestens zwei Stunden kalt stellen.

Zum Garnieren

Die 200 g Himbeeren mit dem Zucker mixen und durch ein Sieb passieren.

FERTIGSTELLUNG

Die Joghurtterrine aus dem Kühlschrank nehmen und vorsichtig auf ein Brett stürzen. Die Klarsichtfolie wegziehen, in ca. 2 cm dicke Scheiben schneiden und zusammen mit den Himbeeren und dem Himbeerpüree auf flachen Tellern anrichten. Mit dem Minzblatt garnieren und servieren.

*M*an kann diese Terrine eventuell auch mit Erdbeeren oder sonst einer geeigneten Frucht machen, oder man kann die Joghurtterrine ohne Früchte zubereiten und einen Fruchtsalat nach eigener Fantasie dazu servieren.

Pochierter Pfirsich mit Amaretti-Eis oder mit Amaretti-Halbgefrorenem und Himbeermark

6 Personen

ZUTATEN

Für das Amaretti-Eis:

400 g Milch und 100 g Sahne
7 Eigelb
100 g Zucker
ca. 150 g Amaretti-Kekse
2–3 EL Amarettolikör

Für das Halbgefrorene:

4 Eigelb mit 20 g Zucker
ca. 120 g Amaretti-Kekse
3–4 EL Amarettolikör
300 g Schlagsahne
3 Eiweiß mit 40 g Zucker

Fürs restliche Gericht:

4 große oder 6 kleine
gut reife Pfirsiche
250 g Himbeeren
Zuckersirup*
gehackte Pistazien oder Minze

ZUBEREITUNG

Für das Amaretti-Eis

Die Milch und die Sahne vorsichtig zum Kochen bringen. Ca. zwei Drittel vom Zucker in einem Topf karamelisieren*, mit der Milch aufgießen und wieder zum Kochen bringen. Die Eigelb mit dem restlichen Zucker schaumig rühren, die Karamelmilch dazurühren und alles im Wasserbad* am Herdrand langsam binden lassen.

Das gebundene Eis durch ein Sieb passieren, die Amaretti-Kekse im Mixer kurz mixen und zusammen mit dem Amarettolikör zur Eiscreme rühren, in der Eismaschine* gefrieren.

Für das Halbgefrorene

Die Eigelb mit dem Zucker schaumig schlagen. Die Amaretti-Kekse im Mixer grob mixen und zusammen mit dem Amarettolikör zur Eigelbmasse rühren. Die Sahne steif schlagen. Die Eiweiß mit dem Zucker steif schlagen und beides, Sahne und Eiweiß, vorsichtig vermengen. Die Eiweiß-Sahne-Masse vorsichtig unter die Eigelbmasse heben. Sofort in größere Timbalformen abfüllen und für mindestens drei Stunden ins Gefrierfach stellen.

Fürs restliche Gericht

Die Pfirsiche von den Kernen befreien, in Spalten schneiden, in eine passende Form legen und mit etwas kochendem Zuckersirup knapp bedeckt übergießen und bis zum Gebrauch stehenlassen.

Die Himbeeren putzen, waschen, mit etwas Zuckersirup im Mixer kurz mixen und durch ein Sieb passieren.

FERTIGSTELLUNG

Das Amaretti-Halbgefrorene drei bis fünf Minuten vor dem Servieren aus dem Tiefkühler nehmen.

Die Pfirsichspalten aus dem Sirup nehmen, in einem Sieb gut abtropfen lassen und zusammen mit dem Eis oder dem Halbgefrorenen und dem Himbeermark anrichten. Mit Minze oder Pistazien garnieren.

Amaretti-Eis oder Amaretti-Halbgefrorenes? Für das Eis braucht man natürlich die Eismaschine, für das Halbgefrorene »nur« einen Tiefkühler. Deshalb die zwei Möglichkeiten! Den Pfirsich kann man auch natur servieren.

Brombeersuppe mit Vanilleeis und Schwarzpolentatörtchen

Das Törtchen für 12 Personen

das restliche Gericht für 6 Personen

ZUTATEN

Für das Vanilleeis:

400 g Milch mit 100 g Sahne
7 Eigelb
120 g Zucker
1 Vanilleschote
1 Päckchen Vanillezucker
1 Stückchen Zitronenschale

Für das Törtchen:

210 g Butter (Küchentemperatur)
2 Eigelb
90 g Zucker
3 Eier und 1 EL Honig
150 g eher grobe Schwarzpolenta (Buchweizen)
60 g gemahlene Nüsse
Schale einer geriebenen Zitrone
je eine Messerspitze Zimt- und Nelkenpulver
2 Eiweiß
50 g Zucker

Für die Brombeersuppe:

mindestens 500 g gut reife Brombeeren
Zuckersirup*

ZUBEREITUNG

Für das Vanilleeis

Die Vanilleschote halbieren und zusammen mit der Zitronenschale in der Milch und der Sahne langsam zum Kochen bringen. Ganz leicht salzen.

Eigelb mit Zucker und Vanillezucker schaumig rühren und mit der kochenden Milch aufgießen. Im Wasserbad* so lange binden lassen, bis die Masse cremig ist.

Anschließend durch ein Sieb passieren, die Vanilleschote auskratzen und das schwarze Mark zum Eis geben. Eventuell einmal aufmixen und ca. eine halbe Stunde vor Gebrauch in der Eismaschine* gefrieren.

Für das Törtchen

Den Ofen auf 190 Grad vorheizen.

Die Butter mit den Eigelb und den 90 g Zucker schaumig rühren. Die ganzen Eier mit dem Honig im Mixer kurz aufmixen und langsam zur Buttermasse rühren. (Wenn die Masse dabei leicht gerinnen sollte, ist das nicht so schlimm.)

Nüsse, geriebene Zitronenschale, Zimt und Schwarzpolentamehl vermischen und bereitstellen.

Das Eiweiß und die 50 g Zucker mit einer Prise Salz steif schlagen und sofort zusammen mit den restlichen Zutaten unter die Buttermasse heben.

In eine ausgebutterte, mit Schwarzpolentamehl ausgestaubte* passende rechteckige (30 x 25 cm) Form (Blech) geben und im Ofen, je nach Dicke, ca. zwanzig Minuten braun backen.

Für die Brombeersuppe

Die Brombeeren sortieren und dreißig von den schönsten zum Garnieren beiseite legen, die restlichen mit ein wenig Zuckersirup im Mixer kurz mixen und anschließend durch ein Sieb passieren. Eventuell nachzuckern, die Suppe soll aber nicht zu süß sein.

FERTIGSTELLUNG

Nicht zuviel von der Brombeersuppe in tiefe Teller verteilen, eine Kugel Vanilleeis in die Mitte des Tellers geben und die Brombeeren um das Eis legen. Das rund ausgestochene lauwarme Schwarzpolentatörtchen auf kleinen Tellern dazu servieren.

Für die Verzierung (Bild) ein wenig Eiscreme schmelzen lassen, größere Tropfen davon in die Brombeersuppe geben und einen spitzen Holzstab durch die Tropfen ziehen.

SOMMER · NACHSPEISEN

Gerade bei diesem Dessert ist es wichtig, daß das Törtchen beim Servieren noch warm ist, die Suppe Küchentemperatur hat und daß man das Eis dreißig Sekunden vor dem Servieren in die Suppe gibt.

Ich bekomme den Buchweizen vom Bauern, die Schwarzpolentablüte auf dem Bild schenkte er mir Anfang August.

Aprikosenstrudel mit Joghurt-Minze-Eiscreme

6 bis 8 Personen

ZUTATEN

Für den Strudelteig:
170 g Mehl
1 dl lauwarmes Wasser
2 EL Samenöl
Salz

Für die Fülle:
1 kg gut gereifte Aprikosen
Zucker
1 Vanillestange
15 g Vanillezucker (1 Brieflein)
Schale von einer Zitrone
80–100 g Pistazien oder Pignoli
ca. 2 EL Aprikosenschnaps
50 g Butter
5 EL Brotbrösel
1 Prise Zimt

Für die Eiscreme:
500 g Joghurt
200 g frische Sahne
150 g Zucker
Zitronenschale
1 kleiner Bund Minze
einige Himbeeren zum Garnieren

ZUBEREITUNG

Für den Strudelteig

Alle Zutaten in eine Schüssel geben und vermengen. Auf dem Tisch für einige Minuten zu einem glatten und geschmeidigen Teig kneten. Danach in Klarsichtfolie einwickeln und mindestens dreißig Minuten ruhen lassen.

Wenn der Teig bald gebraucht wird, sollte man ihn im temperierten Raum stehen lassen. Wenn man ihn erst in einigen Stunden braucht, sollte man ihn in den Kühlschrank stellen und ca. eine Stunde vor Gebrauch herausnehmen.

Für die Fülle

Die Aprikosen waschen, halbieren, den Kern herausnehmen, dann vierteln und in eine Schüssel geben. Reichlich Zucker dazugeben, das heißt so viel, bis die Aprikosen gut süß sind. Es kommt dabei auch darauf an, wie reif sie sind. Weniger reife Früchte benötigen mehr Zucker als gut gereifte.

Die Vanilleschote halbieren und das Mark mit einem kleinen Messer herauskratzen. Beides – Vanillemark und die Schote – zu den Aprikosen geben. Den Vanillezucker, die geriebene Schale der Zitrone, die Pistazien und den Aprikosenschnaps dazugeben und alles gut vermengen, mit Klarsichtfolie zudecken und für mindestens eine Stunde marinieren* lassen.

Die Butter in einer Pfanne nußbraun werden lassen, die Brösel und Zimt dazugeben und bei kleinstem Feuer für einige Minuten unter ständigem Rühren mit einer Gabel etwas rösten, dann vom Feuer nehmen und abkühlen lassen.

Für die Eiscreme

Die Sahne und den Zucker zum Kochen bringen, dann vom Feuer nehmen und zum Joghurt geben. Die geriebene Zitronenschale dazugeben und alles mit dem Mixer einmal kurz aufmixen und beiseite stellen.

Von der Minze die Blätter abzupfen, dabei sechs schöne Spitzen beiseite legen. Die Blätter in kleine Würfel schneiden und bereitstellen.

Zubereitung des Strudels

Den Ofen auf 200 Grad vorheizen.

Den Ziehteig auf ein gut bemehltes Küchentuch legen, den Teig an der Oberfläche gut bestäuben und etwas ausrollen. Dann mit den Händen ausziehen, dabei mit den Handrücken unter den Teig fahren und diesen nach allen Seiten vorsichtig ausziehen, bis der Teig fast durchsichtig ist. Er sollte eine eher rechteckige Form erhalten. Beim Ausziehen darauf achten, daß der Teig immer bemehlt ist, hauptsächlich zwischen Tuch und Teig, da es sonst passieren könnte, daß der Teig beim Einrollen am Tuch kleben bleibt.

Nun die Hälfte der Brösel gleichmäßig über den Teig verstreuen und die Aprikosen in Form von einem ca. 30 cm langen und 15 cm breiten Rechteck darauf verteilen (Vanillestange entfernen). Mit den Händen vorsichtig etwas flach drücken und die restlichen Brösel darüber verstreuen. Die dicken Teigränder wegschneiden. Dann das Tuch an den beiden oberen Zipfeln der langen Seite nehmen und von oben nach unten so eng wie möglich einrollen. Nicht vom Tuch wegnehmen, sondern mit Hilfe des Tuches auf ein Backblech heben. Erst dann vorsichtig vom Tuch auf das Blech herunterrollen. Den Strudel mit zerlassener Butter bestreichen und im Ofen bei 200 Grad ca. zehn bis zwölf Minuten hellbraun backen.

FERTIGSTELLUNG

Vier tiefe Teller in den Tiefkühler stellen. Die Joghurtmasse mit der geschnittenen Minze zum Gefrieren in die Eismaschine* geben.
Nach Ende der Garzeit des Strudels diesen aus dem Ofen nehmen und ein wenig abkühlen lassen. Dann, wenn möglich, mit einem Elektromesser in eher breite Scheiben schneiden und in die kalten, tiefen Teller geben. Die Eiscreme in noch cremigem Zustand (nicht ganz gefroren) aus der Maschine nehmen und zum Strudel geben, mit Himbeeren und Minzspitzen garnieren.

Wenn dieser Strudel dann leicht säuerlich schmeckt, ist es nur der eigentliche Geschmack der Aprikosen. So wie Kaffee bitter, ist die Aprikose leicht sauer. Das nennt man Eigengeschmack der Früchte. Sie sind die Lehrmeister für unseren Gaumen – sie lehren uns, bitter von süß, süß von sauer, herb von lieblich und scharf von mild zu unterscheiden.

SOMMER • NACHSPEISEN

Salat von Sommerfrüchten mit einem Sorbet von denselben

4 Personen

ZUTATEN

Alle Sommerfrüchte, die zu finden sind (insgesamt ca. 2 kg)
*1/2 l Zuckersirup**
1 Zitrone
frische Minze

ZUBEREITUNG

Die schönsten Früchte waschen und nach Belieben in verschiedene Formen schneiden, mit einigen Tropfen Zitronensaft und ein wenig Zucker vorsichtig vermischen und bereitstellen (nicht in den Kühlschrank).

Die restlichen Früchte und auch alle eventuellen Reste von den schon geschnittenen Früchten vom Kernhaus und Stengel befreien, wenn unbedingt notwendig schälen und in den Mixer geben. Vom Zuckersirup, je nach Menge der Früchte, ein wenig sowie einige Tropfen Zitronensaft dazugeben und alles zusammen fein mixen. Danach probieren und je nach Geschmack Zuckersirup nachgeben. Das Früchtepüree soll sehr süß sein, weil es durch das Gefrieren an Süße verliert. Ohne es durch ein Sieb zu passieren, in die Eismaschine* geben und gefrieren lassen.

FERTIGSTELLUNG

Die Früchte auf Tellern anrichten. Von der Minze die kleinen Blätter zum Garnieren abzupfen. Das Sorbet aus der Maschine nehmen und mit einem in warmes Wasser getauchten Löffel je eine größere Nocke auf die Früchte geben, mit den Minzblättern garnieren und sofort servieren.

*S*ollte man keine Sorbetmaschine haben, kann man das Früchtepüree in kleine Förmchen abfüllen und im Tiefkühler gefrieren lassen. Danach aus den Förmchen nehmen und im Mixer mixen, bis ein cremiges Sorbet entstanden ist.

Alle Früchte, auch die für das Sorbet, sollte man immer zum Schluß der Vorbereitungen schneiden, damit sie die Farbe behalten.

Das Sorbet je nach Eismaschine ca. eine halbe Stunde vor Gebrauch in die Maschine geben. Alle Sorbets werden auf dieselbe Art zubereitet. Es ändert sich immer nur die Menge des Zuckers oder des Zuckersirups, den man dazugibt, und den sollte man nach Geschmack und nach eigener Vorstellung von Süße dazugeben.

SOMMER · NACHSPEISEN

SOMMERMENÜ 1

Kerbelflan mit Pfifferlingen in Knoblauchsauce

* * *

*Rinderfiletstreifen und Sommergemüse
in der eigenen Sauce*

* * *

Himbeer-Joghurt-Terrine

Die ersten Vorbereitungen:

1. Das Gemüse für das Hauptgericht putzen und schneiden (die *Abfälle* eventuell für die Sauce aufbewahren), den Kerbel putzen, die Pfifferlinge putzen und waschen.
2. Das Rinderfilet putzen und in Streifen schneiden, die Saucenknochen zerkleinern und die Sauce ansetzen, die Hühnerknochen für die Knoblauchsauce zerkleinern.
3. Die Himbeer-Joghurt-Terrine zubereiten, dabei auch alles übrige fürs Dessert vorbereiten. Die Sauce für das Hauptgericht durch ein Tuch passieren.

Die Weiterverarbeitung bis zur Fertigstellung:

4. Die Hühnersauce für die Knoblauchsauce ansetzen, die Sauce für das Hauptgericht einkochen lassen, den Ofen für den Kerbelflan einschalten.
5. Den Kerbelflan zubereiten und eine Probe machen.
6. Die Hühnersauce durch ein Tuch passieren und einkochen lassen.
7. Das Gemüse für das Hauptgericht garen. Wenn die Flanprobe positiv war, die Masse in Formen abfüllen und im Ofen garen (Uhr einstellen).
8. Die Sauce für das Hauptgericht fertig machen.
9. Die Pfifferlinge garen und die Knoblauchsauce fertigstellen. Den Flan fünf Minuten nachdem er aus dem Ofen genommen wurde servieren.

Mit den weiteren zwei Gerichten, wie unter *Fertigstellung* bei den einzelnen Rezepten beschrieben, fortfahren!

SOMMERMENÜ 2

Pilze im Gelee und Kaninchensalat

* * *

Lachs auf Spinat mit Zitrone

* * *

*Aprikosenstrudel
mit Joghurt-Minze-Eiscreme*

Die ersten Vorbereitungen:

1. Die Suppe für die Pilze im Gelee zubereiten, die Pilze putzen.
2. Spinat für den Lachs putzen und waschen, den Lachs putzen und den Lachssud vorbereiten.
3. Kaninchenkeulen für die Vorspeise putzen und mit den Kräutern füllen, die Suppe für das Gelee durch ein Tuch passieren und einkochen lassen.
4. Strudelteig machen und in Klarsichtfolie eingewickelt ruhen lassen, die Aprikosen für den Strudel marinieren. Die Brösel ebenso herrichten.
5. Das Gelee für die Pilze fertig machen und einen kleinen Teil, um zu sehen, ob es fest genug wird, in den Kühlschrank stellen.

Die Weiterverarbeitung bis zur Fertigstellung:

6. Den Lachssud aufs Feuer stellen und nach Belieben und Zeit eine Kaninchensauce für die Vorspeise ansetzen.
7. Gelee im Kühlschrank kontrollieren und, wenn das Resultat positiv ist, die Pilze im Gelee, wie im Rezept beschrieben, fertig machen.
8. Den Lachssud (und die Kaninchensauce) durch ein Tuch passieren und einkochen lassen.
9. Die Zitronenstreifen für den Lachs schneiden, die Salate für die Vorspeise waschen.
10. Den Ofen einschalten, den Strudel zubereiten und backen (Uhr einstellen), die Joghurteiscreme zubereiten, aber erst später gefrieren.
11. Die Kaninchenkeulen garen, in der Zwischenzeit die Zitronensauce für das Lachsgericht fertig machen.
12. Pilzgelee zum Temperieren aus dem Kühlschrank nehmen, die Lachsscheiben für das Fischgericht schneiden.
13. (Kaninchensauce verfeinern) die Vorspeise anrichten und servieren.

Mit den weiteren zwei Gerichten, wie unter *Fertigstellung* bei den einzelnen Rezepten beschrieben, fortfahren.

Die Joghurteiscreme, kurz bevor die Hauptspeise serviert wird, gefrieren.

SOMMERMENÜ 3

*Salat von Gartensalaten, Steinpilzen
und rohen Rinderfiletscheiben*

* * *

Kalte Tomatensuppe mit Basilikumöl

* * *

Mit Pfifferlingragout gefüllte Zucchiniblüte in Garnelensauce

* * *

*Schweinefilet mit Melanzane
und kleinem Risotto mit Origano*

* * *

*Pochierter Pfirsich mit Amaretti-Eis oder
Amaretti-Halbgefrorenem und Himbeermark*

Die ersten Vorbereitungen:

1. Fischsud für die Garnelensauce aufstellen, die Garnelen putzen und die Garnelensauce zubereiten. Die Fülle für die Zucchiniblüten herrichten.
2. Die Steinpilze für die Vorspeise putzen, das Rinderfilet putzen und in Würfel schneiden, die Filetwürfel sofort in Klarsichtfolie klopfen und samt Klarsichtfolie kalt stellen, die Garnelensauce passieren und einkochen lassen.
3. Das Schweinefilet putzen, die Parüren für die Sauce aufbewahren, die Tomaten in Würfel schneiden, eine Hühnersuppe für den Origano-Risotto zubereiten.
4. Die Tomaten für die kalte Tomatensuppe schneiden und marinieren*, Basilikum für das Basilikumöl und für die kalte Suppe herrichten. Garnelensauce kontrollieren!
5. Die Fülle für die Zucchiniblüte fertig machen, die Blüten füllen, in eine Rein legen und kalt stellen.

Die Weiterverarbeitung bis zur Fertigstellung:

6. Die Schweinefiletsauce ansetzen.
7. Das Amarettohalbgefrorene zubereiten und gefrieren, die Pfirsiche schneiden und pochieren, das Himbeermark machen.
8. Schweinefiletsauce durch ein Tuch passieren und einreduzieren lassen. Melanzane putzen, schneiden und wie im Rezept beschrieben fertig machen, auf einem Blech bereitstellen. Restliches für den Origano-Risotto herrichten.
9. Tomatensuppe und Basilikumöl zubereiten, die Suppe kalt stellen.
10. Die Salate waschen, die Pilze schneiden und alles Restliche für die kalte Vorspeise herrichten.
11. Die restliche Garnelensauce binden, die Schweinefiletsauce fertig zubereiten, den Ofen einschalten, das Schweinefilet anbraten und bereitstellen.
12. Die Vorspeise anrichten und servieren.

Mit den weiteren Gerichten, wie unter *Fertigstellung* bei den einzelnen Rezepten beschrieben, fortfahren.

Den Risotto für die Hauptspeise, kurz bevor die gefüllten Zucchiniblüten serviert werden, aufstellen, kurz danach das Schweinefilet in den Ofen geben sowie die Melanzane.

SOMMERMENÜ 4

*Salat von Kalbsbries und Pfifferlingen
mit Kerbeldressing*

* * *

Tortellini von Miesmuscheln in Basilikumsauce

* * *

Zahnbrasse auf Tomaten im Knoblauchsud

* * *

*Pochiertes Rippenstück auf Gemüse
Sauce Hollandaise mit Rosmarin*

* * *

*Salat von Sommerfrüchten
mit einem Sorbet von denselben*

Die ersten Vorbereitungen:

1. Das Rippenstück wenn nötig vom Knochen befreien, zuputzen und wie im Rezept beschrieben in Olivenöl marinieren.
2. Das Gemüse für die Hauptspeise putzen und schneiden, Zucchini und Tomaten für das Fischgericht schneiden, Pfifferlinge für die kalte Vorspeise putzen und waschen, das Kalbsbries zum Reinigen unter laufendes Wasser stellen.
3. Zahnbrassen filetieren und den Sud vorbereiten, aber erst später aufstellen.
4. Nudelteig machen, in Klarsichtfolie einwickeln und bis zum Gebrauch kalt stellen, das Kalbsbries und die Miesmuscheln putzen, den Basilikum für die Basilikumsauce herrichten und den Knoblauch für den Knoblauchsud putzen.

Die Weiterverarbeitung bis zur Fertigstellung:

5. Den Zahnbrassensud aufs Feuer stellen, die Miesmuscheln kochen und dann abkühlen lassen, Butter für die Sauce Hollandaise klären.
6. Die Früchte für das Dessert putzen, aber nur die, die nicht braun werden, schneiden, die anderen erst bei Gebrauch, die restlichen Früchte für das Sorbet marinieren.
7. Den Zahnbrassensud durch ein Tuch passieren und einkochen lassen.
8. Miesmuscheln aus der Schale nehmen, auf ein Tuch zum Abtropfen legen und die Tortellini machen, den Muschelsud für die Basilikumsauce aufbewahren.

9. Die Sauce Hollandaise zubereiten und mit Rosmarin parfümieren, mit Klarsichtfolie zugedeckt an einen warmen Ort stellen, das Gemüse für das Hauptgericht garen.
10. Salate für die Vorspeise waschen, den Kerbel für das Dressing schneiden, den schönsten zum Garnieren in kaltes Wasser legen.
11. Die Basilikumsauce für die Tortellini fertig machen, den reduzierten Zahnbrassensud erst kurz vor Gebrauch mit Knoblauch parfümieren.
12. Wasser zum Kochen der Tortellini und zum Pochieren des Rippenstücks aufstellen.
13. Die Pfifferlinge garen, das Kerbeldressing zubereiten und das Kalbsbries soutieren*. Die Salate anmachen, auf Teller verteilen und die Vorspeise fertig machen, sofort servieren!

Mit den weiteren Gerichten, wie unter *Fertigstellung* bei den einzelnen Rezepten beschrieben, fortfahren!

Die Früchte für das Sorbet sofort, nachdem die Hauptspeise serviert wurde, mixen, süßen und in der Eismaschine gefrieren, die noch nicht geschnittenen Früchte schneiden.

SOMMERMENÜ 5

Tomatenmousse an Lachsmedaillons mit Basilikumdressing

* * *

Zucchinisuppe

* * *

*Ragout von Seezungen, Steinpilzen
und Kartoffeln in Anissauce*

* * *

*Lammkarree mit Thymian und Knoblauch
Rösti von Kartoffeln und Weißkohl*

* * *

*Brombeersuppe mit Vanilleeis und
Schwarzpolentatörtchen*

Die ersten Vorbereitungen:

1. Zucchini für Zucchinisuppe schneiden, die Hühnersuppe vorbereiten, Knoblauch für Knoblauchpüree putzen, den Weißkohl schneiden und mit Klarsichtfolie zudecken. Die Steinpilze für das Fischgericht putzen, Kartoffeln für Fischgericht und Rösti vorbereiten und in Wasser legen, erst später schneiden.
2. Lammkarrees zuputzen, Knochen und Parüren für die Sauce herrichten, die Thymianfarce zubereiten und kalt stellen.
3. Die Seezungen filetieren und schneiden, den Seezungensud vorbereiten, aber erst später aufstellen.
4. Die Lachsmedaillons schneiden, die Tomaten für das Mousse marinieren, Basilikum für Tomatenmousse und für Basilikumdressing herrichten.
5. Die Brombeersuppe machen und kalt stellen.

Die Weiterverarbeitung bis zur Fertigstellung:

6. Lammsauce ansetzen, Seezungensud und Hühnersuppe aufs Feuer stellen.
7. Das Tomatenmousse zubereiten.
8. Lammsauce und Fischsud durch ein Tuch passieren, und einkochen lassen, Hühnersuppe ebenso passieren, aber nicht einkochen lassen.
9. Das Vanilleeis machen, aber erst später gefrieren. Für das Schwarzpolentatörtchen die Zutaten abwiegen und bereitstellen.
10. Lammkarree untenauf anbraten und abkühlen lassen, dann die Thymianfarce auf die Karrees aufstreichen und auf einem Blech bereitstellen, die Lammsauce kontrollieren, aber erst bei Gebrauch fertigstellen, den Ofen für den Schwarzpolentakuchen einschalten.
11. Pilze und Kartoffeln für das Seezungenragout schneiden, die Anisblütensauce fertig machen.
12. Knoblauch für das Knoblauchpüree kochen und nebenbei die Zucchinisuppe zubereiten. Das Knoblauchpüree fertig machen, mit Klarsichtfolie zudecken, den Weißkohl dünsten und die Kartoffeln für die Rösti schneiden (bei mehr als vier Gästen die Rösti zubereiten, sonst erst bei Gebrauch).
13. Den Schwarzpolentakuchen zubereiten und backen (Uhr einstellen), Brombeersuppe aus dem Kühlschrank nehmen, damit sie temperiert (Ofenhitze nach dem Backen auf 150 Grad reduzieren).
14. Das Basilikumdressing zubereiten, das Tomatenmousse auf kalte Teller geben, die Lachsmedaillons sofort garen und zum Mousse geben, den Teller fertig anrichten und sofort servieren!

Mit den weiteren Gerichten, wie unter *Fertigstellung* in den einzelnen Rezepten beschrieben, fortfahren.

Das Lamm, nachdem die Suppe serviert wurde, in den Ofen geben.

Das Eis, kurz bevor das Hauptgericht serviert wird, in die Eismaschine geben.

HERBST

Die Aperitifhappen

Jedes Rezept für ca. 6 Personen

ZUTATEN UND DIE JEWEILIGE ZUBEREITUNG

Gefüllte Zucchini und gefüllte Tomaten

Von vier Zucchini drei in ca. 3 cm lange Stücke schneiden. Jedes Stück mit einem Parisienneausstecher* etwas aushöhlen. Das Herausgenommene beiseite stellen. Den vierten Zucchino halbieren und in Stücke schneiden. Eine Schalotte und eine Knoblauchzehe grob aufhacken und in einem Topf mit wenig Olivenöl kurz anziehen lassen. Die Zucchinistücke (auch das mit dem Parisienneausstecher Entnommene) dazugeben, salzen und für ca. zwanzig Minuten weichdünsten.

Von zwölf kleinen Cocktailtomaten den unteren Teil (Deckel) abschneiden und diesen für »Fliegenpilze« beiseite legen. Die Tomaten durch leichtes Zusammendrükken von den Kernen befreien. Die Kerne zu den gedünsteten Zucchini geben.

Die fertig gedünsteten Zucchini im Cutter* fein mixen.

Die ausgehöhlten Zucchini in einem Topf mit Olivenöl, einem Stück Schalotte, einer halbierten Knoblauchzehe und zwei bis drei Eßlöffeln Wasser zugedeckt für ca. fünf Minuten dünsten. Dabei immer wieder etwas wenden, damit sie gleichmäßig garen. Im Kühlschrank abkühlen lassen.
Das Zucchinipüree in einen Spritzsack mit Lochtülle geben und Tomaten und Zucchini damit füllen.

Kleine »Fliegenpilze«

Zwölf Wachteleier für drei Minuten kochen, dann unter kaltem Wasser abkühlen und schälen. Vom spitzen Ende ein Stückchen wegschneiden und dieses in kleinste Würfel schneiden. Den im vorhergehenden Rezept von den Cocktailtomaten weggeschnittenen Deckel auf die Eier setzen und mit den Eiweißwürfelchen bestreuen.

Melanzane-Paprika-Strudel

Dieselbe Zubereitung wie beim Melanzanestrudel (Melanzane sind Auberginen) auf Seite 84, anstelle von Auberginen, zur Hälfte Auberginen und Paprikaschoten verwenden.

Gemüsebündel mit Kräuterdressing

Verschiedene Gemüsesorten wie Karotten, Sellerie, Kohlrabi, Zucchini usw. in feine Streifen schneiden und mit Schnittlauch oder einem langen, dünnen Lauchstreifen zu einem Bündel binden.
Verschiedene Kräuter – je nach Saison – fein schneiden und mit einigen Tropfen Essig, Salz, Pfeffer und Olivenöl zu einem Kräuterdressing verrühren. Die Gemüsebündel damit nappieren.*

Rohe Artischockenstreifen in Carpaccio

Die gleiche Zubereitung wie für Carpaccio auf Seite 212, nur ohne Salate.

Wachteleier mit Kaviar

Sechs Wachteleier für genau zwei Minuten und vierzig Sekunden kochen. So bleibt das Wachtelei in der Mitte roh. Mit kaltem Wasser abkühlen, schälen und halbieren. Auf jedes der halbierten Eier einen halben Teelöffel Kaviar geben und mit einem winzigen Petersilienblatt garnieren.

Gurkenstreifen in Lachs

Zwei Gurken schälen, halbieren und mit einem Teelöffel die Kerne herausnehmen. Die Gurken in ca. 5 cm lange Streifen schneiden und mit Salz, einigen Tropfen gutem Weißweinessig und Olivenöl anmachen, von einem Stück Lachsfilet mit einem scharfen Messer feine ca. 4 cm breite Streifen herunterschneiden und die Gurkenstreifen darin einrollen.

Tomatenviertel mit Lachstartar

Die Tomaten auf dem Bild sind Cocktailtomaten. Man kann aber auch normale kleine Tomaten verwenden.

Drei Tomaten vierteln und die Kerne herausnehmen. Ca. 250 g Lachs mit dem Messer in kleine Würfel schneiden. Einige Basilikumblätter in kleinste Würfel schneiden und zum Lachs geben, leicht salzen, wenig pfeffern, einige Tropfen Olivenöl dazugeben und alles gut vermengen und auf die einzelnen Tomatenviertel verteilen.

Getoastetes Baguette mit Ziegenkäse, Oliven und getrockneten Tomaten

Ca. 250 g Ziegenkäse in zwölf kleine Scheiben schneiden und in eine entsprechend große Form geben. Insgesamt zehn Oliven (grüne und schwarze) vom Kern befreien und zusammen mit drei bis vier getrockneten Tomaten grob schneiden, mit etwas bestem Olivenöl vermengen und über dem Käse verteilen. So für einige Stunden marinieren* lassen.

Das Baguette in zwölf Scheiben schneiden und toasten, den Käse mit den Oliven darauf verteilen.

Den Käse kann man auch schon am Vortag herrichten, um ihn dann nur mehr auf die warmen Baguettescheiben zu geben.

Mit Tomatenmousse gefüllte Artischockenböden

Sechs kleine Artischocken* putzen und die Herzen in Salzwasser weichkochen, dann erkalten lassen. Tomatenmousse wie auf Seite 74 zubereiten und, sobald es leicht zu stocken beginnt, die Artischockenböden damit füllen. Wieder in den Kühlschrank stellen, damit es fest wird.

Es empfiehlt sich, diesen Aperitif nur bei vielen Gästen zuzubereiten, weil er einiger Zeit der Zubereitung bedarf.

HERBST · KALTE VORSPEISEN

*I*ch habe einige Aperitifhappen als Beispiel genannt, die natürlich in den verschiedenen Jahreszeiten zubereitet werden können. Es gibt viele Möglichkeiten, solche kleine Happen zuzubereiten, und man kann der Fantasie für die kleinen Kreationen freien Lauf lassen.

Mein Rat wäre, immer nur drei bis vier verschiedene Happen als Aperitif zu servieren.

Gänsestopfleber mit Weißkohl, Steinpilzen und weißer Trüffel aus Alba

8–10 Personen

ZUTATEN

Ca. 500 g Gänsestopfleber (oder 1 ganze)
1 zarter Weißkohl von ca. 800–1000 g
5 kleinere feste Steinpilze
1 Knolle weiße Trüffel
aus Alba (ca. 80 g)

Für den Weißkohl:

Champagneressig
Trüffelöl oder gutes Samenöl
eventuell Reste von einer Trüffel

ZUBEREITUNG

Die Gänsestopfleber, ohne sie auseinanderzubrechen, von Häuten und Sehnen befreien, in Klarsichtfolie einwickeln und für ca. eine Dreiviertelstunde in den Tiefkühler geben, so daß die Leber sehr fest wird, aber ja nicht gefriert.

Den Weißkohl von den groben Strünken befreien und in feinste Streifen schneiden, in einer Schüssel mit Klarsichtfolie zugedeckt bereitstellen.

Die Steinpilze mit einem kleinen Messer putzen und mit einem feuchten Lappen reinigen. Mit der Aufschnittmaschine oder einem Trüffelhobel in feine Scheiben schneiden, auf einen Teller geben und mit Klarsichtfolie zudecken, damit die Pilze bis zum Gebrauch nicht austrocknen.

Die Trüffel mit einer Zahnbürste vom Sand befreien, also ohne sie naß zu machen reinigen.

FERTIGSTELLUNG

Zum Weißkohl einige Tropfen Champagneressig, zwei bis drei Eßlöffel Trüffelöl (sonst Samenöl und feingehackte Trüffelreste) sowie Salz geben und dann alles gut durchmischen.

Die Teller übereinander bereitstellen und einzeln wie folgt anrichten: Ein wenig Weißkohl auf den Teller geben. Mit der Aufschnittmaschine von der Gänsestopfleber eine zwei Millimeter dicke Scheibe herunterschneiden und über den Weißkohl legen, wieder Weißkohl locker darauflegen, einige Steinpilzscheiben darauf verteilen und einige mit einem Trüffelhobel feinstens gehobelte Trüffelscheiben. Diesen Vorgang ein- oder auch zweimal wiederholen. Dann den nächsten Teller anrichten. Die Teller immer an einem kühlen Ort abstellen und, wenn alle angerichtet sind, sofort servieren.

*D*ieses Gericht mag unscheinbar und klein wirken, ist aber reich und teuer an Wareneinsatz, so daß es wahrscheinlich eines ganz besonderen Anlasses bedarf, um es zu servieren. Es soll auf jeden Fall, damit das Prestige des Gerichts erhalten bleibt, wie eine feine Praline serviert werden – fein und zart, einsam, aber königlich stolz –, auf weißem Porzellan.

Die Reste von der Gänsestopfleber kann man für »Wachtelbrüstchen mit Gänsestopflebersauce und trüffliertem Kartoffelpüree«, Seite 138, aufbewahren (tiefgefrieren).

HERBST · KALTE VORSPEISEN

Salat von gebackenem Hirn und Artischocken

4 Personen

ZUTATEN

Für das Kalbshirn:

2 Kalbshirne geputzt und gewaschen
1 Stückchen Karotte
1 Stückchen Lauch
1 Selleriezweiglein
1 Knoblauchzehe
1 Stückchen Zwiebel
1 Lorbeerblatt
einige Petersilienstengel
einige Pfefferkörner

Zum Panieren:

1 ganzes Ei
ca. 100 g Brotbrösel
ca. 30 g gezupfte Petersilie
einige Estragonblätter

Für das restliche Gericht:

8 kleine Artischocken
ca. 200 g Vogelsalat (Feldsalat)
Estragonessig oder
guter Weinessig
bestes Olivenöl

ZUBEREITUNG

Für das Kalbshirn

Ca. 1 Liter Wasser mit dem Gemüse, den Pfefferkörnern, dem Lorbeerblatt und etwas Salz für ca. zehn Minuten kochen.

Das Gemüse mit einer Schaumkelle herausnehmen und in diesem Wasser das geputzte und gewaschene Kalbshirn für ca. fünf Minuten bei schwacher Hitze pochieren*. Zum Abtropfen auf ein Tuch legen und mit Klarsichtfolie zudecken.

Zum Panieren

Die Brotbrösel mit der Petersilie und den Estragonblättern im Mixer kurz mixen. Das Kalbshirn in ca. 3 cm dicke Scheiben schneiden und im aufgeschlagenen Ei sowie in den Bröseln panieren. Bereithalten.

Für das restliche Gericht

Die Artischocken putzen*, die Herzen schön zuputzen und je nach Größe vierteln oder sechsteln. In einem Topf mit ein wenig Olivenöl und einer guten Prise Salz knackig dünsten. Die weichen Teile der Artischockenblätter in feine Streifen schneiden und in einem Topf mit ein wenig Olivenöl knusprig fritieren, anschließend salzen. Bereitstellen.

Den Vogelsalat putzen, waschen und zum Abtropfen auf ein Tuch legen.

FERTIGSTELLUNG

Das panierte Kalbshirn in einer mittelheißen Pfanne mit reichlich Olivenöl hellbraun backen, dann auf ein Küchenpapier zum Abtropfen legen.

Den Vogelsalat mit Salz, Pfeffer, Estragonessig und Olivenöl anmachen. Den Salat mit den warmen Artischockenherzen und dem Kalbshirn ungeordnet auf Tellern anrichten. Die fritierten Artischockenstreifen darüberstreuen und sofort servieren.

Man soll nie sagen, Hirn mag man nicht, wenn man es noch nicht probiert hat, nur weil es so schwabbelig aussieht. Denn: Was wir nicht probiert haben, können wir nicht kennenlernen. Auf diese Art, sehr einfach zubereitet, und warm mit frischem Vogelsalat und Artischocken serviert, wird Hirn zu einer kleinen Köstlichkeit. Ehrenwort!

Taubenbrüstchen mit Parfait von der Geflügelleber und kleinem Maissalat

Das Parfait mindestens einen Tag davor zubereiten.

Das Parfait für 20 Personen
restliches Gericht für 4 Personen

ZUTATEN

Für das Parfait:

ca. 700 g Geflügelleber
(Huhn, Ente, Taube)
5 Eigelb
Pökelsalz (vom Metzger)
600 g Butter

Gewürzbutter fürs Parfait:

die Abfälle von der Leber
4 geschnittene Schalotten
4 Knoblauchzehen
1 kleine Handvoll Sultaninen
1 kleines Sträußchen Petersilie
1 kleines Sträußchen Thymian
1 Zweiglein Rosmarin
einige Salbeiblätter
2 Lorbeerblätter
5–6 in Scheiben geschnittene Champignons oder Pilze

0,4 l roter Portwein
3–4 EL Cognac oder Brandy
Muskatnuß
10 Scheiben weißer Speck
(vom Metzger geschnitten)

Für das restliche Gericht:

2 Tauben
2 Maiskolben
1 Karotte
ein wenig geschnittener Kerbel
guter Balsamessig
bestes Olivenöl

ZUBEREITUNG

Für das Parfait

Die Geflügelleber und Herzen putzen und bereitstellen. Dabei die Reste für die Gewürzbutter aufbewahren. Von der Butter zwei Drittel in einem hohen Topf am Herdrand klären*.

Gewürzbutter fürs Parfait

Die restliche Butter in einen eher weiten Topf geben. Die Leberabfälle, die Schalotten, die Knoblauchzehen, die Sultaninen, die Champignons und die Kräuter (von jedem der Kräuter ein Zweiglein aufbewahren) dazugeben, für ca. zwanzig Minuten langsam dünsten, dabei ab und zu umrühren.

Anschließend durch ein Sieb in einen Topf passieren und am Herdrand warmhalten.

Den Portwein zusammen mit dem Cognac bis auf ca. ein Sechstel reduzieren (sirupartig). Vorsicht, daß er nicht anbrennt!

Die Leber im Mixer feinstens mixen, dabei gut salzen und eine Prise Pökelsalz dazugeben. Zum Schluß die Eigelb dazugeben und kurz mitmixen. Anschließend durch ein Haarsieb in eine entsprechend große Metallschüssel streichen und mit Klarsichtfolie zugedeckt an einem warmen Ort bereithalten.

Eine Terrinenform* von ca. 30 cm Länge, 10 cm Breite und 8 cm Höhe mit den weißen Speckscheiben auslegen. Etwa drei Liter Wasser für ein Wasserbad erhitzen und den Ofen auf ca. 170 Grad vorheizen.

Fertigstellung des Parfaits

Den noch heißen Portwein zur passierten Leber rühren, genügend pfeffern und Muskatnuß dazureiben. Die warme Gewürzbutter ebenso einrühren. Die geklärte warme Butter vorsichtig und in Abständen dazurühren (wie bei Mayonnaise, ansonsten könnte die Masse gerinnen). Die Masse soll glatt, lauwarm und kräftig gewürzt sein. Diese sofort in die Terrinenform abfüllen, mit weißen Speckscheiben zudecken und mit den beiseite gelegten Kräutern belegen, mit dem Terrinendeckel (oder mit Alufolie) zudecken und im Wasserbad* im Ofen für ca. eine Stunde bei 170 Grad garen. (Das Wasser soll dabei nie kochen, sonst etwas kaltes Wasser dazugeben. Das Parfait ist gar, wenn es sich durch Drücken mit dem Finger eher fest anfühlt.)

Nach der Garzeit in den Kühlschrank stellen.

Für das restliche Gericht

Die Taubenfüßchen am Gelenk von der Taube trennen und zuputzen. Die Brüstchen am Knochen lassen und eventuell zuputzen, bereitstellen.

Die Maiskörner vom Maiskolben schneiden. Die Karotten schälen und mit einem kleinen Parisienneausstecher* Kügelchen herausstechen. Beides mit einer Prise Salz, gleichviel Zucker und ganz wenig Wasser für fünf Minuten bei schwacher Hitze knackig dämpfen. Mais, Karotten und geschnittenen Kerbel mit Balsamessig, Olivenöl und ein wenig Pfeffer aus der Mühle marinieren*.

Die Taubenbrüstchen und -füßchen salzen, pfeffern und in ein wenig Butter kurz goldbraun anbraten, im Ofen für acht bis zehn Minuten bei 140 Grad fertig garen.

FERTIGSTELLUNG

Das Leberparfait aus dem Kühlschrank nehmen und mit der Form umgekehrt unter heißfließendes Wasser halten, damit das Parfait leichter aus der Form geht. Auf ein Brett stürzen, in 2 cm dicke Scheiben schneiden und auf Tellern anrichten.

Die Taubenbrüstchen vom Knochen trennen und mit den Füßchen und dem Maissalat zum Parfait geben. Getoastetes Baguette dazu servieren.

Anstatt Geflügelleber kann man auch nur Hühnerleber verwenden. Das Parfait hält sich zehn bis zwölf Tage im Kühlschrank und hat sein Aroma am besten nach drei bis vier Tagen entfaltet.

Eventuell kann man die Taubenbrüstchen auch vor dem Garen vom Knochen trennen und aus den Karkassen* eine Sauce zubereiten, welche man dann zu den Brüstchen serviert.

Mit Resten vom Parfait kann man »Geflügelleber-Crêpes in Spinatcreme« machen. Rezept auf Seite 123.

Artischockenkuchen mit Trüffelsabayon

10–12 Personen

ZUTATEN

Für den Teig:

250 g Roggenmehl
250 g Weizenmehl
250 g Butter
150 g Wasser
Salz
ca. 1/2 kg trockene Hülsenfrüchte (Bohnen, Kichererbsen oder dergleichen zum Blindbacken*)

Für die Fülle:

8 große Artischocken
50 g Parmesan im Stück
bestes Olivenöl
200 g Sahne
4 Eigelb
eventuell 1 TL Trüffelpaste

Für das Sabayon:

4 Eigelb
ca. 4 EL trockener Weißwein oder Sekt
ca. 3 EL Hühnersuppe wenn vorhanden
2 TL weiße Trüffelpaste

ZUBEREITUNG

Für den Teig

Beide Mehlsorten in eine Schüssel geben, die Butter in Stückchen und das Wasser dazugeben sowie eine gute Prise Salz. Alles schnell und nicht zu lange zu einem eher trockenen Teig kneten. Der Teig soll so kurz wie möglich geknetet werden, so daß die einzelnen Produkte gerade vermengt sind, sonst wird der Teig zäh. Den Teig in Klarsichtfolie einwickeln und ruhen lassen.

Für die Fülle

Die Artischocken putzen*. Dabei die Herzen der Blätter aufbewahren. Die Artischockenböden halbieren und fein schneiden, in einem Topf in bestem Olivenöl bei mittlerer Hitze langsam weich dünsten. Dabei ab und zu rühren und leicht salzen.

Den weichen Teil der Blätter abschneiden und diesen mit dem Parmesan grob aufhakken. Bereitstellen.

Zu Eigelb und Sahne die Trüffelpaste geben, salzen, pfeffern und mit einem Schneebesen gut verrühren, mit Klarsichtfolie bedecken und bereitstellen.

Zubereitung des Artischockenkuchens

Ofen auf 180 Grad vorheizen.

Den Teig auf einem gut bemehlten Tisch (Nudelholz, Marmor) knapp 1/2 cm dick ausrollen, dabei immer wieder etwas bemehlen. Den ausgerollten Teig auf den Teigroller aufrollen und über einer kleinen Kuchenform wieder ausrollen. Die Kuchenform schön ca. 3 cm hoch auslegen und den restlichen Teig am Rand wegschneiden. Mit einer Gabel in den Teigboden einige Löcher tupfen, dann die Form mit den Hülsenfrüchten füllen und im Ofen ca. fünfzehn Minuten hellbraun vorbacken.

Anschließend die Hülsenfrüchte aus der Form nehmen und die Hitze im Ofen auf 130 Grad reduzieren.

Die Kuchenform mit der Hälfte der gehackten Parmesan-Artischocken-Masse bestreuen, dann mit den gegarten Artischocken füllen und mit der Sahne-Eigelb-Masse übergießen. Die restliche Menge Parmesan-Artischocken-Masse darüberstreuen und im Ofen bei konstant 130 Grad so lange garen, bis die Masse fest und leicht goldbraun ist (ca. dreißig Minuten).

Den Artischockenkuchen nach der Garzeit einige Minuten ruhen lassen und in dieser Zeit das Sabayon machen.

In Frankreich nennt man einen solchen Kuchen »Quiche«. Das bekannteste Original davon ist die Quiche Lorraine, die mit Speck, Käse und Zwiebeln gefüllt wird.

Das Trüffelsabayon zum Artischockenkuchen muß nicht sein, aber es dient dazu, dem Kuchen mehr Klasse zu geben.

FERTIGSTELLUNG

Für das Sabayon:

Eigelb, Weißwein und Hühnersuppe in eine Metallschüssel auf einem Wasserbad* langsam und bei geringer Hitze mit einem Schneebesen zu einem schaumigen Sabayon schlagen. Dies sollte eher langsam gehen. Am Ende die Trüffelpaste und eine Prise Salz in das Sabayon rühren.

Den Artischockenkuchen in Stücke schneiden und mit dem Sabayon, das sofort verwendet werden muß, weil es sonst zusammenfällt, servieren.

Geflügellebercrêpes in Spinatcreme

4 Personen

ZUTATEN

Für die Spinatcreme:

*ca. 0,3 l leicht abgeschmeckte
Hühnerkraftbrühe
ca. 0,1 l Sahne
ca. 500 g Blattspinat
1 Knoblauchzehe
30 g Butter*

Für die Fülle:

*ca. 300 g Reste eines Geflügelleberparfaits
(siehe Seite 120)
2 EL Schlagsahne*

Für die Crêpes:

*150 g Milch
1 gehäufter EL Mehl
2 Eier*

ZUBEREITUNG

Für die Spinatcreme

Den Spinat von den Stengeln befreien, putzen und gut waschen, auf ein Tablett mit Tuch zum Abtropfen geben.

Für die Fülle

Das Geflügelleberparfait vom weißen Speck befreien und in den Cutter geben. Vorsichtig und auf keinen Fall zu lange mixen, dabei ab und zu kontrollieren, bis das Parfait glatt und cremig dick ist. (Wenn man zu lange mixt, könnte es passieren, daß das Parfait gerinnt.) Anschließend in eine kleine Metallschüssel herausgeben und vorsichtig die Schlagsahne unterheben. Im Kühlschrank für mindestens dreißig Minuten kalt stellen.

Für die Crêpes

Die Milch, das Mehl und eine Prise Salz in den Mixer geben und gut aufmixen. Dann die Eier dazugeben und noch einmal mixen, durch ein Sieb passieren.

Eine größere, wenn möglich beschichtete Pfanne heiß werden lassen, mit ein wenig Butter ausstreichen und darin eher dünne Crêpes* machen, bis der Teig fertig ist.

Alle Crêpes auf einer sauberen Tischplatte oder einem Tablett auslegen (nicht übereinander) und erkalten lassen.

Anschließend auf die Hälfte der Crêpes mit Hilfe einer Spachtel ca. zwei Millimeter dick von der Geflügellebercreme aufstreichen, dann mit der anderen Hälfte zudecken und mit einem Ausstecher von 5 bis 6 cm Durchmesser kleine Crêpes ausstechen. Diese zu einem Dreieck zusammenfalten und auf ein Blech legen. Wenn möglich, sollten 20–24 Stück entstehen. An einem kühlen Ort bereitstellen.

*M*eistens passierte es mir, daß ein wenig von dem Geflügelleberparfait übrigblieb, und so entstand eines Tages dieses Gericht. Sollte im Winter vom Kalbshirnparfait etwas übrig bleiben, kann man dieses auf dieselbe Art und Weise zubereiten und in einer Petersiliencreme servieren.

FERTIGSTELLUNG

Den Spinat in einem weiten Topf mit der Butter, der halbierten Knoblauchzehe und einer Prise Salz für ca. zwei Minuten dünsten, mit der Hühnerkraftbrühe und der Sahne aufgießen und für weitere vier bis fünf Minuten leicht kochen lassen.

Anschließend die Knoblauchzehen entfernen und im Mixer fein mixen. Eventuell durch ein Sieb passieren, abschmecken und warm halten.

Die Geflügellebercrêpes im Ofen mit Oberhitze oder unter dem »Salamander«* vorsichtig wärmen.

Nicht zuviel von der Creme in tiefe Teller geben, die Geflügellebercrêpes darin verteilen und sofort servieren.

Mangoldsuppe mit Dillklößchen

4 Personen

ZUTATEN

Für die Dillklößchen:

ca. 300 g weißes Fischfleisch
z. B. Seeteufel
1 Eiweiß aus dem Kühlschrank
100 g flüssige kalte Sahne
3–4 EL Schlagsahne
ein kleiner Bund Dill

Für die Mangoldsuppe:

1 mittlerer ausgewachsener
Mangold (Bild)

Für den weißen Teil:

1 nußgroßes Stück Butter
1 Knoblauchzehe
ca. 100 g Sahne
1/2 l Hühnersuppe
(leicht abgeschmeckt)

Für den grünen Teil:

1 nußgroßes Stück Butter
1 Knoblauchzehe
3–4 EL Sahne
0,4 l Hühnersuppe
(leicht abgeschmeckt)

ZUBEREITUNG

Für die Dillklößchen

Das geputzte und entgrätete Fischfleisch im Cutter* fein mixen und dann durch ein Haarsieb in eine Metallschüssel streichen. Mit Klarsichtfolie zudecken und kalt stellen.

In der Zwischenzeit den Dill zupfen, das heißt von allen Stengeln befreien und ein wenig aufschneiden.

Die kalte Fischmasse aus dem Kühlschrank nehmen und das Eiweiß (ohne aufzuschlagen) kräftig einrühren. Die Masse salzen und ganz leicht pfeffern. Die kalte Sahne langsam und unter ständigem Rühren mit einem Kochlöffel einrühren. Probe* machen.

Dem Resultat der Probe entsprechend Schlagsahne dazurühren, bis die Masse flockig dick ist. Zum Schluß den Dill vorsichtig dazurühren, die Masse wieder zudecken und kalt stellen.

Für die Suppe

Den Mangold auseinandernehmen und die einzelnen Blätter waschen. Mit einem kleinen Messer das Grüne vom Weißen abschneiden. Den weichen weißen Teil in kleine Stücke schneiden und getrennt vom grünen bereitstellen.

Für den weißen Teil

Die Knoblauchzehe mit dem weißen Teil vom Mangold, der Butter sowie einer Prise Salz in einem eher weiten Topf für ca. drei Minuten dünsten. Die Sahne und die Suppe dazugeben und ca. zwanzig Minuten leicht kochen lassen.

Anschließend vom Feuer nehmen, im Mixer mixen und durch ein Sieb passieren. Warm stellen.

Sollte eine von den beiden Suppen zu dick sein, kann man noch etwas Suppe oder auch Wasser dazugeben.

Für den grünen Teil

In einem eher weiten Topf die halbierte Knoblauchzehe in der Butter kurz anziehen lassen, dann die grünen Mangoldblätter dazugeben, sofort salzen und ca. eine Minute bei mittlerer Hitze dünsten. Die Sahne dazugeben, mit der Suppe aufgießen und für weitere drei Minuten kochen. Anschließend im Mixer sehr fein mixen. Warm stellen.

FERTIGSTELLUNG

Einen weiten Topf dreiviertelvoll mit Wasser füllen und auf ca. 80 Grad erhitzen. Das heißt, das Wasser soll gut heiß sein, aber nicht kochen, salzen und die Hitze auf Minimum halten.

Mit einem Eßlöffel von der Dillmasse Nocken formen und ins Wasser halten, bis sich die Nocke vom Löffel löst. Insgesamt zwölf solche Nocken ins Wasser geben, nach zwei Minuten mit Hilfe eines Teelöffels vorsichtig umdrehen und weitere zwei Minuten ziehen lassen. Vorsichtig vom Wasser herausnehmen und auf ein Tuch zum Abtropfen legen.

Zuerst einen kleinen Schöpfer von der grünen Suppe in tiefe Teller geben, dann einen kleinen von der weißen Mangoldsuppe. Je drei Dillklößchen in die Mitte des Tellers geben und sofort servieren.

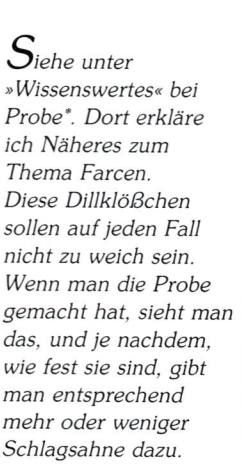

*S*iehe unter »Wissenswertes« bei Probe*. Dort erkläre ich Näheres zum Thema Farcen. Diese Dillklößchen sollen auf jeden Fall nicht zu weich sein. Wenn man die Probe gemacht hat, sieht man das, und je nachdem, wie fest sie sind, gibt man entsprechend mehr oder weniger Schlagsahne dazu.

HERBST · WARME VORSPEISEN UND SUPPEN

Pilzrisotto

4 Personen

ZUTATEN

*Verschiedene Pilze,
die man finden kann
ca. 1 kg insgesamt
250 g Reis für Risotto*
1 Schalotte oder
1/2 kleine Zwiebel fein geschnitten
2 Knoblauchzehen
1/4 Glas Weißwein
1 kleines Sträußchen Petersilie
1 knapper Liter abgeschmeckte
Hühnerkraftbrühe
1 EL geschnittene Petersilie
1 EL frisch geriebener Parmesan*

ZUBEREITUNG

Alle Pilze putzen, waschen und auf ein Tablett mit Tuch zum Abtropfen legen. Das beim Putzen Weggeschnittene in einem Töpfchen mit einer halbierten Knoblauchzehe, einigen Petersilienblättern und zwei nußgroßen Stücken Butter für einige Minuten bei mittlerer Hitze dünsten, dann durch ein Sieb passieren und die entstandene Butter im Kühlschrank kalt werden lassen.

Die schöneren Pilze (ungefähr zwei Drittel von allen) je nach Größe schneiden (oder auch nicht) und bereitstellen. Die restlichen, welche zum Pürieren dienen, ebenso schneiden und getrennt bereitstellen.

FERTIGSTELLUNG

Die feingeschnittenen Schalotten und die halbierte Knoblauchzehe mit einem nußgroßen Stück Butter in einem eher weiten Topf kurz anschwitzen, dann den Reis dazugeben und unter dauerndem Rühren für ca. dreißig Sekunden bei kleinem Feuer glasig dünsten. Mit dem Weißwein ablöschen und diesen unter Rühren mit einem Kochlöffel total einkochen lassen. Dann ca. einen Schöpfer Hühnerkraftbrühe dazugeben und bei mittlerer Hitze weiterkochen lassen. Ab und zu rühren.

Sobald der Reis nur mehr wenig Flüssigkeit hat, wieder Suppe dazugeben und so weiterverfahren (achtzehn Minuten).

Während dieser Zeit die restlichen Pilze in einem Topf mit ein wenig Butter und einer Prise Salz für ein bis zwei Minuten dünsten, dann mit einem kleinen Schöpfer Suppe aufgießen, alles in den Mixer geben und zusammen mit der restlichen Petersilie mixen. Anschließend durch ein Sieb passieren und von dieser Creme ebenfalls ab und zu ein wenig zum Reis geben, bis die Creme fertig ist.

Nach achtzehn Minuten Garzeit des Reises eine Pfanne erhitzen. Gleichzeitig den Reis vom Feuer nehmen, die kalte Butter (von den Pilzabfällen), den Parmesan und die geschnittene Petersilie dazugeben und alles cremig rühren.

*A*uf die Art, wie die Pilze verwendet werden, gelingt es, alles aufs beste zu verwerten. Natürlich ist es erlaubt, auch nur eine oder zwei Pilzsorten zu verwenden, falls man nicht mehrere finden sollte. Ebenso kann man auf diese Weise auch einen Champignon-Risotto zubereiten.

*Man kann anstatt Hühnersuppe eventuell auch Fleischsuppe verwenden.
Ich verwende Hühnersuppe, weil diese den Geschmack der Pilze am wenigsten beeinträchtigt.*

Der Reis soll cremig dick sein, jedoch nicht zu flüssig und nicht zu fest. Eventuell abschmecken und leicht pfeffern.

Die schönen Pilze in der mittlerweile sehr heißen Pfanne zusammen mit einem Stück Butter schnell für ca. zwanzig Sekunden schwenken*, dabei salzen und leicht pfeffern.

Den Reis sofort in Teller geben, die Pilze darüber verteilen und servieren.

Steinpilzstrudel mit Sabayon von weißer Trüffel aus Alba

6–8 Personen

ZUTATEN

Für den Ziehteig:

170 g Mehl
1 dl Wasser
2 EL bestes Olivenöl
Salz

Für die Fülle:

1 kg Steinpilze
bestes Olivenöl
1 TL Trüffelpaste (wenn vorhanden)
ca. 5 EL Brotbrösel
1 Knoblauchzehe
1 Handvoll Petersilienblätter
2 EL bestes Olivenöl

Für den Sabayon:

2 Eigelb
2 EL trockener Sekt
2 EL Wasser oder Hühnersuppe
1 kleine weiße Trüffel aus Alba

ZUBEREITUNG

Für den Ziehteig

In einer Metallschüssel das Mehl mit dem Olivenöl, dem lauwarmen Wasser und dem Salz zu einem Teig vermengen.
Dann auf den Tisch geben und für mindestens drei Minuten zu einem glatten Teig weiterkneten.

Strudelteig soll nie zu fest sein, sondern geschmeidig weich.

Den Teig in Klarsichtfolie einwickeln und für mindestens eine halbe Stunde ruhen lassen.

Wenn man den Teig erst am Tag danach verwendet, muß man ihn in den Kühlschrank stellen und dann zwei Stunden vor Gebrauch herausnehmen, weil er sich besser ziehen läßt, wenn er temperiert ist.

Für die Fülle

Die Pilze mit einem Messer putzen und mit einem sauberen, feuchten Tuch reinigen (nicht waschen). In nicht zu dicke Scheiben schneiden, auf ein Tablett geben und zugedeckt bereitstellen.

Die Brotbrösel mit der etwas aufgeschnittenen Petersilie und der Knoblauchzehe im Mixer oder im Cutter* fein mixen. In einer Pfanne bei schwacher Hitze mit dem Olivenöl für zwei bis drei Minuten unter dauerndem Rühren mit einer Gabel etwas rösten, aber nicht bräunen. Für den Strudel bereitstellen.

Die Pilze in einer heißen Pfanne mit dem Olivenöl bei konstant guter Hitze auf beiden Seiten so gut wie möglich goldbraun werden lassen. Dabei nie zu große Mengen nehmen. Auf ein Tablett geben und solange sie noch warm sind salzen und die Trüffelpaste dazugeben. Alles gut vermischen.

Zubereitung des Strudels

Den Ofen auf 200 Grad vorheizen.

Den Ziehteig auf ein gut bemehltes Küchentuch geben. Zuerst mit der Hand etwas flachdrücken und dann mit den Händen ausziehen. Dabei mit den Händen unter den gut bemehlten Teig fahren und diesen nach allen Seiten zu einem hauchdünnen Rechteck ausziehen.

Immer genügend Mehl verwenden, damit der Teig beim Einrollen nachher nicht am Tuch kleben bleibt.

Den Teig mit der Hälfte der Brotbrösel gleichmäßig bestreuen und die Pilze, immer in Form eines Rechtecks, darauf verteilen. Die restlichen Brösel darüberstreuen. Vom Teig die dicken Enden abschneiden. Das Küchentuch an den beiden oberen Zipfeln nehmen und so den Strudel der Länge nach von oben nach unten mit Hilfe des Tuches eng einrollen. Dabei nicht vom Tuch wegrollen und mit Hilfe desselben auf das Blech geben. Das Tuch vorsichtig wegnehmen und den Strudel mit einem aufgeschlagenen Ei vorsichtig bestreichen. Im Ofen bei 200 Grad für ca. zehn bis zwölf Minuten goldbraun backen. Anschließend kurz abkühlen lassen.

FERTIGSTELLUNG

Für den Sabayon

Die Eigelb, den Sekt und die Hühnersuppe oder das Wasser in eine eher weite Metallschüssel geben und auf einem Wasserbad* bei nicht zu starker Hitze ca. fünf Minuten lang zu einem schaumigen Sabayon schlagen.

Dabei darauf achten, daß nicht zuviel Hitze unter der Schüssel ist, sonst kochen die Eier, und der Sabayon kann nicht mehr schaumig werden. Am Ende salzen und etwas Trüffel hineinhobeln.
Den Strudel wenn möglich mit einem elektrischen Messer in Stücke schneiden und sofort mit dem Sabayon und etwas gehobelter Trüffel servieren.

*N*atürlich kann man diesen Strudel auch mit anderen Pilzen machen oder einfach nur mit Champignons und ohne Trüffel, statt dessen ein Petersilien-Sabayon.

Der Steinpilz und die Trüffel sind aber der König und seine Königin.

HERBST · WARME VORSPEISEN UND SUPPEN

Die Tomaten, die ich im Herbst verwende, heißen »Ramati« und kommen meist aus Sizilien. Man kann aber auch geschälte Tomaten aus der Dose verwenden, die meistens von guter Qualität sind.

Frischen Peperoncino gibt es von September bis Dezember.

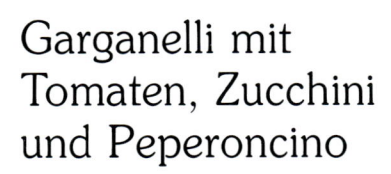

Garganelli mit Tomaten, Zucchini und Peperoncino

4 Personen

ZUTATEN

Für den Teig:

200 g Mehl
50 g feiner Hartweizengrieß
4 Eidotter
1 ganzes Ei
2 EL Olivenöl

Für die Tomatensauce:

4 sehr gut reife Tomaten
4 EL bestes Olivenöl
1 kleine geschnittene Schalotte
2 Knoblauchzehen
2 Zucchini
1 wenn möglich frischer Peperoncino
1 EL Parmesan

ZUBEREITUNG

Für den Teig

Alle Zutaten zu einem glatten und festen Teig kneten und diesen ca. eine halbe Stunde oder länger zugedeckt an einem kühlen Ort ruhen lassen.

Für die Tomatensauce

Die Tomaten in Stücke schneiden, sehr gut salzen und, wenn zu sauer, eventuell eine Prise Zucker dazugeben. Die Schalotten und die halbierten Knoblauchzehen im Olivenöl am Herdrand bei ganz schwacher Hitze ca. fünfzehn Minuten ziehen lassen.

Die Zucchini in Streifen schneiden, den Peperoncino entkernen und in kleinste Würfelchen schneiden.

Zubereitung der Garganelli

Den Nudelteig mit der Nudelmaschine nicht zu dünn ausrollen und Vierecke von ca. 5 x 5 cm schneiden. Die Vierecke sofort übereinanderlegen und mit Klarsichtfolie zudecken, damit sie nicht austrocknen. Die einzelnen Rechtecke über ein chinesisches Stäbchen o. ä. zu Garganelli rollen, dabei gut zusammendrücken. (Um zu sehen, wie Garganelli aussehen, rate ich, fertige Garganelli als Muster zu kaufen.)

Die fertigen Garganelli zum Trocknen auf ein Sieb oder ein bemehltes Tuch legen.

FERTIGSTELLUNG

Die Tomaten im Mixer mixen, das Olivenöl mit den Schalotten und dem Knoblauch dazugeben und alles zusammen durch ein Sieb in einen passenden Topf passieren, einmal aufkochen lassen, kurz aufmixen und abschmecken.

Die Zucchini in ein wenig bestem Olivenöl mit einer Prise Salz kurz knackig dünsten. Die Garganelli in Salzwasser sehr al dente kochen, absieben und dann in der Tomatensauce für eine Weile unter dauerndem Rühren weiterkochen. Sobald die Sauce mit den Nudeln etwas zu binden beginnt, den Parmesan dazugeben, vom Feuer nehmen und die Zucchini und den Peperoncino dazugeben, abschmecken und servieren.

Ragout von Seezungen und Artischocken mit Olivenöl

4 Personen

ZUTATEN

2 Seezungen zu je ca. 400 g

Für die Sauce:

Gräten von den Seezungen
1 Schalotte oder
1 Stückchen Zwiebel
2 Knoblauchzehen
einige Petersilienstengel
1 Stückchen Karotte
eventuell einige Artischockenblätter
1/2 Glas Weißwein
bestes Olivenöl

Für die Beilage:

8 kleine italienische Artischocken

ZUBEREITUNG

Die Seezunge beim Schwanzende einen Moment unter heißes Wasser halten. So löst sich die Haut. Diese vom Schwanzende weg in Richtung Kopf mit Hilfe eines Tuchs auf beiden Seiten wegziehen. Dann die vier Filets den Gräten entlang herausfiletieren. Die einzelnen Filets halbieren, auf ein Tablett legen, mit Klarsichtfolie zudecken und kalt stellen. Die Gräten für den Sud beiseite stellen.

Für die Sauce

Die Gräten in einer heißen Pfanne mit ein wenig Olivenöl goldbraun werden lassen, dann in einen eher hohen Topf geben. Das in Stücke geschnittene Gemüse in derselben Pfanne kurz schwenken und zu den Gräten geben. Den Weißwein und eine Prise Salz dazugeben, mit eiskaltem Wasser knapp bedeckt aufgießen und zum Kochen bringen. Dann die Hitze reduzieren, abschäumen und für ca. zwanzig Minuten bei kleinstem Feuer ziehen lassen. Anschließend durch ein Tuch passieren und ca. auf ein Fünftel einkochen lassen.

Für die Beilage

Die Artischocken* putzen. Dabei die Blätter und die Stengel aufbewahren. Einige Blätter sofort zum Fischsud geben, damit dieser von denselben Geschmack annimmt. Die Stengel mit einem kleinen Messer bis zum Herz schälen und das Herz in nudelförmige Streifen schneiden.

FERTIGSTELLUNG

Die Artischockenböden je nach Größe vierteln oder sechsteln und in einem kleinen Topf mit ein wenig Olivenöl und bei geringer Hitze langsam goldbraun werden lassen, leicht salzen. Die nudelförmigen Streifen ebenso in ein wenig Olivenöl mit einer Prise Salz kurz dünsten, so daß sie schön knackig bleiben. Bereithalten.

Von den Artischockenblättern den weichen Teil mit einem scharfen Messer in feine Streifen schneiden und in einem Topf mit ca. zwei Eßlöffeln Olivenöl bei guter Hitze kurz und schnell knusprig fritieren. Ebenso leicht salzen.

Zur reduzierten Sauce ca. vier Eßlöffel bestes Olivenöl geben und eventuell kurz aufmixen, leicht pfeffern.

Die Seezungenfilets salzen und in einer heißen Pfanne mit gutem Olivenöl auf beiden Seiten für insgesamt ca. vierzig Sekunden leicht braun braten. Sofort mit den Artischockenherzen, den Artischockennudeln und der Olivenölsauce in tiefen Tellern anrichten, mit den fritierten Artischockenstreifen bestreuen und schnell servieren.

Dies ist ein Gericht, das im letzten Moment schnell und kurz gegart werden sollte. Das Olivenöl sollte nur vom besten und nicht zu stark aromatisiert sein.

Im tiefen Teller serviert, ißt es sich besser.

Seewolf mit Herbstpfifferlingen im Sud und weiße Albatrüffel

4 Personen

ZUTATEN

2 Seewölfe zu je ca. 300 g

Für den Sud:

Gräten und Köpfe vom Seewolf
1 Schalotte
1 Stückchen Karotte
1 Stückchen Lauch
1 Selleriezweiglein
einige Petersilienstengel
1 nußgroßes Stück Butter

Für das restliche Gericht:

ca. 300 g Herbstpfifferlinge
4 kleine Kartoffeln
1 TL geschnittene Petersilie

ZUBEREITUNG

Den Seewolf mit einem Messerrücken entschuppen, putzen, waschen und filetieren. Aus den einzelnen Filets mit Hilfe einer Pinzette die kleinen Gräten herausnehmen. Dann die Filets auf ein Tablett legen, mit Klarsichtfolie zudecken und kalt stellen.

Die Gräten und Köpfe für den Sud beiseite legen.

Für den Sud

Die Gräten, die Köpfe und das geschnittene Gemüse in einen eher hohen Topf geben, mit eiskaltem Wasser knapp bedeckt aufgießen, eine Prise Salz dazugeben und zum Kochen bringen. Sobald der Sud zu kochen beginnt, die Hitze aufs kleinste reduzieren. Den Sud abschäumen und dann nur mehr für ca. zwanzig Minuten ziehen lassen.

Anschließend durch ein Tuch passieren und auf ungefähr ein Fünftel einkochen lassen.

Für das restliche Gericht

Die Herbstpfifferlinge putzen, waschen und auf ein Tablett mit Tuch zum Abtropfen geben.

Die Kartoffeln schälen, waschen und dann sechsteln. In einem Töpfchen mit wenig Wasser und einer Prise Salz für ca. fünf Minuten weich garen. Kurz vor Gebrauch die gehackte Petersilie dazugeben.

Die Trüffel mit einer Zahnbürste vom Sand befreien, nicht waschen. Die ersten Scheiben, die nicht so schön sind, wegschneiden und fein aufhacken. Diese mit Klarsichtfolie zudecken und für den Sud bereitstellen. Die restliche Knolle in Küchenpapier einwickeln.

FERTIGSTELLUNG

Die gehackte Trüffel zum reduzierten Sud geben, einmal aufkochen lassen und die Butter zum Verfeinern dazurühren.

Die Herbstpfifferlinge in einer heißen Pfanne mit einem Eßlöffel Olivenöl für ca. fünfzehn Sekunden schwenken*, salzen und in einem Töpfchen warm stellen.

Die Seewolffilets leicht salzen. In derselben Pfanne bei mittlerer Hitze mit einem Stückchen Butter und vier bis fünf Eßlöffeln Wasser zuerst auf der Hautseite für ca. dreißig Sekunden garen, dann umdrehen, eventuell etwas Wasser nachgeben und weitere zwanzig Sekunden fertiggaren. Sofort auf Teller geben.

Die Herbstpfifferlinge und die Kartoffeln darauf verteilen und den heißen Sud darübergeben, einige Scheiben Trüffel auf das Gericht hobeln und sofort servieren.

Es mag etwas riskant klingen: Fisch mit Pilzen und Trüffel. Man muß es nur ausprobieren, eventuell auch ohne Trüffel.

Wichtig ist es, daß dieses Gericht zum Schluß schnell fertiggestellt wird und sofort auf den Teller kommt. Auch deshalb, weil es jammerschade wäre, wenn die teuren Zutaten an Güte verlieren würden.

HERBST · FISCHGERICHTE

Lachs in der Kerbelkruste mit Zitronensauce und Karotten

4 Personen

ZUTATEN

1 Stück Lachsseite (Filet) zu 500 g

Für die Sauce:

*Gräten oder Kopf vom Lachs
(den Fischhändler danach fragen)
1 Schalotte oder ein Stück Zwiebel
1 Stückchen Lauch
1 Stückchen Karotte
1 Knoblauchzehe
1 Selleriezweiglein
einige Petersilienstengel
1 Zitrone
1 nußgroßes Stück Butter*

Für die Kerbelkruste:

*ca. 4 EL Brotbrösel
ca. 50 g Kerbel ohne große Stengel
1/2 Knoblauchzehe
1 EL bestes Olivenöl
1 Eiweiß zum Panieren*

Für die Beilage:

*6 Karotten
1 nußgroßes Stück Butter
1/2 EL geschnittener Kerbel*

ZUBEREITUNG

Das Lachsfilet mit einem langen, scharfen Messer von der Haut befreien, das heißt, das Messer zwischen Lachsfleisch und Lachshaut von hinten nach vorne durchziehen (siehe unter »Wissenswertes« bei Fisch*).

Mit einer Pinzette die Gräten einzeln aus dem Lachsfilet ziehen.

Das Lachsfleisch in ca. 80–100 g schwere Scheiben (Tranchen) schneiden. Diese auf ein Tablett geben, mit Klarsichtfolie zudecken und kalt stellen.

Für die Sauce

Die Gräten oder auch einen Lachskopf in einen eher hohen Topf geben, das Gemüse und eine Prise Salz dazugeben und mit eiskaltem Wasser gut bedeckt aufgießen, zum Kochen bringen, dann abschäumen. Die Hitze auf kleinste Stufe reduzieren und den Fischsud nur mehr für ca. zwanzig Minuten ziehen lassen.

Anschließend durch ein Tuch passieren und auf ca. ein Fünftel einkochen lassen. Ein Stückchen Zitronenschale mitkochen lassen.

Für die Kerbelkruste

Den Kerbel mit dem Knoblauch ein wenig aufschneiden und zusammen mit den Bröseln in einem Cutter* oder im Mixer so lange mixen, bis die Brösel schön grün und eher fein sind. Eventuell Kerbel oder, wenn die Masse zu feucht ist, Brösel nachgeben.

Anschließend diese Brösel mit dem Olivenöl in einer nicht zu heißen Pfanne unter dauerndem Rühren mit einer Gabel etwas rösten, aber nicht braun werden lassen, auf ein kleines Tablett geben und offen kalt werden lassen.

Für die Beilage

Die Karotten wie auf dem Bild zu kleinen Karotten turnieren* oder einfach nach Belieben und Zeit schneiden. In einem kleinen Topf mit der Butter, drei bis vier Eßlöffeln Wasser, einer guten Prise Salz und einer Prise Zucker zugedeckt knackig dünsten. Dabei ab und zu kontrollieren, ob noch Wasser im Topf ist.

Kurz vor Gebrauch den geschnittenen Kerbel dazugeben.

FERTIGSTELLUNG

Eventuell die Zitrone dünn abschälen und mit einem scharfen Messer in feinste Streifen schneiden. Diese in einem Töpfchen mit ein wenig Butter so lange fritieren, bis sie langsam goldbraun werden. Sofort vom Feuer nehmen.

Zur reduzierten und kochenden Sauce den Saft der Zitrone (oder weniger) geben und die kalte Butter dazuschwenken.

Die Lachstranchen leicht salzen und leicht pfeffern. Das Eiweiß in einem tiefen Teller etwas aufschlagen, die Lachstranchen einzeln darin wenden und in den Kerbelbröseln gut panieren. In einer nicht zu heißen Pfanne mit reichlich Olivenöl auf allen Seiten leicht braun werden lassen. Vom Feuer nehmen und mit einem Deckel für einige Sekunden knapp zudecken, damit der Lachs etwas durchziehen kann.

Von der Pfanne auf ein Küchenpapier legen und dann sofort mit den Karotten, der fritierten Zitronenschale und der Sauce anrichten.

Anstelle von Kerbel kann man auch Petersilie verwenden, sollte man keinen Kerbel finden.

Lachs sollte nie gar, sondern in der Mitte noch leicht rosa sein, dann bleibt er saftig und behält seine wahre Güte.*

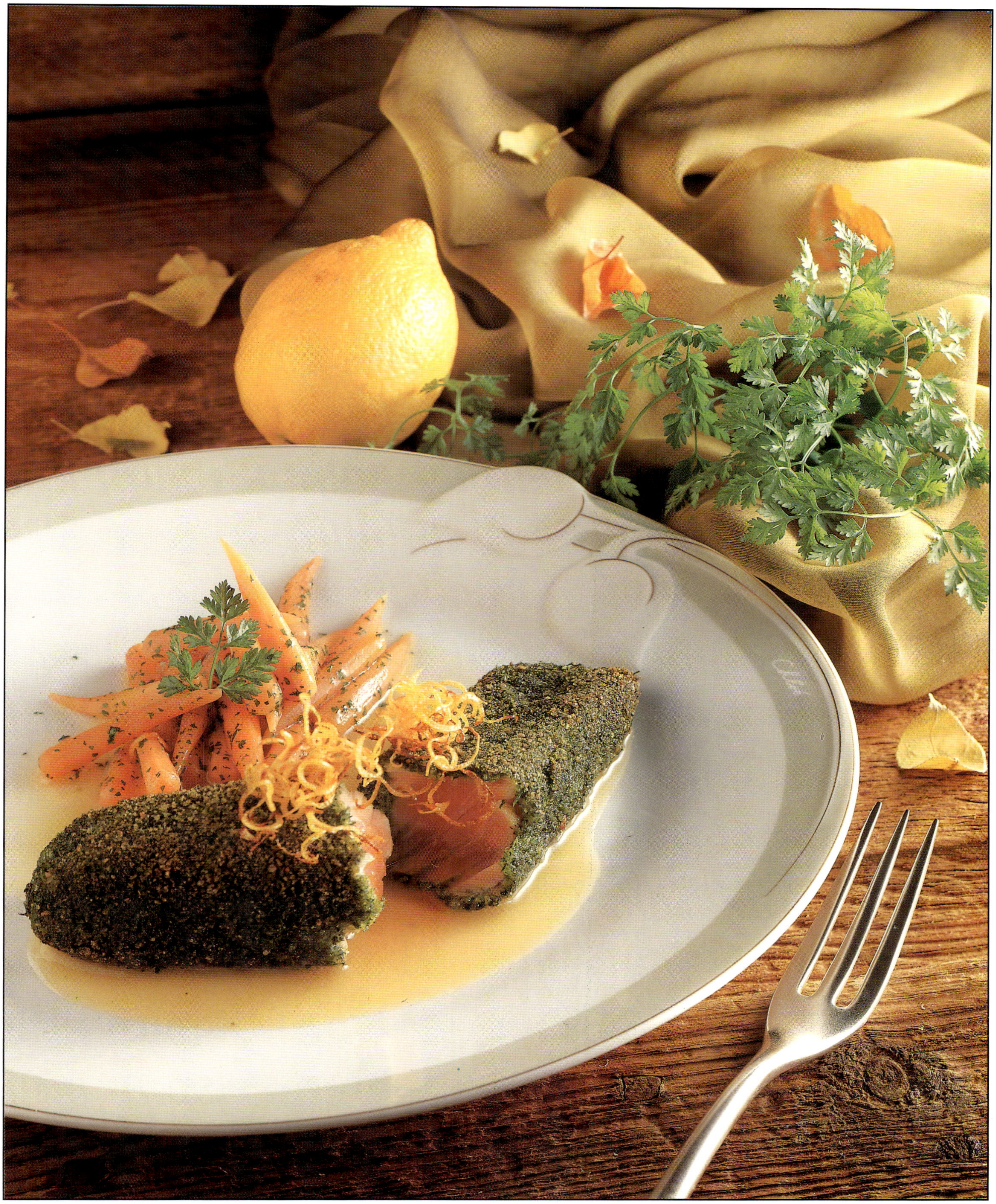

Sankt-Peter-Fisch mit Flan von Petersilie in Rosmarinsauce

4 Personen

Mit rohem, bestem Olivenöl gebunden, ist diese Sauce sehr leicht und gesund.

Den Rosmarin zum Schluß dazugeben, damit man den frischen Geschmack spürt.

ZUTATEN

1 Sankt-Peter-Fisch zu ca. 700 g

Für die Sauce:

Gräten und Kopf vom Fisch
1 Schalotte
1 Knoblauchzehe
1 Stückchen Lauch
1 Stückchen Karotte
einige Petersilienstengel
2 halbierte Knoblauchzehen
1 Zweiglein frischester Rosmarin
4 EL bestes Olivenöl

Für das Flan:

ca. 150 g Petersilie ohne Stengel
1/2 Knoblauchzehe
ca. 1/8 l Sahne
2 ganze Eier

ZUBEREITUNG

Den Fisch putzen, waschen und filetieren. Erst nach dem Filetieren enthäuten. Dabei entstehen einzelne Filets. Diese zudecken und kalt stellen.

Für die Sauce

Die Gräten und Köpfe in einer heißen Pfanne mit ein wenig Olivenöl kurz bräunen und dann in einen eher hohen Topf geben. Das geschnittene Gemüse in derselben Pfanne kurz schwenken und ebenso in den Topf geben, mit eiskaltem Wasser bedecken, eine Prise Salz dazugeben, zum Kochen bringen, Hitze reduzieren und zwanzig Minuten ziehen lassen.

Anschließend durch ein Tuch passieren und auf ein Viertel reduzieren. Dabei die zwei halbierten Knoblauchzehen mitkochen.

Für das Flan

Die gewaschene Petersilie mit ca. 1 Liter Wasser im Mixer zwanzig Sekunden mixen, durch ein Spitzsieb in einen eher hohen Topf sieben und das entstandene grüne Wasser zum Kochen bringen. Das im Sieb Zurückgebliebene wegwerfen. Kurz vor dem Aufkochen das nach oben gekommene schaumartige Grün in ein Passiertuch abschöpfen. Die Sahne, die Eier, die Knoblauchzehe, den grünen Petersilienschaum, Salz und Pfeffer im Mixer gut mixen und in kleine, mit Olivenöl ausgestrichene Timbalförmchen* geben. Im heißen Wasserbad* im Ofen bei 130 Grad ca. zwanzig bis dreißig Minuten, bis sich das Flan fest anfühlt, garen.

FERTIGSTELLUNG

Die Knoblauchzehen aus dem reduzierten Fischsud nehmen und beiseite legen. Zum Sud etwas Rosmarin sowie das Olivenöl dazugeben, kurz ziehen lassen und durch ein Sieb passieren.

Die Fischfilets leicht salzen und in einer Pfanne mit Olivenöl und einem Zweiglein Rosmarin auf beiden Seiten ca. eine Minute insgesamt goldbraun braten. Die Filets mit dem Flan und dem Rosmarinsud sowie den Knoblauchzehen anrichten und servieren.

Kleine Rotbarbenfilets im Himbeeressigsud

4 Personen

ZUTATEN

*10 kleine Rotbarben
oder eventuell 6 große*

Für den Sud:

*Gräten und Köpfe von den Rotbarben
1 Schalotte oder 1 Stückchen Zwiebel
1 Stückchen Karotte
einige Petersilienstengel
1 Zweiglein Sellerie
1 Knoblauchzehe
Himbeeressig*

Für die Beilage:

2 mittlere Broccoli

ZUBEREITUNG

Die Rotbarben putzen, waschen und filetieren. Die kleinen Gräten mit einer Pinzette aus den Filets ziehen. Die Filets mit Klarsichtfolie zugedeckt kalt stellen.

Für den Sud

Die Fischgräten und Köpfe sowie das geschnittene Gemüse in einen Topf geben, schwach bedeckt mit kaltem Wasser aufgießen und eine Prise Salz dazugeben, zum Kochen bringen, abschäumen, die Hitze reduzieren und für ca. zwanzig Minuten nur mehr ziehen lassen.

Anschließend durch ein Tuch passieren und langsam auf ca. 1/4 Liter einkochen lassen.

Für die Beilage

Die Broccoliröschen vom Stiel schneiden und den Stiel mit einem scharfen Messer gut schälen. Diesen nach Belieben in Scheiben oder in Streifen schneiden. Getrennt voneinander die Röschen in gut gesalzenem Wasser weich kochen und den Stiel knackig.

Dies kann man auch kurz vor Gebrauch machen, und man braucht die Broccoli somit nicht abkühlen, sondern kann sie sofort verwenden.

FERTIGSTELLUNG

Den Rotbarbensud wenn nötig klären* Wenn man aber nur wenig Sud hat, ist es eher ratsam, dies nicht zu tun, weil er sich bei kleinen Mengen schwer klären läßt.

So viel Himbeeressig dazugeben, bis der Sud danach duftet.

Die Broccoli wenn nötig in ein wenig Wasser erhitzen.

Die Rotbarbenfilets sehr leicht salzen und in bestem Olivenöl wenden, in einer mittelheißen Pfanne, zuerst auf der Hautseite, für ca. acht Sekunden garen (wenn die Filets klein sind), dann umdrehen und die Pfanne vom Feuer nehmen.

Sofort im Himbeeressigsud mit den Broccoli anrichten und schnell servieren!

*D*ieses Gericht sollte nicht für eine zu große Anzahl von Gästen bereitet werden, weil es nur dann seine wahre Güte erhält, wenn es schnell bereitet und serviert wird.

An Sandbänken lebende Rotbarben haben eine einfarbige Rückenflosse und eine fast rechteckige Kopfform. An Felsenbrandungen lebende Rotbarben weisen einen schwarzen Streifen an der Rückenflosse auf. Die Kopfform ist spitz zulaufend und der Geschmack delikater als der von an Sandbänken lebenden Rotbarben.

Rotkohltimbal mit Flußkrebsen nach Scott Carsburg

4 Personen

ZUTATEN

20 Flußkrebse

Für die Krebssauce:

*Schalen und Köpfe von den Krebsen
1 nußgroßes Stück Butter
2 Schalotten
1 Stück Lauch
1/2 Knoblauchzehe
ca. 2 l leicht gesalzener Fischsud*
4 EL Sahne
ca. 40 g kalte Butter*

Für das Rotkohltimbal*:

*1/2 kleiner Rotkohl, 400–500 g
1 nußgroßes Stück Butter
1/2 Glas kräftiger Rotwein
200 g Sahne
einige Tropfen Himbeeressig
3 Eier
1 Apfel*

ZUBEREITUNG

Ca. 2 Liter Wasser zum Kochen bringen. Sobald das Wasser kocht, die Flußkrebse ins Wasser geben und nach fünf Sekunden wieder herausnehmen, die Köpfe abtrennen und putzen. Die Schwänze mit der Hand oder mit der Schere aufbrechen oder aufschneiden und das Fleisch herausnehmen. Die ganzen Schalen für die Sauce auf ein Blech geben und im Ofen bei ungefähr 160 Grad trocknen lassen.
Das Fleisch auf einen Teller geben, mit Klarsichtfolie zudecken und kalt stellen.

Für die Krebssauce

Die Schalotten und den Lauch in Stücke schneiden. In einem Topf mit dem nußgroßen Stück Butter und der Knoblauchzehe ein wenig anziehen lassen. Dann die getrockneten Schalen von den Krebsen dazugeben, kurz umrühren und sofort mit dem Fischsud aufgießen. Das Ganze für ca. dreißig Minuten nicht zu stark kochen lassen.
Anschließend durch ein Sieb passieren und auf ca. ein Fünftel einkochen lassen.

Für das Rotkohltimbal

Den Ofen auf 140 Grad vorheizen.

Den Rotkohl von allen groben Teilen befreien und klein aufschneiden, in einem weiten Topf bei mittlerer Hitze zusammen mit dem Stück Butter dünsten. Dabei sofort gut salzen. Sobald das entstandene Wasser eingekocht ist, den Rotwein dazugeben und ebenso einkochen lassen. Dabei ab und zu umrühren, bis kein Wein mehr vorhanden ist. Mit der Sahne aufgießen und für weitere fünf Minuten leicht kochen lassen. Zum Schluß den Himbeeressig dazugeben, das Ganze etwas abkühlen lassen und im Mixer feinstens mixen, dann die Eier dazugeben und noch einmal kurz aufmixen. Wenn nötig, nachsalzen und leicht pfeffern. Die Masse sollte nun nicht kalt, sondern lauwarm sein.

Timbalförmchen mit einem Durchmesser von 3–4 cm mit Olivenöl ausstreichen und mit der Masse füllen. In einem Wasserbad* im Ofen bei 140 Grad für ca. zwanzig bis dreißig Minuten garen. Wenn die Masse gar ist, fühlt sie sich durch Druck mit dem Finger fest an.

Nachdem das Timbal aus dem Ofen kommt, für einige Minuten zugedeckt ruhen lassen, dann erst servieren.

Den Apfel schälen und kleine Kugeln herausstechen oder Würfel schneiden. Diese in einem kleinen Topf mit ein wenig Butter kurz dünsten.

FERTIGSTELLUNG

Zur reduzierten Sauce die Sahne geben, zum Kochen bringen, die kalte Butter dazugeben, einmal aufkochen lassen und dann im Mixer mixen, durch ein Sieb passieren und wenn nötig abschmecken.

Das Fleisch von den Krebsschwänzen in einem weiten Topf mit einem kleinen Stückchen Butter für dreißig Sekunden bei kleinem Feuer garen, leicht salzen und ganz wenig pfeffern. Das Timbal in einen tiefen Teller stürzen. Mit der Sauce, den Krebsen und Äpfeln fertig anrichten und sofort servieren.

*E*s könnte sein, daß die Rotkohlmasse bei der Zugabe von den Eiern die rote Farbe ein wenig verliert.

Timbal bedeutet in diesem Fall soviel wie Flan; wenn man Genaueres darüber wissen will: siehe unter Timbal.*

Sollten keine Flußkrebse erhältlich sein, kann man Langustinen oder Garnelen verwenden.

Scott Carsburg ist ein junges amerikanisches Kochtalent. Im Jahr 1987 war er für acht Monate meine rechte Hand, und wir erzielten zusammen schöne Erfolge. Deshalb habe ich diese Kreation von ihm als Dank in dieses Buch aufgenommen.

HERBST · FISCHGERICHTE

Wachtelbrüstchen mit Gänsestopflebersauce und trüffliertem Kartoffelpüree

4 Personen

ZUTATEN

4 Wachteln

Für die Sauce:

Karkassen von der Wachtel
1/2 Schalotte oder
1 Stückchen Zwiebel
1 kleines Stückchen Lauch
einige Petersilienstengel
ca. 50 g Gänsestopfleber (Reste)
1 EL Schlagsahne*

Für das Püree:

*4 mittlere mehlige Kartoffeln
30 g Butter
1 Glas Milch
2 TL feingehackte Reste von
weißer Trüffel aus Alba
oder etwas Trüffelpaste*

ZUBEREITUNG

Von der Wachtel die Brüstchen und Keulen mit einem scharfen, kleinen Messer lösen. Die Keulen eventuell vom Mittelknochen befreien und die Brüstchen schön zuputzen. Die restlichen Knochen etwas aufhakken und für die Sauce aufbewahren.

Für die Sauce

In einem weiten heißen Topf mit ein wenig Öl die Wachtelkarkassen leicht braun werden lassen. Das geschnittene Gemüse dazugeben und kurz mitrösten. Mit eiskaltem Wasser knapp bedeckt aufgießen, eine Prise Salz dazugeben und für zwanzig Minuten leicht köcheln lassen.

Anschließend durch ein Tuch passieren und auf ca. ein Fünftel einkochen lassen.

Für das Püree

Die Kartoffeln waschen, schälen und in Stücke schneiden, in einen Topf geben und nur bis zur Hälfte der Kartoffelmenge mit Wasser aufgießen. Eine gute Prise Salz dazugeben, zudecken und bei mittlerer Hitze weich kochen. Weil nur wenig Wasser in den Kartoffeln ist, sollte man ab und zu nachschauen, damit die Kartoffeln nicht anbrennen.

(Ich sah diese Methode bei meiner Mutter, und Kartoffeln, wie sie sie kochte, aß ich sonst nirgends. Natürlich passierte es ihr des öfteren, daß die Kartoffeln leicht anbrannten.)

Auf jeden Fall sollte nach Mutters Regel kein Wasser mehr im Topf sein, sobald die Kartoffeln gar sind. Anschließend durch eine Flotte Lotte (Passiergerät) in einen Topf drehen. Die Milch in einem Töpfchen kurz aufkochen und zusammen mit der Butter zu den Kartoffeln rühren. Nicht sofort die ganze Milch dazugeben, weil es zuviel sein könnte. Die feingehackte Trüffel oder dementsprechend viel Trüffelpasta dazurühren, zudecken und warm stellen.

Wenn es die Zeit erlaubt, sollte man Kartoffelpüree im letzten Moment zubereiten.

FERTIGSTELLUNG

Die reduzierte Sauce zum Kochen bringen, in einen Mixer geben und mit der Gänsestopfleber gut aufmixen. Die Sauce sollte dickflüssig sein, deshalb nicht sofort mit der ganzen reduzierten Sauce mixen. Danach durch ein Sieb passieren und mit dem Eßlöffel Schlagsahne verfeinern. Nicht mehr kochen lassen, da diese Sauce sonst gerinnt. Nur mehr vorsichtig wärmen.

Die Wachtelbrüstchen und Keulen leicht salzen und in einer Pfanne bei mittlerer Hitze in einem nußgroßen Stück Butter auf beiden Seiten goldbraun braten. Zum Schluß für ca. zwanzig Sekunden je nach Größe der Brüstchen zugedeckt ziehen lassen.

Die Wachtelbrüstchen mit dem Kartoffelpüree und der Gänsestopflebersauce anrichten und sofort servieren.

Die Kartoffel und die Trüffel sind zwei Gottesgaben, die unter der Erde gedeihen! Die eine ganz alltäglich, die andere rar wie Gold – gemeinsam eine wahre Gaumenfreude.

Rehmedaillons in Wacholdersauce mit Sellerie- und Petersilienpüree

6 Personen

ZUTATEN

1 kleiner Rehrücken zu 1 1/2–2 kg

Für die Sauce:

Karkassen* vom Rehrücken
1/2 Zwiebel
1/2 Karotte
1 Stückchen Sellerieknolle
1 Knoblauchzehe
einige Petersilienstengel
1 Glas kräftiger Rotwein
ca. 30 g kalte Butter
ca. 20 frische Wacholderbeeren

Für die Beilagen:

1 große Sellerieknolle
40 g Butter
2–3 EL Schlagsahne

1/2 kg Petersilie
40 g Butter
knapp 1/2 Glas Sahne
1 EL Schlagsahne

ZUBEREITUNG

Mit einem scharfen Messer das Fleisch dem Knochen entlang vom Rücken lösen und von Sehnen und dergleichen befreien. 18 Stück zu je 40–50 g schneiden und diese mit der Hand ein wenig flach drücken (Medaillons), auf ein Tablett geben, mit etwas Olivenöl bestreichen, mit Klarsichtfolie zudecken und kalt stellen.

Die Knochen mit einem großen Messer, so gut es geht, zerkleinern. Je kleiner die Knochen, umso besser wird die Sauce.

Für die Sauce

Die Knochen in einem eher weiten Topf mit ein wenig Öl bei mittlerer Hitze langsam bräunen. Wildknochen werden nie so schön goldbraun wie z. B. Kalbsknochen und neigen dazu, schnell anzubrennen. Es ist also Vorsicht geboten.

Das geschnittene Gemüse dazugeben, kurz mitrösten, mit dem Rotwein löschen und diesen zur Gänze einkochen lassen. Dabei immer wieder umrühren (glasieren).

Mit eiskaltem Wasser knapp bedeckt aufgießen, eine Prise Salz dazugeben und für ca. eine Dreiviertelstunde leicht köcheln. Anschließend durch ein Tuch passieren und auf mindestens ein Fünftel einreduzieren.

Für die Beilagen

Die Sellerieknolle mit einem Messer gut schälen und dann in Würfel schneiden. Wenn möglich im Dämpfer* weich dämpfen, ansonsten mit ein wenig Milch und Wasser knapp bedeckt sowie mit einer guten Prise Salz weich kochen und nach der Kochzeit absieben.

Den Sellerie in den Mixer geben. Die Butter in einem Töpfchen leicht braun werden lassen, zum Sellerie in den Mixer geben und beides mittelfein mixen. In einem Topf mit Klarsichtfolie zugedeckt bereitstellen.

3–4 Liter gesalzenes Wasser in einem eher hohen Topf zum Kochen bringen.

Die Petersilie von den gröbsten Stengeln befreien und gut waschen. In Salzwasser für ca. drei bis vier Minuten, bis sich die Stengel etwas weich anfühlen, kochen, in ein Sieb abschütten, kurz mit kaltem Wasser abschrecken und ein wenig ausdrücken. Die Butter im selben Topf goldbraun werden lassen, die Petersilie dazugeben, ein wenig salzen und gut pfeffern. Mit der flüssigen Sahne aufgießen, einmal aufkochen lassen und vom Feuer nehmen. Kurz abkühlen lassen und dann im Mixer oder im Cutter* fein mixen. In einem Topf mit Klarsichtfolie zugedeckt bereitstellen.

Ich mache dieses Gericht auch mit einer Ingwer-Rotwein-Sauce und einem Püree von Petersilienwurzeln.

Den Rehrücken könnte man auch samt Knochen braten und vor dem Servieren vom Knochen lösen und in Scheiben schneiden.

FERTIGSTELLUNG

Den Wacholder etwas zerdrücken, in die reduzierte Sauce geben, zum Kochen bringen und die kalte Butter einschwenken, eventuell durch ein Sieb passieren.

Das Sellerie- und Petersilienpüree vorsichtig erwärmen. Zum Sellerie die Schlagsahne dazugeben und eventuell abschmecken. Wenn nötig, auch zum Petersilienpüree etwas Schlagsahne dazugeben. Beide Pürees sollen nicht zu fest, sondern ähnlich wie Kartoffelpüree, also cremig dick sein.

Die Medaillons salzen, pfeffern und in einer heißen Pfanne schnell auf beiden Seiten und je nach Dicke der Medaillons insgesamt ca. eine Minute rosa* braten. Sofort mit den beiden Pürees und der Wacholdersauce anrichten und servieren!

Kleine Kalbsschnitzel mit bestimmtem Gemüse und weißer Trüffel aus Alba

4 Personen

ZUTATEN

8 kleine, eher dicke Scheiben Kalbsschnitzel vom Filet oder eventuell vom Rücken (leicht mit der Hand flach drücken)

Für die Sauce:

ca. 1/2 kg kleingehackte Kalbsknochen und Parüren*
1 Schalotte
einige Petersilienstengel
ein Stückchen Lauch
feingehackte Trüffelreste
ca. 40 g kalte Butter

Für das bestimmte Gemüse:

1 kleine halbe Sellerieknolle
1 Karotte
1 halber kleiner Weißkohl
1 halber kleiner Blumenkohl
1 Kartoffel
wenn vorhanden einige Bohnen
1 Trüffelknolle

ZUBEREITUNG

Für die Sauce

Die Knochen in einem weiten Topf mit Öl anfangs bei kräftiger, später bei reduzierter Hitze hellbraun anbraten. Die Parüren und das geschnittene Gemüse dazugeben und kurz mitdünsten, mit eiskaltem Wasser aufgießen, eine Prise Salz dazugeben und für ca. dreißig Minuten leicht köcheln lassen.

Danach durch ein Tuch passieren und auf ein Viertel einkochen.

Für das Gemüse

Das Gemüse putzen, wenn nötig schälen und alles, außer den Blumenkohl, in eher feine Streifen schneiden. Vom Blumenkohl die Röschen abtrennen.

Das in Streifen geschnittene Gemüse – Karotten, Selleriewurzel, Weißkohl und Kartoffeln – in einem Topf mit einem nußgroßen Stück Butter und Salz langsam knackig dünsten. Eventuell einige Tropfen Wasser dazugeben. Die Blumenkohlröschen getrennt auf die gleiche Weise wie das in Streifen geschnittene Gemüse knackig dünsten. Die Bohnen in gut gesalzenem Wasser eher weich kochen.
Anschließend das ganze Gemüse zusammen auf ein Tablett geben und bereithalten.

Die Trüffelknolle mit einer Zahnbürste vorsichtig putzen und von Sand befreien. Nicht waschen. Eventuell unansehnliche Teile für die Sauce fein hacken.

FERTIGSTELLUNG

Den Ofen auf 180 Grad vorheizen.

Zur reduzierten kochenden Sauce die Trüffelreste geben und die Butter dazuschwenken.

Die Schnitzel leicht salzen und in einer Pfanne mit ein wenig Butter bei guter Hitze ganz kurz auf beiden Seiten anbraten.

Das Gemüse zusammen in einem Topf erwärmen und dann in ein passendes hitzebeständiges Gefäß (mit Deckel) geben. Das Fleisch darauf verteilen und ein wenig Trüffel darüberhobeln. Alles mit der Sauce beträufeln und zugedeckt für ca. fünf Minuten bei 180 Grad in den Ofen geben.

Aus dem Ofen nehmen und sofort im Gefäß servieren. Am Tisch den Deckel wegnehmen, das Gericht auf Tellern verteilen und noch etwas Trüffel darüberhobeln.

Sollte keine Trüffel vorhanden sein, kann man auch Trüffelcreme von weißer Albatrüffel in die Sauce schwenken und erspart sich somit die teure Knolle. Dadurch kann man dieses kostbare Stück aber nicht wirklich ersetzen.
Trüffelcreme gibt es in Feinkostgeschäften.

HERBST · FLEISCHSPEISEN

Wachteln mit Totentrompeten in Steinpilzsauce

4 Personen

ZUTATEN

4 große oder 6 kleine Wachteln

Für die Sauce:

Karkassen von den Wachteln
1 Schalotte oder ein Stückchen Zwiebel
2 Knoblauchzehen
1 Stückchen Lauch
1 Selleriezweiglein
einige Petersilienstengel
1 kleiner fester Steinpilz
1 nußgroßes Stück Butter*

Für die Beilage:

*2 Sellerieknollen oder
4 Petersilienwurzeln
ca. 200 g Totentrompeten*

ZUBEREITUNG

Die Wachtelfüßchen mit einem kleinen, scharfen Messer vom Gelenkknochen trennen. Die Brüstchen von der Mitte her, dem Knochen entlang abtrennen. Die Brüstchen etwas zuputzen und von den Füßchen den Mittelknochen herauslösen. Brüstchen und Füßchen auf ein Tablett geben, mit Klarsichtfolie zudecken und kalt stellen. Die übrigen Knochen etwas zerkleinern und für die Sauce bereitstellen.

Für die Sauce

Die Wachtelknochen in einem eher weiten Topf mit ein wenig Öl bei mittlerer Hitze langsam goldbraun anbraten. Das geschnittene Gemüse dazugeben und kurz mitdünsten. Eine Prise Salz dazugeben, mit eiskaltem Wasser knapp bedeckt aufgießen und für ca. dreißig Minuten leicht köcheln lassen.

Anschließend durch ein Tuch passieren und auf ca. ein Fünftel reduzieren.

Den Steinpilz putzen und mit einem nassen Tuch säubern, in kleinste Würfel schneiden, mit Klarsichtfolie zugedeckt bereitstellen.

Für die Beilage

Den Sellerie oder die Petersilienwurzel gut schälen und nach Belieben und Zeit schneiden.

Die Totentrompeten putzen und reinigen, aber nicht waschen. Bereitstellen.

FERTIGSTELLUNG

Sellerie oder Petersilienwurzeln in einem entsprechend großen Topf mit einem nußgroßen Stück Butter und drei bis vier Eßlöffel Wasser bei kleinster Hitze zugedeckt ca. fünf Minuten knackig dünsten, dann vom Feuer nehmen und bereitstellen.

In einem Töpfchen mit einem kleinen Stückchen Butter die Steinpilzwürfel kurz anschwitzen, dann die reduzierte Wachtelsauce dazugeben und die kalte Butter einschwenken. Wenn nötig abschmecken und bereitstellen.

Die Wachtelbrüstchen und Füßchen leicht salzen und ein wenig pfeffern. In einer nicht zu heißen Pfanne mit einem Stückchen Butter auf beiden Seiten für ungefähr eine Minute oder, je nach Größe etwas länger, hellbraun garen. Sollten die Brüstchen, nachdem sie braun sind, nicht durch sein, kann man sie vom Feuer nehmen, mit einem Deckel zudecken und so einige Sekunden ziehen lassen.

*S*ollte man keine frischen Steinpilze mehr finden, kann man getrocknete verwenden. Beim Garen der Brüstchen ist es sehr wichtig, daß diese nicht ganz durch sind, sonst werden sie trocken. Wenn man mit dem Finger daraufdrückt, sollte das Fleisch unter dem Druck noch leicht nachgeben.
Die schwarzen Pilze auf dem Bild sind die Totentrompeten, die trotz ihres unheimlichen Namens vorzüglich schmecken.

Die Totentrompeten in einer heißen Pfanne mit einem Stückchen Butter und einer Prise Salz für ca. zwanzig Sekunden schwenken.

Sellerie oder Petersilienwurzeln noch einmal erhitzen und eventuell etwas Sellerie- oder Petersiliengrün dazugeben. Die Wachtelbrüstchen und -füßchen in tiefe Teller verteilen, die Sauce darübergeben, die Sellerie- oder Petersilienwurzeln sowie die Totentrompeten darauf verteilen und sofort servieren.

Entenbrustscheiben mit Zwiebeln in der eigenen Sauce

4 Personen

ZUTATEN

4 kleine oder 2 große Entenbrüste eventuell auch eine ganze Ente

Für die Sauce:

ca. 1/2 kg Enten- oder Hühnerkarkassen*
(Wenn man eine ganze Ente hat, kann man die Schenkel aufbewahren, die Brüste für das Gericht verwenden und die restlichen Karkassen für die Sauce.)
1 Schalotte oder 1/2 Zwiebel
einige Petersilienstengel
1 Selleriezweiglein
1 Knoblauchzehe
1/2 Glas kräftiger Rotwein
30 g kalte Butter

Für die Zwiebeln:

ca. 20 kleine Perlzwiebeln
1 nußgroßes Stück Butter
1 EL Zucker
1/2 Glas Rotwein
etwas nicht reduzierte Entensauce

1 rote Zwiebel
1 nußgroßes Stück Butter
einige Tropfen Balsamessig

6–7 Schalotten
1 nußgroßes Stück Butter
2 EL Crème fraîche* oder Sauerrahm
etwas reduzierter Entenfond

ZUBEREITUNG

Die Entenbrüste von den Sehnen befreien und einen Teil vom Fett wegschneiden. Diese Parüren* für die Sauce verwenden.

Für die Sauce

Die Enten- oder Hühnerkarkassen in einem eher weiten Topf, anfangs bei kräftiger, dann bei reduzierter Hitze langsam goldbraun werden lassen. Danach die Parüren und das Fett von den Entenbrüsten dazugeben und so lange bräunen lassen, bis sie schön braun und knusprig sind. Das geschnittene Gemüse dazugeben, kurz mitrösten und dann alles in ein Sieb abschütten, damit das Fett abrinnt. In den gleichen Topf zurückgeben, mit dem Rotwein ablöschen und diesen bis zur Gänze einkochen lassen. Dabei ab und zu umrühren.

Anschließend mit eiskaltem Wasser aufgießen, eine Prise Salz dazugeben und für ca. dreißig Minuten leicht köcheln lassen. Danach durch ein Tuch passieren, eventuell Zwiebelreste dazugeben und auf ca. ein Fünftel reduzieren.

Für die Zwiebeln

Die Perlzwiebeln schälen, dabei am unteren Ende nicht zuviel wegschneiden, da sie sonst beim Garen auseinanderfallen.

Die roten Zwiebeln schälen, vierteln und in nicht zu dünne Streifen schneiden.

Die Schalotten schälen und fein schneiden.

Die Perlzwiebeln in einem Topf mit der Butter und mit dem Zucker langsam karamelisieren lassen. Danach mit dem Rotwein ablöschen, salzen und zur Gänze einkochen. Ab und zu rühren und des öfteren, bis die Zwiebeln weich sind, etwas von der Entensauce, die gerade beim Reduzieren ist, dazugeben. Die Perlzwiebeln sollen nach der Garzeit schön braun sein und nicht zu weich.

Die roten Zwiebeln in etwas Butter mit ein wenig Salz knackig dünsten und zum Schluß mit einigen Tropfen Balsamessig ablöschen.

Die Schalotten in der Butter langsam weichdünsten und salzen, vom Feuer nehmen, die Crème fraîche oder den Sauerrahm unterrühren und pfeffern. Kurz vor der Verwendung noch ein bis zwei Eßlöffel von der schon reduzierten Entensauce dazugeben.

FERTIGSTELLUNG

Ofen auf 140 Grad vorheizen.

Die Entenbrüste salzen und pfeffern. In einer heißen Pfanne mit ein wenig Öl zuerst auf der Hautseite sehr knusprig und dann auf der Rückseite eher kurz anbraten. Auf einem Gitter in der Mitte des Ofens bei 140 Grad mit der Hautseite nach unten für ca. fünf Minuten, oder je nach Größe etwas länger, fertiggaren.

In die reduzierte Sauce die kalte Butter einschwenken und durch ein Sieb passieren.

Die Entenbrust aus dem Ofen nehmen und in Alufolie einwickeln. Für ca. fünf Minuten ruhen lassen.

Die verschiedenen Zwiebeln vorsichtig erhitzen, die Entenbrust in dünne Scheiben schneiden und mit den Zwiebeln und der Sauce anrichten.

*D*ie kleinen Reste, die beim Schneiden der verschiedenen Zwiebeln übrigbleiben, gebe ich, nachdem ich die Sauce passiert habe, sofort in dieselbe und lasse sie mit einkochen. So erhält die Sauce den Geschmack von Zwiebeln und Ente.

Kaninchen mit Knödeln von der Leber in Rosmarinsauce

4 Personen

ZUTATEN

1 Kaninchen samt der Leber zu ca. 2 kg

Für die Rosmarinsauce:

Karkassen* vom Kaninchen
1/2 Zwiebel
einige Petersilienstengel
1 kleine Karotte
1 Selleriezweiglein
1/2 Glas Rotwein
ca. 30 g kalte Butter
etwas frischer Rosmarin

Für die Knödel:

2 Semmeln und gleich viel Schwarzbrot (das Brot sollte mindestens einen Tag alt sein)
ca. 1/4 l Milch
Leber und Herz vom Kaninchen
3 Schalotten oder 1/2 Zwiebel
1 Zweiglein Rosmarin
2–3 Salbeiblätter
reichlich, wenn möglich frischer Majoran
1 Handvoll Petersilie
1 Stückchen Zitronenschale
2 Nelken
2 Knoblauchzehen
ca. 50 g Butter
2 Eiweiß

2 Karotten für die kleine Beilage, beliebig geschnitten

ZUBEREITUNG

Die Leber und das Herz vom Kaninchen entfernen und für die Knödel aufbewahren. Die Vorder- und Hinterfüße am Gelenk abtrennen. Die Rückenfilets mit einem kleinen, scharfen Messer dem Knochen entlang abtrennen und zuputzen.

Von den Hinterfüßen den Knochen heraustrennen (siehe »Gefüllte Kaninchenkeule« auf Seite 182).

Die Vorderfüße mit einem großen Messer halbieren. Das ganze Fleisch auf ein Tablett geben, mit Klarsichtfolie zudecken und kalt stellen.
Die restlichen Karkassen mit einem großen Messer für die Sauce zerkleinern.

Für die Rosmarinsauce

Die Karkassen in einem weiten Topf mit etwas Öl anfangs bei starker Hitze, dann reduziert, langsam bräunen. Das zerkleinerte Gemüse dazugeben, kurz mitdünsten und mit dem Rotwein ablöschen. Diesen einkochen lassen, dabei ab und zu umrühren und, sobald keine Flüssigkeit mehr vorhanden ist, mit eiskaltem Wasser bedeckt aufgießen und eine Prise Salz dazugeben. Für ca. dreißig Minuten köcheln lassen.

Anschließend durch ein Tuch passieren und auf ca. ein Fünftel einreduzieren.

Für die Knödel

Das Brot in feinste Streifen schneiden, salzen, die Milch dazugeben und gut vermischen. Die Kaninchenleber und das Herz putzen, feinstens mixen und ebenfalls zum Brot rühren. Alle Kräuter (von Stengeln befreit), die Knoblauchzehen, die Zitronenschale und die Nelken fein schneiden. Einen kleinen Teil davon zum Füllen der Keule aufbewahren. Die Schalotten ebenso fein schneiden.

Die Butter in einer Pfanne hellbraun werden lassen, die Schalotten und anschließend die Kräuter kurz darin schwenken und zum Brot geben. Die Masse gut durcharbeiten und zum Schluß das geschlagene Eiweiß unterheben. Etwas ruhen lassen und dann kleine Knödel formen. (Es macht nichts, wenn die Masse etwas naß wirkt.)

FERTIGSTELLUNG

Den Ofen auf 140 Grad vorheizen!

Die Hinterfüße außen und innen salzen, pfeffern und mit den aufbewahrten Kräutern innen einreiben.

Vorderfüße und Filets ebenso salzen und pfeffern. Das ganze Fleisch in einer Pfanne mit etwas Butter rundherum goldbraun anbraten.

Im Ofen bei ca. 140 Grad fertiggaren. Dabei die Filets nach ca. einer Minute entnehmen und zum Warmhalten in Alufolie einwickeln. Das Restliche nach ca. zehn Minuten aus dem Ofen nehmen. Ebenso warm halten.

Die Knödel in Salzwasser oder besser in Hühnerbrühe für ca. fünf Minuten anfangs kochen, dann nur mehr ziehen lassen.

In die leicht kochende Sauce den Rosmarin geben und die Butter einschwenken, anschließend absieben.

Die Karotten in ein wenig Butter und Wasser mit einer Prise Salz knackig dünsten.
Die Keulen in Scheiben und das Filet in Stücke schneiden und mit den Vorderfüßen, den Knödeln, der Sauce und den Karotten im tiefen Teller anrichten und servieren.

*E*in Gericht, bei dem man für vier Personen ein Kaninchen, etwas altes Brot und Kräuter braucht – einfach, aber wohlschmeckend.

Das Kaninchen nie zu lange braten, sonst wird es trocken.

Ich serviere dieses Gericht im tiefen Teller, weil es so besser schmeckt.

HERBST · FLEISCHSPEISEN

Gewürztraminercreme mit Bergäpfeln

6 Personen

ZUTATEN

Für die Creme:

eine 7/10-Flasche Gewürztraminer
*250 g Crème fraîche**
100 g Staubzucker
Schale von einer Zitrone
1 1/2 Blatt dicke Gelatine (7 g)
200 g Sahne
2 Eiweiß
30 g Staubzucker

Für das Apfelragout:

10 kleine rote, nicht mehlige Bergäpfel
Zucker
frische Minze

ZUBEREITUNG

Für die Creme

Die Gelatine in kaltem Wasser einweichen. Ein halbes Glas Gewürztraminer entnehmen und beiseite stellen. Den Rest in einem Topf einkochen lassen, so daß am Ende nur mehr ca. ein halbes Glas übrigbleibt.

Anschließend vom Feuer nehmen und die Gelatine darin auflösen, nicht erkalten lassen.

Die Crème fraîche in einer entsprechend großen Metallschüssel mit dem Staubzucker so lange rühren, bis sie etwas fest ist (Crème fraîche wird beim Rühren anfangs flüssig und dann wieder fest).

Die Sahne halbsteif schlagen. Das Eiweiß mit den dreißig Gramm Staubzucker und einer Prise Salz steif schlagen und mit der Sahne vorsichtig vermengen.

Zur Crème fraîche die geriebene Zitronenschale geben. Zum reduzierten Gewürztraminer den nicht reduzierten dazugeben und ebenso (noch warm) durch ein Sieb zur Crème fraîche schütten, sofort gut verrühren.

Die Eiweiß-Sahne-Masse vorsichtig unter die Crème-fraîche-Masse heben und die Creme sofort in Timbalformen* von ca. 8 cm Höhe und 5 cm Breite abfüllen. Im Kühlschrank für mindestens eine Stunde fest werden lassen.

Für das Apfelragout

Von den rotesten Äpfeln mit einem Schäler die Schale abschälen und diese aufbewahren.

Sechs von den Äpfeln sechsteln, dann entkernen und schälen. Dabei etwas formen. In einem Topf mit einem Eßlöffel Zucker zugedeckt bei kleinstem Feuer für ein bis zwei Minuten dünsten. Dabei ab und zu kontrollieren und wenden.

Anschließend auf ein Tablett zum Abkühlen geben.

Die restlichen vier Äpfel schälen, entkernen und in Stücke schneiden. Im selben Topf mit einem Eßlöffel Zucker und einem Glas Wasser weich kochen. Danach im Mixer feinstens mixen und eventuell durch ein Sieb passieren.

FERTIGSTELLUNG

Die Creme aus dem Kühlschrank nehmen und auf Teller stürzen.

Die aufbewahrte Apfelschale und einige Minzblätter in kleinste Würfel schneiden und mit den gedünsteten Apfelspalten vermengen.

Die Apfelsauce und die Apfelspalten zur Gewürztraminercreme geben und servieren.

Man kann natürlich auch andere Äpfel nehmen, falls man keine kleinen Bergäpfel bekommt. Der Apfel sollte aber immer leicht säuerlich und nicht mehlig sein.

HERBST · NACHSPEISEN

Zwetschgensülze auf Apfel-Minz-Sauce

8 Personen

ZUTATEN

Für die Sülze:

1 kg reife Zwetschgen
4 EL Zucker
2 Orangen
¼ Glas Rotwein
¼ Glas Rum
3 dicke Blatt Gelatine (15 g)
1 EL Pistazien
2 EL Pignoli

Für die Sauce:

8 große Golden-Delicious-Äpfel
4 EL Zucker
1 Sträußchen Minze

ZUBEREITUNG

Für die Sülze

Die Zwetschgen waschen, von den Kernen befreien und vierteln.

Von den Orangen die Schale ganz dünn mit einem Kartoffelschäler abschälen und diese in feine Streifen schneiden. Den Saft auspressen und bereitstellen.

Die Gelatine in eiskaltem Wasser einweichen.

In einem weiten Topf den Zucker zusammen mit den Orangenschalen leicht karamelisieren lassen, dann mit Rotwein und mit dem Rum ablöschen und kurz kochen lassen, damit der Zucker schmilzt. Die Zwetschgen und den Saft von den zwei Orangen dazugeben. Einmal aufkochen lassen und sofort vom Feuer nehmen, damit die Zwetschgen nicht verkochen.

Das Ganze über einem Topf vorsichtig in ein Sieb schütten. Den Saft in ein Litermaß geben, um die Menge zu kontrollieren. Bei drei Blatt Gelatine sollte nicht mehr als 0,35 Liter Saft vorhanden sein, sonst benötigt man etwas mehr Gelatine.

Die gut ausgedrückte Gelatine zum noch heißen Saft geben und umrühren. Nach Geschmack etwas Zucker nachgeben.

Eine Terrinenform von ca. 20 cm Länge und 10 cm Höhe mit Klarsichtfolie auslegen. Diese abwechselnd mit Zwetschgen, Pistazien, Pignoli und Saft füllen, bis sie voll ist. Im Kühlschrank für mindestens eine Stunde erkalten lassen, bis die Sülze fest ist.

Für die Sauce

Die Äpfel schälen und mit einem kleinen Parisienneausstecher* Kugeln ausstechen. Die restliche Frucht vom Kernhaus wegschneiden und aufbewahren. Die Apfelkugeln in einem Topf mit ein wenig Zucker für kurze Zeit dünsten, so daß die Äpfel noch knackig bleiben. Dann sofort vom Feuer nehmen und erkalten lassen.

Die restlichen Äpfel mit den zwei Eßlöffeln Zucker und einem Glas Wasser weichkochen, danach im Mixer fein mixen und abkühlen lassen.

Von der Minze acht schöne Spitzen beiseite legen. Die übrigen Blätter klein aufschneiden und mit den Apfelkugeln und der Apfelsauce mischen.

FERTIGSTELLUNG

Die feste Zwetschgensülze aus dem Kühlschrank nehmen, vorsichtig auf ein Brett stürzen und die Klarsichtfolie wegziehen, mit einem elektrischen Messer (ohne dieses ist das Schneiden dieser Terrine sehr schwierig) oder einem sehr scharfen Messer in ca. 2 cm dicke Scheiben schneiden. Dabei die Sülze mit Hilfe einer Teigkarte auf die Teller legen, weil sie sonst zerfallen könnte. In tiefen Tellern mit der Apfelsauce, den Apfelkugeln und den Minzspitzen anrichten.

Die Gelatine spielt in diesem Gericht eine sehr wichtige Rolle. Deshalb rate ich zu kontrollieren, ob nicht mehr als 0,35 Liter Flüssigkeit vorhanden ist.

Wenn die Sülze zu fest wird, sollte man sie frühzeitig schneiden und auf die Teller legen, damit sie ein wenig temperieren kann.

Feigen in Rotwein mit Ingwereis

4 Personen

ZUTATEN

6 sehr gut reife Feigen

Für die Rotweinsauce:

*Ein guter halber Liter
kräftiger Rotwein
ca. 20 g Butter
1 EL Zucker
2 Gewürznelken
1 Stückchen Zitronenschale*

Für das Ingwereis:

*400 g Milch
100 g Sahne
7 Eigelb
ca. 100 g Ingwer (geschält)
Zitronenschale*

ZUBEREITUNG

Für die Rotweinsauce

Den Zucker mit dem Butter leicht karamelisieren und mit dem Rotwein aufgießen. Die Nelken und die Zitronenschale dazugeben und auf ca. ein Fünftel einkochen lassen.

Für das Ingwereis

Die Milch mit der Sahne langsam zum Kochen bringen. Die Eigelb mit dem Zucker schaumig rühren und mit der kochenden Milch aufgießen. Den in Stücke geschnittenen Ingwer und die Zitronenschale dazugeben und im Wasserbad* am Herdrand binden lassen.

Sobald die Masse cremig ist, durch ein Sieb passieren und in der Eismaschine gefrieren. Eventuell kurz aufmixen.

Will man das Eis etwas schärfer, dann kann man einen Teil der Creme mit dem Ingwer mixen und dann wieder zur restlichen Eiscreme passieren.

FERTIGSTELLUNG

Die Feigen eventuell schälen und halbieren. Die Rotweinsauce passieren, leicht erhitzen und wenn nötig mit etwas Kartoffelmehl ganz vorsichtig binden*. Die Sauce sollte dickflüssig sein.

Die Feigen mit der Rotweinsauce und dem Eis in einem tiefen Teller anrichten und servieren!

*A*nstelle von Ingwer, sollte keiner zu erhalten sein, kann man ein Eis von schwarzem Pfeffer (Frühling, Seite 58) zu den Feigen servieren.

Die Feigen sind, wie unter »Die Kunst des Kochens fängt beim Einkauf an« in diesem Buch erwähnt, nur in ihrer Saison richtig gut! Dann wird dieses Gericht zu einem Lieblingsgericht.

HERBST · NACHSPEISEN

Zimtbirnen mit Bananeneis

4 Personen

ZUTATEN

Für das Bananeneis:

400 g Milch
100 g Sahne
6 Eidotter
120 g Zucker
1 Prise Salz
3 Bananen

Für das restliche Gericht:

4 eher feste Birnen
(Kaiser Alexander, Abate ...)
4 EL Zucker
2 nußgroße Stück Butter
2 TL Zimtpulver
1/2 Glas trockener Weißwein
eventuell ein Schuß Williams

ZUBEREITUNG

Für das Bananeneis

Die Milch und die Sahne mit einer Prise Salz langsam zum Kochen bringen. Die Eigelb mit dem Zucker schaumig rühren und die kochende Milch dazugeben, gut verrühren und eine von den Bananen hineinschneiden. Im Wasserbad* langsam binden lassen. Anschließend durch ein Sieb passieren, in den Mixer geben und die restlichen zwei Bananen hineinschneiden. Gut mixen, aber nicht zu lange, damit das Eis cremig bleibt, und in der Eismaschine* gefrieren.

Meine Mutter machte früher in ihrer kleinen Pension des öfteren als einfaches Dessert eine halbe Banane mit halbsteifer Sahne und Zimt. Daraus ist dieses Gericht entstanden.

Für das restliche Gericht

Die Birnen schälen, achteln und das Kernhaus herausschneiden, eventuell Form geben, das heißt turnieren*. In einer Pfanne bei nicht zu starker Hitze und unter Rühren die Butter mit dem Zucker leicht karamelisieren. Sobald der Zucker leicht hellbraun ist, das Zimtpulver dazugeben, dann sofort mit dem Weißwein ablöschen und weiterrühren, bis das Ganze wieder cremig ist. Die Birnenspalten dazugeben und so lange schwenken*, bis die Birnen beginnen, gut mit der Sauce zu binden, und die Zimtsauce schön cremig aussieht. Eventuell kann man die Birnen auch mit einem Schuß Williams flambieren.

In noch heißem Zustand auf dem Teller anrichten und mit dem Bananeneis servieren.

Käsekuchen mit Kastanieneis und Honigsauce

8 Personen

ZUTATEN

Für den Kuchen:

125 g Philadelphia (Frischkäse)
4 Eigelb
80 g Zucker
40 g temperierte Butter
40 g Kartoffelmehl
125 g Schlagsahne
60 g Gorgonzola
4 Eiweiß
65 g Zucker
1 TL Kartoffelmehl

Für das Eis:

450 g Milch
50 g Sahne
6 Eigelb
80 g Zucker
2 EL Honig
ca. 200 g gekochte und
passierte Kastanien
1 EL Rum

Für die Honigsauce:

2 Eigelb
15 g Zucker
1/8 l Milch
2 EL Honig
2 EL Schlagsahne

ZUBEREITUNG

Für den Kuchen

Eine kleine Kuchenform (Ringform) ausbuttern und bemehlen. Den Ofen auf 180 Grad vorheizen.

Masse 1: Den Frischkäse mit Zucker, Eigelb, Butter und Kartoffelmehl gut verrühren. Den Gorgonzola in kleine Würfel schneiden und zur Masse rühren. Dann erst die Schlagsahne dazurühren.

Masse 2: Das Eiweiß mit den 65 g Zucker und einer Prise Salz steif schlagen, zum Schluß den Teelöffel Kartoffelmehl dazurühren.

Masse 2 vorsichtig unter Masse 1 heben, in die Kuchenform geben und bei 180 Grad bis 160 Grad fallend, das heißt, daß die Temperatur langsam niedriger wird, backen. Wenn sich der Kuchen mit Druck durch den Finger auf die Mitte des Kuchens konsistent anfühlt, ist er gebacken. Das dauert ca. vierzig Minuten. Deshalb ja nie zuviel Hitze!

Für das Eis

Milch und Sahne mit einer Prise Salz langsam zum Kochen bringen. Eigelb und Zucker schaumig rühren und mit der kochenden Milch verrühren. Im Wasserbad* langsam binden lassen.

Das gebundene Eis passieren, den Honig, den Rum und das Kastanienpüree dazugeben, gut verrühren und in der Eismaschine frieren.

Für die Honigsauce

Die Milch mit einer Prise Salz zum Kochen bringen. Eidotter und Zucker schaumig rühren, mit der kochenden Milch aufgießen und gut verrühren. Im Wasserbad gleich wie das Eis langsam binden lassen.

Den Honig dazugeben, durch ein Sieb passieren und mit dem Mixstab einmal kurz aufmixen, mit Klarsichtfolie zugedeckt kalt stellen.

Kurz vor Gebrauch mit zwei Eßlöffeln Schlagsahne verfeinern.

FERTIGSTELLUNG

Den warmen Käsekuchen mit dem Eis und der Honigsauce anrichten. Mittels einer Gabel Honigfäden über den Kuchen ziehen.

Die 60 g Gorgonzola in der Kuchenmasse machen aus Käsekuchen etwas mehr Käsekuchen.

Wenn es an Zeit mangelt, kann man als Dessert einfach nur den Kuchen mit etwas Honig darüber servieren.

HERBSTMENÜ 1

Petersiliennudeln mit Herbstpfifferlingen
siehe unter Lieblingsgerichte Seite 215

* * *

Ragout von Seezungen und Artischocken mit Olivenöl

* * *

Gewürztraminer-Creme mit Bergäpfeln

Die ersten Vorbereitungen:

1. Die Herbstpfifferlinge putzen und waschen, die Petersilie für die Sauce zupfen, die Hühnerknochen zerkleinern, den Nudelteig machen, in Klarsichtfolie einwickeln und ruhen lassen.
2. Die Gewürztraminer-Creme zubereiten.
3. Die Seezungen filetieren und die Filets schneiden, den Seezungensud vorbereiten.
4. Die Artischocken für den Fisch putzen und in Zitronenwasser bereitstellen, die Artischockenblätter und die Stengel später schneiden.

Die Weiterverarbeitung bis zur Fertigstellung:

5. Den Seezungensud aufs Feuer stellen, die Hühnersauce für die Petersiliennudeln ansetzen.
6. Die Nudeln machen.
7. Den Fischsud und die Hühnersauce durch ein Tuch passieren und reduzieren.
8. Die Apfelspalten und die Apfelsauce für das Dessert zubereiten.
9. Den Seezungensud kontrollieren, das Olivenöl aber erst bei Gebrauch dazugeben, die Artischockenherzen und Stengel schneiden und fast fertiggaren, die Artischockenblätter fein schneiden und fritieren.
10. Wasser zum Kochen der Nudeln aufstellen, die Petersiliensauce fertig zubereiten, die Nudeln kochen, das Gericht fertig zubereiten und servieren.

Mit den weiteren zwei Gerichten, wie unter *Fertigstellung* bei den einzelnen Rezepten beschrieben, fortfahren!

HERBSTMENÜ 2

Pilzrisotto

* * *

Kleine Kalbsschnitzel mit bestimmtem Gemüse und weißer Trüffel aus Alba

* * *

Käsekuchen mit Kastanieneis und Honigsauce

Die ersten Vorbereitungen:

1. Die Pilze für den Risotto putzen und wenn nötig schneiden, das Gemüse für die Hauptspeise schneiden.
2. Die Kastanien kochen und schälen.
3. Die Kalbsschnitzel schneiden, Knochen für die Sauce zerkleinern, eine Hühnersuppe für den Risotto vorbereiten.

Die Weiterverarbeitung bis zur Fertigstellung:

4. Die Kalbsschnitzel ansetzen und die Hühnersuppe aufs Feuer stellen.
5. Das Kastanieneis und die Honigsauce zubereiten, für den Käsekuchen alles bereitstellen, Ofen einschalten.
6. Die Kalbsauce durch ein Tuch passieren und einkochen lassen, die Hühnersuppe nur passieren, alles Restliche für den Risotto herrichten.
7. Den Käsekuchen zubereiten und backen (Uhr einstellen).
8. Die Sauce für die Kalbsmedaillons fertigstellen, das Gemüse für das Hauptgericht garen, die Trüffel putzen.
9. Den Risotto ca. zehn Minuten bevor die Gäste an den Tisch gehen aufstellen!

Mit den weiteren zwei Gerichten, wie unter *Fertigstellung* bei den einzelnen Rezepten beschrieben, fortfahren!

Das Eis, nachdem der Risotto serviert wurde, in die Eismaschine geben.

HERBSTMENÜ 3

Kleiner Aperitif
von den Vorschlägen im Rezept auf Seite 116 drei bis vier auswählen

* * *

Garganelli mit Tomaten, Zucchini und Peperoncino

* * *

Lachs in der Kerbelkruste mit Zitronensauce und Karotten

* * *

Kaninchen mit Knödeln von der Leber in Rosmarinsauce

* * *

Zimtbirnen mit Bananeneis

Die ersten Vorbereitungen:

1. Karotten für den Lachs und für das Kaninchen (verschieden) schneiden, die Zucchini für das Nudelgericht schneiden.
2. Das Kaninchen verarbeiten und die Knochen für die Sauce zerkleinern, Knödelbrot schneiden und alle Zutaten für die Knödel herrichten.
3. Den Lachs filetieren und Tranchen schneiden, für den Lachssud vorbereiten, die Kerbelbrösel für die Kerbelkruste machen.
4. Den Nudelteig machen und in Klarsichtfolie eingewickelt kalt stellen.
5. Vorbereitungen für den Aperitif treffen.

Die Weiterverarbeitung bis zur Fertigstellung:

6. Die Kaninchensauce ansetzen und den Lachssud aufstellen.
7. Tomaten für die Tomatensauce schneiden und marinieren, Schalotten und Knoblauch im Olivenöl ziehen lassen.
8. Das Bananeneis zubereiten, aber erst später gefrieren, die Birnen schneiden und mit ein wenig Zitronensaft vermengen.
9. Die Kaninchensauce und den Lachssud durch ein Tuch passieren und beide einreduzieren lassen.
10. Die Garganelli machen.
11. Den Aperitif weiterverarbeiten.
12. Die Kaninchenleberknödel fertig zubereiten und eine Probe machen, die Kaninchenkeule mit Kräutern füllen und würzen.
13. Zitronenstreifen für den Lachs schneiden, die Lachstranchen panieren, Peperoncino für die Garganelli schneiden (Hände waschen).
14. Rosmarinsauce für das Kaninchen, Zitronensauce für den Lachs und Tomatensauce für die Garganelli fertig zubereiten, eventuell die Kaninchenkeulen und Schenkel schon anbraten, aber erst später fertiggaren.
15. Wasser zum Kochen der Garganelli aufstellen, den Aperitif fertig machen, anrichten und servieren.

Mit den weiteren Gerichten, wie unter *Fertigstellung* bei den einzelnen Rezepten beschrieben, fortfahren.

Das Eis, kurz bevor die Hauptspeise serviert wird, in die Eismaschine geben.

HERBSTMENÜ 4

Artischockenkuchen mit Trüffelsabayon

* * *

Italienische Bohnensuppe
siehe unter Lieblingsgerichte Seite 216

* * *

*Seewolf mit Herbstpfifferlingen im Sud
und weiße Albatrüffel*

* * *

*Entenbrustscheiben mit Zwiebeln
in der eigenen Sauce*

* * *

Feigen in Rotwein mit Ingwereis

Die ersten Vorbereitungen:

1. Die Borlottibohnen für die Bohnensuppe ausnehmen oder, wenn getrocknete verwendet werden, diese einweichen.
2. Die Zwiebeln für die Entenbeilage putzen und schneiden, die Herbstpfifferlinge für das Fischgericht putzen, die Kartoffeln schälen, aber noch nicht schneiden. Trüffel putzen.
3. Die Entenbrüste putzen und die Knochen für die Sauce herrichten.
4. Den Seewolf filetieren, den Seewolfsud vorbereiten, aber erst später aufstellen.
5. Die Artischocken für die Vorspeise putzen und in Zitronenwasser bereitstellen, den Kuchenteig zubereiten und in Klarsichtfolie eingewickelt kühl stellen.

Die Weiterverarbeitung bis zur Fertigstellung:

6. Die Entensauce ansetzen und den Seewolfsud aufs Feuer stellen, die Bohnensuppe zubereiten.
7. Das Ingwereis zubereiten, aber erst später gefrieren. Die Rotweinsauce für das Dessert machen und die Feigen schälen.
8. Die verschiedenen Zwiebeln für das Hauptgericht zubereiten, den Ofen für den Artischockenkuchen einschalten, Artischocken schneiden und garen, Parmesan und Artischockenreste hacken.
9. Den Teig für Artischockenkuchen ausrollen und blind backen (Uhr einstellen).
10. In dieser Zeit die Bohnensuppe (wenn gar) fertig machen und warm stellen.
11. Den Kuchenteig aus dem Ofen nehmen, den Kuchen fertigstellen und garen (Uhr einstellen).
12. Die Entensauce fertig zubereiten, den Seewolfsud kontrollieren, aber erst bei Gebrauch fertig machen.
13. Für den Sabayon alles herrichten und ein Wasserbad dafür auf das Feuer stellen. Die Kartoffeln für das Fischgericht schneiden und bereitstellen.
14. Den Artischockenkuchen auf Tellern anrichten, den Sabayon schaumig schlagen, dazugeben und sofort servieren!

Mit den weiteren Gerichten, wie unter *Fertigstellung* bei den einzelnen Rezepten beschrieben, fortfahren.

Die Kartoffeln, nachdem die Vorspeise serviert wurde, auf das Feuer stellen.

Das Eis, kurz bevor die Hauptspeise serviert wird, in die Eismaschine geben.

HERBSTMENÜ 5

*Taubenbrüstchen mit Parfait von der Geflügelleber
und kleinem Maissalat*

* * *

*Steinpilzstrudel mit Sabayon von weißer Trüffel
aus Alba*

* * *

Kleine Rotbarbenfilets im Himbeeressigsud

* * *

*Rehmedaillons in Wacholdersauce
mit Sellerie- und Petersilienpüree*

* * *

Zwetschgensülze auf Apfel-Minze-Sauce

Die ersten Vorbereitungen:

Das Geflügelleberparfait mindestens einen Tag vor Gebrauch zubereiten!

1. Petersilie für das Petersilienpüree zupfen, Sellerieknolle putzen und schneiden, die Broccoli für die Fischbeilage putzen und schneiden.
2. Die Taubenbrüstchen für die Vorspeise herrichten (eventuell Knochen für ein wenig Taubensauce zerkleinern), Rehmedaillons schneiden und die Rehknochen für die Sauce herrichten.
3. Rotbarben filetieren und den Rotbarbensud vorbereiten, aber erst später auf das Feuer stellen!
4. Den Strudelteig kneten und die Brösel für den Strudel zubereiten, die Steinpilze putzen, aber erst später schneiden.
5. Die Zwetschgensülze zubereiten.

Die Weiterverarbeitung bis zur Fertigstellung:

6. Die Rehsauce (und eventuell die Taubensauce) ansetzen, den Rotbarbensud auf das Feuer stellen.
7. Petersilien- und Selleriepüree zubereiten, dann die Broccoli kochen.
8. Die Rehsauce (und die Taubensauce) durch ein Tuch passieren und einreduzieren lassen, ebenso den Rotbarbensud durch ein Tuch passieren und reduzieren.
9. Den Maissalat für die kalte Vorspeise zubereiten, die Apfel-Minze-Sauce für das Dessert machen, Zwetschgensülze kontrollieren.
10. Die Steinpilze schneiden, soutieren* und dann abschmecken, den Ofen einschalten, Geflügelleberparfait zum Temperieren aus dem Kühlschrank nehmen.
11. Den Strudel fertig zubereiten, aber noch nicht in den Ofen schieben! Für das Sabayon alles vorbereiten.
12. Wacholdersauce für das Reh und Himbeeressigsud für die Rotbarben fertig machen.
13. Den Strudel backen (Uhr auf zwölf Minuten stellen), die Taubenbrüstchen garen, Vorspeiseteller anrichten und servieren, ein Wasserbad für den Trüffelsabayon auf das Feuer stellen.

Mit den weiteren Gerichten, wie unter *Fertigstellung* bei den einzelnen Rezepten beschrieben, fortfahren.

Die Zwetschgensülze ca. zwanzig Minuten vor Gebrauch aus dem Kühlschrank nehmen.

WINTER

Salat von der Kalbszunge mit Ingwerdressing

4 Personen

Ingwer ist eine Wurzel (Bild), die aus dem Orient kommt. Sie ist scharf, mit einem leicht süßlichen Zitronengeschmack. Sollte man keinen Ingwer bekommen, kann dieser durch Kren ersetzt werden.

Die gepökelte Zunge bleibt rot, die nicht gepökelte Zunge wird beim Kochen leicht grau.

ZUTATEN

1 Kalbszunge gepökelt oder auch nicht
1/2 Karotte
1 Selleriezweiglein
1 Stückchen Lauch
1 Knoblauchzehe
1 Stück Zwiebel
1 Lorbeerblatt
einige Petersilienstengel
einige Pfefferkörner

verschiedene Wintersalate
4 Radieschen

Für das Dressing:

1 kleine Ingwerwurzel
2 EL guter Balsamessig
3 EL vom Zungensud
4 EL bestes Olivenöl

ZUBEREITUNG

Die Zunge und das Gemüse in einen hohen Topf geben und mit ca. 3 Liter Wasser aufgießen. Wenn die Zunge gepökelt ist, ganz wenig oder gar nicht salzen und in mindestens zweieinhalb Stunden weich kochen, wenn sie nicht gepökelt ist, normal salzen und in ca. eineinhalb Stunden weich kochen. Wenn das Zungenende sich eher weich anfühlt, ist die Zunge gar. Wenn nötig ab und zu Wasser nachgießen. Sofort nachdem sie gekocht ist, aus dem Sud nehmen und schälen, weil sie sich im warmen Zustand schneller schälen läßt. Den Sud nicht wegschütten, sondern die Zunge wieder in den Sud geben und bereitstellen.

Die Salate waschen und auf ein Tablett mit einem Tuch zum Abtropfen geben.
Die Radieschen in Streifen schneiden und mit Klarsichtfolie zugedeckt bereitstellen.

Für das Dressing

Den Ingwer gut schälen und in kleinste Würfel schneiden. In einem kleinen Topf vier bis fünf Eßlöffel Wasser mit einer guten Prise Salz und einem halben Teelöffel Zukker zum Kochen bringen. Den Ingwer darin zwei bis drei Sekunden kochen lassen, absieben und ins selbe Töpfchen zurückgeben. Den Balsamessig, das Olivenöl und die drei Eßlöffel vom Zungensud dazugeben und gut verrühren.

FERTIGSTELLUNG

Die noch warme Zunge in feine Scheiben schneiden (eventuell mit der Aufschnittmaschine).

Den Salat mit Salz, einigen Tropfen Balsamessig und zwei bis drei Eßlöffeln Olivenöl anmachen.

Abwechselnd Salat und Zunge auf Tellern verteilen, mit dem Ingwerdressing beträufeln und die Radieschen darüber verteilen.

Lammscheiben im Thymiangelee mit Selleriesalat

4 Personen

ZUTATEN

2 Lammkarree zu je ca. 400 g (samt Knochen)

Für das Thymiangelee:
Knochen und Parüren vom Lamm
1 Schalotte oder ein Stückchen Zwiebel
2 Knoblauchzehen
1 Selleriezweiglein
1 kleiner Bund Thymian
1 Blatt dicke Gelatine (5 g)*

Für den Selleriesalat:
*1 kleine Sellerieknolle
1 kleiner Staudensellerie
Champagneressig
bestes Olivenöl
einige Radicchioblätter*

ZUBEREITUNG

Die Lammkarrees mit einem kleinen, scharfen Messer von Knochen und Parüren befreien. Die Knochen und Parüren für das Gelee aufbewahren. Die Lammfilets auf ein Tablett legen, mit Klarsichtfolie zudecken und kalt stellen.

Für das Thymiangelee

Die Lammknochen und Parüren in einem eher weiten Topf bei guter Hitze in ein wenig Öl goldbraun anbraten. Danach das geschnittene Gemüse dazugeben und kurz mitrösten. Alles zusammen in ein Sieb schütten und das Fett gut abtropfen lassen. Wieder in denselben Topf zurückgeben, mit ca. 1 Liter eiskaltem Wasser aufgießen, leicht salzen und für ca. dreißig Minuten bei kleinster Hitze langsam köcheln lassen.

*D*ieses Gericht nach der Fertigstellung nicht im warmen Raum stehen lassen, sondern sofort servieren oder in den Kühlschrank stellen.

Sollte man keinen guten Thymian finden, verwende man Rosmarin oder Knoblauch, um dem Gelee Geschmack zu geben.

Anschließend durch ein Tuch passieren und auf ein Viertelliter einkochen lassen. Die Gelatine in eiskaltem Wasser einweichen.

Nach dem Einkochen die Thymianzweiglein dazugeben und diese am Herdrand für einige Minuten darin ziehen lassen. Die Gelatine ebenso in den heißen Lammsud geben, gut zergehen lassen und dann alles noch einmal durch ein feines Passiertuch in eine kleine Metallschüssel gießen. Im Kühlschrank für ca. eine Stunde erkalten lassen.

Sollte der Sud nach dem Einkochen nicht ganz klar sein, kann man ihn klären*.

Für den Selleriesalat

Die Sellerieknolle mit einem kleinen Messer gut schälen. Wenn möglich mit der Aufschnittmaschine in feine Scheiben und diese mit einem Messer in feine Streifen schneiden. Die Streifen sofort mit etwas Zitronensaft beträufeln, damit sie nicht braun werden.

Von der Selleriestaude den untersten Teil (Wurzel) ca. 6 cm lang abschneiden, etwas zuputzen, waschen und auf dieselbe Weise wie die Knolle in Streifen schneiden.

Von den zarten, grünen Sellerieblättern einige etwas aufschneiden und beiseite legen.

FERTIGSTELLUNG

Den Ofen auf 140 Grad vorheizen.

Das Lammfilet salzen und leicht pfeffern. In einer heißen Pfanne mit ein wenig Olivenöl rundherum braun anbraten und in der Mitte des Ofens bei 140 Grad für ungefähr fünf bis sieben Minuten rosa* braten.

Anschließend in Alufolie einwickeln und im Kühlschrank auf einem Teller gut abkühlen lassen.

Das Thymiangelee aus dem Kühlschrank nehmen und etwas temperieren lassen. Es sollte für den Gebrauch dickflüssig sein. (Im Falle vorsichtig erwärmen, dabei rühren, bis es dickflüssig ist.)

Die Streifen von der Sellerieknolle und von der Selleriestaude samt den geschnittenen Blättern in eine Schüssel geben und mit einigen Tropfen Champagneressig, Salz, Pfeffer und bestem Olivenöl leicht anmachen und in der Mitte der Teller locker anrichten.

Das Lammfilet in nicht zu feine Scheiben schneiden. Einzeln auf einem Küchenpapier trockentupfen, durch das dickflüssige Thymiangelee ziehen und rund um den Sellerie anrichten.

Die Radicchioblätter in feine Streifen schneiden, um das Gericht geben und servieren.

Lachsterrine mit Dillkartoffeln in Artischockensauce nach Armin Mairhofer

8–10 Personen

ZUTATEN

Für die Lachsterrine:

ca. 400 g Lachsfilet
2 gutgekühlte Eiweiß
200 g flüssige kalte Sahne
3 EL Schlagsahne
6 mittelgroße längliche,
nicht mehlige Kartoffeln
wenn möglich frischer Dill (ca. 100 g)

Für die Artischockensauce:

4 mittelgroße Artischocken
Zitronensaft
Dill oder Feldsalat zum Garnieren

ZUBEREITUNG

Für die Lachsterrine

Das Lachsfleisch von der Haut trennen, mit einer Pinzette von Gräten befreien und in Stücke schneiden. Im Cutter* mit einem Eiswürfel ganz fein mixen und anschließend durch ein Haarsieb in eine Metallschüssel streichen. Mit Klarsichtfolie zudecken und kalt stellen.

Die Kartoffeln schälen und ihnen mit dem Messer eine rechteckige Form von 2 cm Breite geben. Die Höhe und die Länge der Kartoffeln können gleich bleiben. Dann der Länge nach ca. $1/2$ cm dicke Scheiben schneiden. Diese in leicht gesalzenem Wasser weichkochen. Dabei immer wieder kontrollieren, daß die Kartoffeln nicht verkochen und die Form beibehalten. Mit einer Schaumkelle vorsichtig aus dem Wasser nehmen, dabei gut abtropfen lassen und auf ein Tablett geben.

Den Dill zupfen, das heißt von allen Stengeln befreien und etwas aufschneiden. Die Kartoffeln in diesem Dill vorsichtig wenden und auf einem Tablett bereitstellen. Den restlichen Dill ebenso bereitstellen.

Die Lachsmasse wieder aus dem Kühlschrank nehmen, Salz und ein wenig Pfeffer dazugeben und das Eiweiß mit einem Holzlöffel kräftig dazurühren. Dann die kalte Sahne langsam dazurühren und eine Probe* machen. (Der Probe entsprechend die ganze oder etwas weniger Schlagsahne dazurühren. Aus meiner Sicht soll die Terrine nicht zu weich werden.)
Die Masse noch einmal abschmecken und wieder kalt stellen.

Eine Terrinenform* von ca. 20 cm Länge, 8 cm Breite und ca. 10 cm Höhe mit Klarsichtfolie auslegen. Die Lachsmasse nun in einen Spritzsack mit einer eher größeren Lochtülle geben und in die Terrinenform einen 1 bis 2 cm hohen Boden spritzen. Mit einer Gummispachtel glattstreichen. Dann links und rechts nahe dem Rand entlang der Länge nach zwei Reihen Dillkartoffeln legen. Lachsmasse darüberspritzen, so daß die Kartoffeln gut bedeckt sind. Wiederum mit einer Gummispachtel vorsichtig glattstreichen. Dann in die Mitte der Form der Länge nach eine Reihe Dillkartoffeln legen, wieder Lachsmasse darüberspritzen und glattstreichen. Diese Vorgänge wiederholen, bis die Terrinenform voll ist und nach der Garzeit im Schnitt ein Schachbrettmuster ergibt.
Mit der Klarsichtfolie gut zudecken und bis zum Garen in den Kühlschrank stellen.

Für die Artischockensauce

Die Artischocken* putzen, dabei aber etwas mehr Blätter daranlassen, weil diese Artischocken nachher gemixt werden.
Die Artischocken in einem Topf mit Wasser bedeckt und dem Saft einer halben Zitrone bereitstellen.

FERTIGSTELLUNG

Eine Stunde vor Gebrauch der Terrine ca. 3 Liter Wasser für ein Wasserbad erhitzen, den Ofen auf 130 Grad vorheizen und die Terrine im Wasserbad* im Ofen für ca. dreißig Minuten garen. Nach gut zwanzig Minuten Nadelprobe*!

Von den Artischocken das Zitronenwasser wegschütten und durch frisches ersetzen. Leicht salzen und für ca. fünfzehn Minuten weichkochen. Dann im Mixer fein mixen, dabei nicht das ganze Wasser dazugeben, damit die Sauce nicht zu flüssig wird. Wenn nötig, nach dem Mixen Wasser dazugeben.

Die Terrine nach der Garzeit einige Zeit in der Form ruhen lassen und dann vorsichtig auf ein Brett stürzen. Die Klarsichtfolie wegziehen und die Terrine mit dem restlichen Dill bestreuen.
Einen kleinen Schöpfer Artischockensauce in die Mitte des Tellers geben. Die Terrine mit einem dünnen scharfen Messer in ca. 2 cm dicke Scheiben schneiden und in die Mitte des Tellers geben. Mit Dillspitzen oder Feldsalat garnieren.

Armin Mairhofer

»Ich gebe diese Lachsterrine erst eine Stunde vor Gebrauch in den Ofen, weil sie im warmen Zustand am besten schmeckt. Man kann sie aber auch vorher garen und dann die einzelnen Scheiben leicht wärmen.

Diese Lachsterrine kann man auch ohne Dillkartoffeln machen und dafür in die Mitte der Terrine ein entsprechend großes und langes Stück Lachs geben.

Von diesem Rezept kann man andere Massen für Fischterrinen ableiten und mit Fantasie beliebige Fischterrinen zubereiten.«

WINTER · KALTE VORSPEISEN

Parfait vom Kalbshirn mit Schalottenkonfit

Parfait für 18 Personen,
restliches Gericht für 4 Personen

Wichtig: Das Parfait muß mindestens einen Tag vorher zubereitet werden.

ZUTATEN

Für das Parfait:

*450 g geputztes Kalbshirn
(im nicht geputzten Zustand
sind das ca. 800 g)
150 g Kalbsleber
5 Eidotter
eine gute Prise Pökelsalz
(vom Metzger)
350 g Butter*

Sauce fürs Parfait:

*1 kg Hühnerknochen (Flügel, Hälse usw.)
2 Schalotten
2 Knoblauchzehen
1 Selleriezweiglein
einige Petersilienstengel*

Gewürzbutter fürs Parfait:

*150 g Butter
3 grobgeschnittene Schalotten
3 Knoblauchzehen halbiert
etwas Petersilie
5–6 Champignons in Scheiben
geschnitten
ein Rosmarinzweiglein
4–5 Salbeiblätter
reichlich Thymian
2 Lorbeerblätter
1/2 Glas Cognac
1/4 Tasse feingeschnittene Schalotten
(aus 5 Schalotten)
Salz, Pfeffer, Muskatnuß
8 große Scheiben weißer Speck
(vom Metzger) zum Auslegen der Terrine*

Für das Schalottenkonfit:

*8 feingeschnittene Schalotten
4 EL von der reduzierten Sauce
vom Parfait
1 EL Balsamessig
1 EL bestes Olivenöl*

*verschiedene Wintersalate
Balsamessig
bestes Olivenöl
15–20 Scheiben frisches Baguette*

ZUBEREITUNG

Für das Parfait

Das Kalbshirn von Häuten befreien, putzen und unter fließendem Wasser waschen, in ein Sieb zum Abtropfen geben. Die Abfälle für die Gewürzbutter aufheben. Die Leber in Stücke schneiden. Die genau gewogenen 450 g Hirn und die 150 g Leber mit einer Prise Pökelsalz im Mixer oder im Cutter* ganz fein mixen. Zum Schluß die Eigelb dazugeben und anschließend durch ein Sieb in eine Metallschüssel passieren, mit Klarsichtfolie zudecken und an einem warmen Ort stehenlassen.
Die Butter klären* und am Herdrand warm stellen.

Sauce fürs Parfait

Die Hühnerknochen in einem eher weiten Topf mit ein wenig Öl bei guter Hitze goldbraun werden lassen. Das geschnittene Gemüse dazugeben, kurz mitrösten und dann mit eiskaltem Wasser knapp bedeckt aufgießen. Eine Prise Salz dazugeben und für ca. dreißig Minuten leicht köcheln lassen.

Anschließend durch ein Tuch passieren und auf ca. ein Fünftel reduzieren lassen.

Gewürzbutter fürs Parfait

Von jedem der Kräuter ein Zweiglein beiseite legen! Die restlichen Kräuter und Gewürze sowie Kalbshirn und eventuell Leberabfälle in einem weiten Topf mit den 150 g Butter für ca. zwanzig Minuten bei mittlerer Hitze gut dünsten, dabei ab und zu umrühren.

Zum Schluß mit dem Cognac löschen, flambieren* und dann die Butter durch ein Sieb in einen entsprechend großen Topf passieren. Gleich wie die geklärte Butter warm halten.

Die feingeschnittenen Schalotten in einem nußgroßen Stück Butter kurz anschwitzen.

Fertigstellung des Parfaits

Ca. 3 Liter Wasser für ein Wasserbad* erhitzen. Den Ofen auf 170 Grad vorheizen.

Eine Terrinenform* mit den nicht zu dünn geschnittenen weißen Speckscheiben über den Rand hinaus auslegen.

Von der reduzierten Sauce vier Eßlöffel für das Schalottenkonfit aufbewahren.

Die restliche warme Sauce zur Hirnmasse rühren. Danach die Gewürzbutter und die geklärte Butter dazurühren sowie die angeschwitzten Schalotten dazugeben. Ein wenig Muskatnuß dazureiben sowie reichlich Pfeffer aus der Mühle und Salz. (Die Masse muß gut gesalzen sein, weil sie später im Kühlschrank ein wenig an Intensität verliert.)

Die Butter und die Sauce sollten warm (ca. 50 Grad) sein und langsam dazugerührt werden, damit die Masse gut bindet und nicht gerinnt. Die Masse sofort in die Terrinenform abfüllen und mit weißen Speckscheiben zudecken. Die beiseite gelegten Kräuter daraufleben.

Die Terrine mit dem Deckel oder mit Alufolie zudecken. Im Ofen im Wasserbad bei 170 Grad für ca. eine Stunde garen. Dabei darf das Wasser nie kochen. Ab und zu kontrollieren.

Das Parfait ist gar, wenn es sich konsistent anfühlt und oben leicht aufzubrechen beginnt.

Anschließend aus dem Ofen in den Kühlschrank stellen und mindestens einen Tag im Kühlschrank lassen.

Für das Schalottenkonfit

Die feingeschnittenen Schalotten in einem nußgroßen Stück Butter kurz anschwitzen, die vier Eßlöffel warme Sauce, den Balsamessig, das Olivenöl, eine Prise Salz und Pfeffer dazugeben. Alles gut verrühren.

Die Salate putzen, waschen und auf ein Tablett mit einem Küchentuch zum Abtropfen geben.

FERTIGSTELLUNG

Das Parfait aus dem Kühlschrank nehmen und mit der Form umgekehrt kurz unter heißfließendes Wasser halten, damit es leichter aus der Form geht. Auf ein Brett stürzen, in ca. 2 cm dicke Scheiben schneiden und auf Tellern anrichten.

Den Salat mit Salz, Pfeffer, einigen Tropfen Balsamessig und ein wenig Olivenöl anmachen und zusammen mit dem warmen Schalottenkonfit auf dem Teller anrichten.

Die Baguettescheiben toasten und warm dazu servieren.

Ich habe absichtlich ein größeres Rezept beim Parfait angegeben. Es hält sich im Kühlschrank für mindestens zehn Tage und lohnt somit die Arbeit, weil man es des öfteren servieren kann. Nach ca. drei Tagen im Kühlschrank hat es sein volles Aroma entfaltet.

Bei der Zubereitung des Parfaits auf die Temperaturen von Butter und Sauce achten, dann kann nichts schiefgehen!

WINTER · KALTE VORSPEISEN

Rotbarbenfilets auf Rote-Rüben-Streifen mit Himbeerdressing

4 Personen

ZUTATEN

12 kleine Rotbarben
4 kleine rote Rüben
1 Lauchherz
bestes Olivenöl
Kümmel

Für das Dressing:

Gräten von den Rotbarben
1 Schalotte
1 kleines Stückchen Karotte
1/2 Knoblauchzehe
1 Stückchen Lauch
einige Petersilienstengel
Reste von den roten Rüben
Himbeeressig
bestes Olivenöl

ZUBEREITUNG

Die Rotbarben putzen, wenn nötig entschuppen, waschen und filetieren. Die Gräten und Köpfe für den Sud aufbewahren. Die Filets mit einer Pinzette von den einzelnen Gräten befreien, auf ein Tablett legen und mit Klarsichtfolie zugedeckt kalt stellen.

Die roten Rüben schälen, wenn möglich mit der Aufschnittmaschine zuerst in dünne Scheiben und dann in feine Streifen schneiden.

Den Lauch waschen, in Stücke von ca. 5 cm schneiden, halbieren und in feine Streifen schneiden.

Rote-Rüben- und Lauchstreifen getrennt voneinander mit Klarsichtfolie zugedeckt bereitstellen.

Für das Dressing

Die Gräten und Köpfe mit dem geschnittenen Gemüse in einen Topf geben, eine Prise Salz dazugeben und mit eiskaltem Wasser knapp bedeckt aufgießen, zum Kochen bringen, dann die Hitze reduzieren und ca. zwanzig Minuten ziehen lassen.

Anschließend durch ein Tuch passieren und auf ein Viertel reduzieren.

Zum reduzierten Sud einige Rote-Rüben-Reste geben, kurz aufkochen lassen, einige Tropfen Himbeeressig und zwei bis drei Eßlöffel Olivenöl dazugeben, sofort durch ein Sieb passieren und einmal aufmixen.

Vielleicht wurden die Rotbarben für die roten Rüben geschaffen oder umgekehrt...!

Es ist wichtig, dieses Gericht so schnell wie möglich fertigzustellen und zu servieren.

FERTIGSTELLUNG

Die Rote-Rüben-Streifen in einer heißen Pfanne mit ein wenig Olivenöl ca. dreißig Sekunden schwenken, etwas Kümmel dazugeben, vom Feuer nehmen und mit wenig Himbeeressig ablöschen.

Die Rotbarbenfilets ganz leicht salzen, etwas Olivenöl darübergeben und darin drehen. Eine Pfanne gut heiß werden lassen und die Filets zuerst auf der Hautseite ca. zehn Sekunden garen, dann umdrehen und sofort die Pfanne vom Feuer nehmen.

Die Rote-Rüben-Streifen mit den Rotbarbenfilets, den Lauchstreifen und dem Himbeerdressing sofort anrichten und servieren.

Karottensuppe mit Miesmuscheln

4 Personen

ZUTATEN

Für die Karottensuppe:

3/4 l leicht gesalzene Hühnerkraftbrühe
ca. 6 mittlere geschälte Karotten
ca. 50 g Butter
1 gute Prise Zucker

Für die Miesmuscheln:

ca. 30 Miesmuscheln
1/2 Glas Weißwein
1 kleines Zweiglein Thymian
1 Knoblauchzehe
einige Petersilienstengel
etwas geschnittene Petersilie

ZUBEREITUNG

Für die Karottensuppe

Zwei der Karotten in Brunoise* schneiden und für die Einlage beiseite stellen. Die restlichen Karotten eher grob aufschneiden und in einem Topf mit der Butter und dem Zucker sowie etwas Salz für drei bis vier Minuten dünsten. Mit der Hühnerkraftbrühe aufgießen und für weitere zehn Minuten leicht kochen. Danach im Mixer ca. zehn Sekunden mixen und durch ein Sieb passieren.

Für die Miesmuscheln

Die Miesmuscheln putzen* und waschen. In einem Topf mit dem Weißwein, dem Knoblauch, dem Thymian und den Petersilienstengeln zugedeckt ca. fünf Minuten bei guter Hitze kochen lassen. Dabei ab und zu etwas schütteln, damit sich die Muscheln schneller öffnen. Nicht zu lange kochen, da das Muschelfleisch sonst zäh wird. Etwas abkühlen lassen und dann aus der Schale nehmen.

Man kann die Muscheln auch einige Zeit vorher kochen, aus der Schale nehmen und im durch ein Tuch gesiebten Muschelsaft bereitstellen.

FERTIGSTELLUNG

Die Karottenbrunoise in ein wenig Butter mit einer Prise Salz ganz kurz dünsten und mit der Karottensuppe aufgießen, einmal aufkochen und eventuell abschmecken.

Die Muscheln wenn nötig erhitzen, die geschnittene Petersilie dazugeben und vermischen. Die Karottensuppe mit ca. 6 bis 7 Stück Miesmuscheln pro Person servieren.

Das Geheimnis der Zucchinisuppe im Sommer ist die Verwendung von bestem Olivenöl. Das Geheimnis der Karottensuppe im Winter ist die Verwendung von guter Butter und besten Karotten.

Hühnerkraftbrühe mit feinen Streifen von Wintergemüse

4 Personen

ZUTATEN

Für die Kraftbrühe:

1/2 Huhn
1 Karotte
1 Stück Lauch
1 Selleriezweiglein
1/2 Zwiebel
etwas Petersilie
1/2 Knoblauchzehe

Für die Einlage:

1 Karotte
1 Sellerieherz
1 Lauchherz
4–5 Champignons
eventuell 1 Stück Sellerieknolle
1 EL geschnittene Petersilie
1 EL geschnittene Sellerieblätter
(nur die feinsten)

ZUBEREITUNG

Vom Huhn die Brust abtrennen und für die Einlage in dünne Streifen schneiden, zugedeckt kalt stellen. Das restliche Huhn in größere Stücke schneiden

Für die Kraftbrühe

Die Huhnstücke in einer heißen Pfanne mit etwas Öl auf allen Seiten goldbraun anbraten. Die halbe Zwiebel in derselben Pfanne etwas braun werden lassen und dann beides in einen Topf geben. Das Suppengemüse dazugeben und mit eiskaltem Wasser gut bedeckt aufgießen, salzen und für ca. dreißig Minuten leicht köcheln lassen.

Anschließend durch ein Tuch passieren und eventuell noch etwas einkochen lassen, damit die Suppe kräftiger wird.

Für die Einlage

Das Gemüse putzen, schälen und waschen. Alles, außer den Champignons, in feinste Streifen schneiden. Wenn man eine Aufschnittmaschine hat, dann empfehle ich, das Gemüse (außer den Lauch) in ca. 5 cm lange Stücke zu schneiden, diese mit der Aufschnittmaschine in feine Scheiben zu schneiden und dann mit einem scharfen Messer in feinste Streifen.

Die Champignons putzen, waschen und in dünne Scheiben schneiden.

FERTIGSTELLUNG

Die Gemüsestreifen, die Champignons und das in Streifen geschnittene Hühnerfleisch in Suppentassen verteilen. Etwas Pfeffer aus der Mühle darübermahlen und mit der gut abgeschmeckten, sehr heißen Suppe aufgießen, mit der geschnittenen Petersilie und den gehackten Sellerieblättern bestreuen und sofort servieren.

Auf dieselbe Art mache ich andere Kraftbrühen wie z. B. aus Lamm, Wachtel, Kaninchen usw. und verwende die Knochen oder das Fleisch von diesen. So z. B. kann man eine Kaninchenkraftbrühe mit den Knödeln von der Leber aus dem Rezept »Kaninchen mit Knödel von der Leber in Rosmarinsauce« ableiten.

Blumenkohlsuppe mit Kaviar

4 Personen

ZUTATEN

Ein mittlerer Blumenkohl

Für die Kalbssuppe:

ca. 1/2 kg Kalbfleischknochen
2 Schalotten oder 1/2 Zwiebel
1 kleines Stückchen Lauch
1 kleines Stückchen Karotte
1 Selleriezweiglein
einige Petersilienstengel
grobe Teile und Blätter vom Blumenkohl

Für das restliche Gericht:

ca. 30 g Butter
1/2 Glas Sahne
2 EL Schlagsahne
zwischen 30 und 50 g Kaviar

ZUBEREITUNG

Den Blumenkohl von den groben Teilen befreien und diese für die Kalbssuppe verwenden.

Vom Blumenkohl die ca. zwanzig schönsten Röschen abschneiden und für die Einlage beiseite legen. Den restlichen Blumenkohl etwas zerkleinern.

Für die Kalbssuppe

Die Kalbfleischknochen in einer Pfanne mit ein wenig Öl bei guter Hitze auf allen Seiten leicht goldbraun anbraten. In derselben Pfanne nebenbei die halbierten Schalotten samt Schale etwas bräunen. Danach beides in einen Topf geben, das Gemüse sowie die Blumenkohlreste dazugeben und mit eiskaltem Wasser knapp bedeckt aufgießen. Eine Prise Salz dazugeben und für eine halbe Stunde leicht köcheln lassen.

Anschließend durch ein Tuch absieben und eventuell etwas einkochen, damit die Suppe kräftig wird.

FERTIGSTELLUNG

Den Blumenkohl in einem Topf mit der Butter und ein wenig Salz ohne Wasser für zwei bis drei Minuten bei nicht zu starker Hitze dünsten. Danach mit Dreiviertelliter der Kalbssuppe aufgießen und für ca. zehn Minuten kochen.

In der Zwischenzeit die Röschen ebenso in ein wenig Butter mit einer Prise Salz bei schwacher Hitze knackig dünsten. Dabei können die Röschen ruhig etwas Farbe annehmen.

Zur Suppe die Sahne und die Butter geben, noch einmal aufkochen lassen und im Mixer ca. zehn Sekunden mixen. Durch ein Sieb passieren, die Schlagsahne dazugeben und noch einmal mit dem Mixstab kurz aufmixen.

Etwas Kaviar mit den Röschen vermischen, und etwas Kaviar zur Suppe geben. Die Suppe auf keinen Fall mehr kochen lassen, weil der Kaviar sonst hart wird!

Die Blumenkohlsuppe gieße ich mit einer Suppe aus leicht angebratenen Kalbsknochen auf. Ich weiß nicht genau warum, aber vielleicht hatte ich eines Tages . . . (siehe unter »Die kleinen Geheimnisse der Kunst des Kochens« bei Suppen).

Peperoniflan mit Peperoncino

4 Personen

ZUTATEN

Für das Flan:

*2 rote Peperoni
(Paprikaschoten)
2 Knoblauchzehen
1 Schalotte oder ein
kleines Stück Zwiebel
200 g Sahne
3 Eier*

Für die Sauce:

*2 EL bestes Olivenöl
1 Knoblauchzehe
1 Schalotte
2 EL eingelegte Tomaten
2 EL Sahne
1/8 l Hühnersuppe
(wenn vorhanden)
2 EL Olivenöl
1 Peperoncino
(nach Belieben 2, aber nicht
auf meine Verantwortung)*

ZUBEREITUNG

Ofen auf 140 Grad vorheizen.

Für das Flan

Die Peperoni putzen, gut von den Kernen befreien, waschen und in kleine Stücke schneiden.

Die Schalotte grob aufschneiden und zusammen mit der halbierten Knoblauchzehe in einem eher weiten Topf mit dem Olivenöl und bei mittlerer Hitze kurz anziehen lassen. Die Peperoni dazugeben, salzen und für ca. acht Minuten bei kleinem Feuer dünsten.

Dann die Sahne dazugeben und für weitere fünf Minuten langsam kochen. Anschließend kurz abkühlen lassen.

Timbalförmchen* mit Olivenöl ausstreichen und Wasser für das Wasserbad zum Kochen bringen.

Die Peperoni im Mixer feinstens mixen, nebenbei abschmecken und zum Schluß die Eier dazugeben. Diese nur mehr einige Sekunden mixen. Die Masse soll, sobald die Eier dazugegeben werden, noch leicht warm sein, niemals aber heiß (siehe auch unter Flans*.

Die Masse in die Timbalformen abfüllen und im Wasserbad im Ofen für ca. zwanzig Minuten garen. Das Wasser sollte nie kochen, und das Flan fühlt sich, wenn es gar ist, konsistent an.

Für die Sauce

Die Knoblauchzehe halbieren und mit der geschnittenen Schalotte und dem Olivenöl in einem Topf kurz anziehen lassen. Die Tomaten dazugeben, kurz dünsten, mit der Sahne und der Hühnersuppe aufgießen, leicht salzen und um ca. die Hälfte einkochen lassen.

Den Peperoncino von den Kernen befreien und klein aufschneiden.

Zur einreduzierten Sauce die zwei Eßlöffel Olivenöl geben und mit dem Mixstab kurz aufmixen, dann durch ein Sieb passieren und den Peperoncino dazugeben. Abschmecken.

FERTIGSTELLUNG

Das Flan in einen tiefen Teller stürzen und mit der Peperoncinosauce und eventuell in Würfel geschnittenen, kurz gedünsteten Peperoni servieren.

*D*er frische Peperoncino wird im Herbst an einem Faden in der Küche oder im Keller aufgehängt und im Winter dann trocken verwendet. Er ist bedeutend schärfer als der frische.
Die Tomaten werden in Italien in fast jeder Familie im Sommer eingelegt und im Winter verwendet.

WINTER • WARME VORSPEISEN UND SUPPEN

Ravioli vom Kaninchen in der eigenen Sauce

4 Personen

ZUTATEN

*2 Kaninchenkeulen
oder ca. 500 g Kaninchen
1 kleiner Kohlrabi
1 kleine Karotte
die Schale von 1 Zucchino*

Für den Nudelteig:

*300 g Mehl
2 Eier
1 Eigelb
2 EL Olivenöl
Salz
1 Schuß Weißwein*

Für die Sauce:

*die Knochen vom Kaninchen
1 Schalotte oder 1 Stückchen Zwiebel
1 Knoblauchzehe
1 Stückchen Karotte
einige Petersilienstengel
30 g kalte Butter
Koriander aus der Mühle*

Für die Fülle:

*das Fleisch vom Kaninchen
1 nußgroßes Stück Butter
1 Eigelb
3 EL Sahne
2–3 EL von der Kaninchensauce
30 g Gorgonzola
50 g geputzten und gewaschenen Spinat
(das sind ca. 150 g im Einkauf)
Koriander aus der Mühle*

ZUBEREITUNG

Das Kaninchenfleisch vom Knochen lösen und für die Fülle beiseite stellen. Die Knochen für die Sauce aufbewahren. Den Kohlrabi, die Karotte und die Zucchinoschale in kleinste Würfel schneiden.

Für den Nudelteig

Alle Zutaten zu einem glatten und geschmeidigen Teig kneten, in Klarsichtfolie einwickeln und an einem kühlen Ort für mindestens dreißig Minuten ruhen lassen.

Für die Sauce

Die Knochen vom Kaninchen zerkleinern und in einem eher weiten Topf mit wenig Öl und bei mittlerer Hitze goldbraun braten. Das geschnittene Gemüse dazugeben und kurz mitrösten. Anschließend leicht salzen, mit eiskaltem Wasser aufgießen und für ca. dreißig Minuten langsam köcheln lassen. Anschließend durch ein Tuch passieren und auf ca. ein Viertel reduzieren lassen.

Für die Fülle

Das Kaninchenfleisch salzen und pfeffern. In einer Pfanne die Butter nußbraun werden lassen und das Kaninchenfleisch darin auf allen Seiten goldbraun anbraten, dann mit einem Deckel zudecken und bei kleinstem Feuer so lange ziehen lassen, bis das Fleisch fast gar ist. Dabei, um zu kontrollieren, einfach ein kleines Stück auseinanderschneiden.

Anschließend das Fleisch in einen Cutter* geben. Den Spinat in einer heißen Pfanne mit ein wenig Butter für ca. eine Minute (bis der Spinat zusammenfällt) garen und dazugeben. Das Eigelb, den Gorgonzola, die Sahne, zwei bis drei Eßlöffel von der Sauce, wenig Salz, Pfeffer und Koriander aus der Mühle dazugeben und alles mittelfein mixen und abschmecken. Die Fülle soll nicht fad schmecken. Ein wenig erkalten lassen.

Zubereitung der Ravioli

Den Teig mit der Nudelmaschine eher dünn ausrollen, dabei immer gut bemehlen. Die Breite sollte ca. 12 cm betragen. Auf die obere Hälfte in Abständen von ca. 7 cm löffelweise (Teelöffel) Fülle geben.

Die untere Hälfte leicht mit Ei oder auch mit Wasser bestreichen und die obere Hälfte damit zudecken. Mit einem runden Ausstecher entsprechend große Halbmonde ausstechen und diese einzeln noch einmal gut zudrücken, damit die Ravioli beim Kochen nicht auseinandergehen. Auf ein Tablett mit einem Tuch und ein wenig Grieß oder Mehl legen. Wenn man die Ravioli schon vormittags macht und erst abends braucht, rate ich, sie bis dahin einzufrieren.

FERTIGSTELLUNG

Den Kohlrabi, die Karotte und die Zucchiniwürfel zusammen in einem Topf mit ein wenig Butter und einer Prise Salz knackig dünsten.

Zur reduzierten, kochenden Sauce die kalte Butter rühren und etwas Koriander aus der Mühle dazugeben.

Die Ravioli in Salzwasser oder noch besser in einer Hühner- oder einer Kaninchensuppe al dente kochen. (Nachdem sie aufgekocht haben, einen Ravioli herausnehmen und probieren, ob er gar ist.) Dann mit einer Schaumkelle vom Wasser heraus auf ein Tuch zum Abtropfen geben und sofort mit der Sauce und dem Gemüse anrichten.

Der Ravioliteig ist nicht so fest wie der Teig für Nudeln ohne Fülle und muß dementsprechend weniger lang kochen. Um ein Kaninchen ganz verwerten zu können, kann man im Winter einmal die gefüllte Kaninchenkeule machen und mit dem restlichen Kaninchen die Ravioli.

Risotto mit Paprikaschoten

4 Personen

Wenn der Reis insgesamt die Kochzeit von 20 Minuten überschritten hat, läuft man Gefahr, daß er verkocht ist. Dies hängt von der Reissorte ab.

Sollte man diesen Risotto einfacher zubereiten wollen, kann man auch nur eine Farbe Paprika verwenden.

Die Farbe hat mit der Reife der Paprika zu tun. Grün ist unreif. Wenn die Frucht reif ist, gibt es zwei Sorten, die gelbe und die rote Paprika.

ZUTATEN

1 rote, 1 gelbe, 1 grüne Paprikaschote
3 Knoblauchzehen
2 Schalotten oder ½ Zwiebel

250 g Reis für Risotto*
bestes Olivenöl
1 Schalotte oder ¼ Zwiebel
½ Glas Weißwein
1 l abgeschmeckte Hühnerkraftbrühe
30 g kalte Butter
3 EL frisch geriebener Parmesan

ZUBEREITUNG

Die Paprikaschoten halbieren, putzen und waschen. Je Farbe ein Stückchen schälen, dieses in Streifen schneiden und für die Garnitur beiseite legen. Die restlichen Paprikaschoten pro Farbe getrennt voneinander grob aufschneiden. Die Schalotten grob schneiden und in drei verschiedenen mittleren Töpfen mit wenig Olivenöl kurz anschwitzen, die Paprikaschoten getrennt mit einer halbierten Knoblauchzehe dazugeben, sofort salzen, weil so die Paprikaschoten etwas Wasser machen. Bei mittlerer Hitze langsam weich dünsten. Wenn nötig, nach einer Weile einige Tropfen Wasser dazugeben. Nach ca. fünfzehn bis zwanzig Minuten vom Feuer nehmen und getrennt voneinander im Mixer fein mixen. Jedes der drei Pürees wieder in dieselben Töpfe zurückgeben und bereitstellen.

FERTIGSTELLUNG

Für den Reis die Schalotten fein schneiden und in ein wenig Olivenöl bei mittlerer Hitze kurz anschwitzen, den Reis dazugeben und unter dauerndem Rühren ca. dreißig Sekunden etwas glasig werden lassen. Dann mit dem Weißwein ablöschen, diesen unter dauerndem Rühren einkochen und nachher mit ein bis zwei größeren Schöpfern Suppe aufgießen, immer wieder rühren und immer wieder etwas Suppe dazugießen. Zur gleichen Zeit die Paprikastreifen in einem Topf für ca. drei Minuten weich dünsten.

Nach zwölf Minuten Kochzeit den Reis in die drei Töpfe mit den Paprikapürees verteilen und für weitere sechs Minuten unter dauerndem Rühren weiterkochen. Der Reis soll am Ende cremig dick sein. Die Butter und den Parmesan auf alle drei Töpfe verteilen und cremig rühren (mantecare*). Sofort abschmecken und mit den Paprikastreifen als Garnitur servieren.

Safranfarfalle mit kleinem Gemüse

4 Personen

ZUTATEN

Für den Teig:

200 g Mehl
50 g feiner Hartweizengrieß
4 Eidotter
1 ganzes Ei
2 EL Olivenöl
Salz

Für die Safransauce:

1/2 kg Hühnerknochen
(Flügel, Hälse usw.)
2 Schalotten oder 1/2 Zwiebel
1/2 Karotte
1/2 kleiner Lauch (nur das Grüne)
einige Petersilienstengel
4–5 Champignons
1/2 Knoblauchzehe
1 Stückchen Lorbeerblatt
1 Briefchen Safran (0,25 g)
1/2 Glas leichter Rot- oder Weißwein
wenn möglich Safranfäden
3 EL Sahne
ca. 30 g Butter
1 TL Parmesan

Für das Gemüse:

1 Karotte
1/2 Lauch (nur das innere Hellgrüne)
1 Kohlrabi oder eventuell 1 kleine Sellerieknolle

ZUBEREITUNG

Für den Teig

Alle Zutaten zu einem glatten und festen Teig kneten und diesen mindestens eine halbe Stunde oder länger an einem kühlen Ort ruhen lassen. In Klarsichtfolie einwikkeln!

Für die Safransauce

Die Hühnerknochen etwas zerkleinern und in einem weiten Topf mit gutem Olivenöl bei eher kräftiger Hitze goldbraun werden lassen. Das geschnittene Gemüse sowie die Champignons und das Lorbeerblatt dazugeben und für eine Weile zusammen dünsten. Das Safranpulver dazugeben, mit dem Wein ablöschen und total einkochen lassen. Dabei ab und zu umrühren und mit eiskaltem Wasser gut bedeckt aufgießen. Eine Prise Salz dazugeben und für ca. dreißig Minuten leicht köcheln lassen.
Anschließend durch ein Tuch passieren und auf ca. ein Fünftel reduzieren.

Für das Gemüse

Das Gemüse putzen. Wenn möglich mit der Aufschnittmaschine (außer den Lauch) in nicht zu dünne Scheiben schneiden und dann in Rauten (diagonalförmig). Beim Schneiden derselben die Scheiben übereinanderschichten, damit es schneller geht.

Für die Farfalle

Den Nudelteig mit der Nudelmaschine nicht zu dünn ausrollen und sofort in Rechtecke zu ca. 3 x 5 cm schneiden. Diese übereinanderlegen und mit Klarsichtfolie zudecken, damit sie nicht austrocknen. Jedes dieser Rechtecke mit der Hand zu Farfalle formen, dabei gut zusammendrükken, damit sie später beim Kochen nicht auseinanderfallen. Auf ein Haarsieb oder Gitter zum Trocknen legen. Als Beispiel für die Farfalle nimmt man gekaufte und versucht, sie diesen gleich zu machen. Mit einiger Übung werden sie perfekt sein.

*W*enn man sich nicht soviel Zeit nehmen will oder kann, dann kann man eventuell als Basis für die Safransauce eine Hühnerkraftbrühe verwenden. Mit dieser so verfahren wie mit der Hühnersauce.

Bei Zeitmangel darf man Farfalle auch kaufen, anstatt sie selber zu machen.

FERTIGSTELLUNG

Zur reduzierten Sauce die Sahne und die Safranfäden geben, aufkochen lassen und die kalte Butter dazugeben. Sobald das Ganze noch einmal aufkocht, im Mixer oder mit dem Mixstab aufmixen.

Die Farfalle in Salzwasser al dente kochen, absieben und in der Safransauce in einem flachen Topf unter fast dauerndem Rühren so lange weiterkochen, bis die Sauce mit den Nudeln zu binden beginnt.

In dieser Zeit das Gemüse in einem Topf mit ein wenig Butter und Salz für ca. zwei Minuten knackig dünsten. Die Farfalle vom Feuer nehmen, den Parmesan, Pfeffer aus der Mühle und das Gemüse dazugeben und gut vermischen, probieren, eventuell nachsalzen und sofort servieren.

Marmorbrasse im Champagneressigsud mit Aniskartoffeln

4 Personen

ZUTATEN

2 Marmor- oder sonstige Brassen von je ca. 300 g Gewicht
ca. 8 kleine, nicht mehlige Kartoffeln
1 TL Anis in Körnern
ein Selleriestengel

Für den Sud:

Köpfe und Gräten vom Fisch
1 Schalotte oder ein Stück Zwiebel
einige Petersilienstengel
1 Stückchen Karotte
1 Selleriezweiglein
Champagneressig oder ein guter Weißweinessig

ZUBEREITUNG

Die Marmorbrassen entschuppen, putzen, waschen und filetieren. Aus den einzelnen Filets mit einer Pinzette die Gräten entnehmen. Köpfe und Gräten gut waschen und für den Sud aufbewahren. Die Filets mit Klarsichtfolie zudecken und kalt stellen.

Die Kartoffeln waschen, schälen und den einzelnen Kartoffeln Form geben. Dann in Spalten schneiden, in ein Töpfchen geben, mit Wasser knapp bedecken und bereitstellen.

Den Sellerie eventuell schälen, in Stücke von ca. 5 cm schneiden und diese dann in dünne Streifen.

Für den Sud

Die Fischgräten und Köpfe sowie das Gemüse in einen Topf geben, knapp mit Wasser bedecken, eine Prise Salz dazugeben und zum Kochen bringen. Dann das Feuer reduzieren und nur mehr für ca. zwanzig Minuten ziehen lassen.

Anschließend durch ein Tuch passieren und auf ca. ein Viertel einkochen lassen.

FERTIGSTELLUNG

Die Kartoffeln, ohne das Wasser zu wechseln (dann bleibt die Stärke drinnen), mit einer Prise Salz weichkochen.

Die Selleriestreifen in Salzwasser kurz knackig kochen, absieben und kurz unter kaltem Wasser abschrecken. Bei Gebrauch in einigen Tropfen Wasser erhitzen.

Den Fischsud mit Champagneressig gut parfümieren. Sollte der Sud nicht ganz klar sein, eventuell klären*.

Den Fisch leicht salzen. In einer heißen Pfanne mit vier bis fünf Eßlöffeln Wasser und einem Stückchen Butter zuerst für ca. eine Minute auf der Hautseite, dann umdrehen und für ca. dreißig Sekunden auf der anderen Seite garen.

Von den Kartoffeln restliches Wasser vorsichtig abschütten (es wäre bei Kartoffeln das beste, wenn kein Wasser im Topf zurückbleiben würde) und ein Stückchen Butter sowie den Anis dazugeben.

Sofort den Fisch mit den Kartoffeln und dem Champagneressigsud sowie den Selleriestreifen anrichten und servieren.

Im Sommer wird die Anisblüte (bei Seezungenfilets), im Winter die Frucht des Anis, die Körner, verwendet.

Man sollte nie unbedingt »den« Fisch kaufen gehen. Es könnte sein, daß man keine Marmorbrasse bekommt, weil dieser Fisch eher schwierig zu finden ist. Man kann dann einen anderen Fisch aus der Familie der Brassen oder einfach den frischesten kaufen.

Rotbarbenfilets in Sauce von Miesmuscheln und Olivenöl

4 Personen

ZUTATEN

*10 kleine Rotbarben
(eventuell 6–8 große)
3–4 Karotten*

Für die Sauce:

*Gräten und Köpfe von den Rotbarben
1 Schalotte oder 1 Stückchen Zwiebel
1/2 Karotte
1 Knoblauchzehe
1 kleines Stück Lauch
1 Selleriezweiglein
einige Petersilienstengel
ein Stück eingeweckte Tomate
4 EL bestes Olivenöl
3–4 Petersilienblätter*

Für die Miesmuscheln:

*ca. 30 Miesmuscheln
2 EL bestes Olivenöl
1/4 Glas trockener Sekt oder Weißwein
1 kleines Zweiglein Thymian
1 Zweiglein Petersilie
1 halbierte Knoblauchzehe
1 EL geschnittene Petersilie*

ZUBEREITUNG

Die Rotbarben wenn nötig entschuppen, putzen, waschen und filetieren. Gräten und Köpfe aufbewahren.

Die kleinen Gräten mittels einer Pinzette aus den einzelnen Filets nehmen.

Die Filets mit Klarsichtfolie zudecken und kalt stellen.

Die Karotten nach Belieben und Zeit schneiden und bereitstellen.

Für die Sauce

Die Rotbarbengräten und Köpfe sowie das geschnittene Gemüse in einen eher hohen Topf geben, mit kaltem Wasser gut bedeckt aufgießen, eine Prise Salz dazugeben und zum Kochen bringen. Hitze reduzieren, abschäumen und für weitere ca. zwanzig Minuten ziehen lassen.

Anschließend durch ein Tuch passieren und auf ca. ein Fünftel reduzieren.

Für die Miesmuscheln

Die Miesmuscheln* putzen und waschen. Das Olivenöl, den Sekt, den Thymian, das Petersilienzweiglein und den Knoblauch in einen eher weiten Topf geben und zum Kochen bringen. Die gut abgetropften Miesmuscheln dazugeben, zudecken und für ca. fünf Minuten kochen lassen.
Dabei ab und zu schütteln, damit sich die Muscheln schneller öffnen. Ja nicht zu lange kochen, sondern sobald man sieht, daß sich die Muscheln geöffnet haben, sofort vom Feuer nehmen, kurz abkühlen lassen. Die Muscheln aus der Schale nehmen, in ein Töpfchen geben und den Muschelsud durch ein Tuch zu den Muscheln passieren.

FERTIGSTELLUNG

Die Karotten in einem Töpfchen mit ein wenig bestem Olivenöl, ganz wenig Wasser und einer Prise Salz für zwei bis drei Minuten knackig dünsten.

In die reduzierte Fischsauce fünf bis sechs von den nicht so schönen Miesmuscheln, ein wenig vom Muschelsud, die Petersilienblätter, die eingeweckte Tomate sowie das Olivenöl geben, einmal schwach aufkochen und im Mixer mixen, dann durch ein Sieb passieren.

Die Miesmuscheln erhitzen, absieben und mit der geschnittenen Petersilie vermengen.

Die Rotbarbenfilets ganz leicht salzen und schwach pfeffern, in wenig bestem Olivenöl drehen und in einer mittelheißen Pfanne zuerst auf der Hautseite für ca. zehn Sekunden garen, umdrehen und die Pfanne vom Feuer nehmen.

Sofort wie ein Ragout mit den Miesmuscheln, den Karotten und der Sauce in tiefen Tellern anrichten.

WINTER • FISCHGERICHTE

*J*e frischer die Rotbarben, um so leichter lassen sie sich braten und um so vorzüglicher schmekken sie.

Zehn Sekunden (ca.) Garzeit genügen, um aus diesen kleinen Filets eine Köstlichkeit zu machen!

Steinbuttfilet in Safran-Tintenfisch-Sauce

4 Personen

ZUTATEN

1 Steinbutt zu ca. 700 g

Für die Saucen:

Gräten und Köpfe vom Steinbutt
2 Schalotten
1/2 Knoblauchzehe
1/2 Karotte
1 Stückchen Lauch
einige Petersilienstengel
1/2 Glas sanfter Weißwein
2 EL Sahne
0,50 g Safranpulver (2 Brieflein)
eventuell Safranfäden
ca. 30 g kalte Butter
1 EL Schlagsahne
1 kleiner Tintenfisch mit Tinte
1 nußgroßes Stück Butter

Für die Beilage:

ca. 100 g Nudelteig*
1 Rote Rübe
1 große Broccoli

ZUBEREITUNG

Den Steinbutt filetieren, die Haut entfernen (Fisch enthäuten*) und die vier Filets, von denen zwei kleiner sind, eventuell zurechtschneiden, mit Klarsichtfolie zudecken und bereitstellen. Den Kopf und die Gräten für den Sud aufbewahren.

Für die Saucen

Die Gräten und den Kopf in einen eher hohen Topf geben. Das geschnittene Gemüse und den Weißwein sowie eine Prise Salz dazugeben und zum Kochen bringen, dann Hitze reduzieren und für ca. zwanzig Minuten bei kleinstem Feuer nur mehr ziehen lassen.

Anschließend durch ein Tuch passieren, ca. ein Drittel vom Sud entnehmen und beiseite stellen, zu den übrigen zwei Dritteln den Safran geben und auf ca. ein Fünftel reduzieren.

Den Tintenfisch nur außen waschen, aufschneiden, das Säckchen mit der Tinte entnehmen und beiseite legen. Den Tintenfisch in Streifen schneiden und mit dem einen Drittel beiseite gestellten Sud so lange kochen, bis nur mehr ganz wenig Flüssigkeit übrigbleibt. Dann das Fischsäckchen dazugeben, alles gut rühren, damit die ganze Tinte im Sud bleibt, und anschließend durch ein feines Sieb passieren und bereitstellen.

Für die Beilagen

Aus dem Nudelteig mit der Nudelmaschine* Taglierini machen. Die Rote Rübe gut schälen, mit der Aufschnittmaschine in dünne Scheiben schneiden und dann in feinste Streifen. Die Reste mit ca. einem Viertelliter Wasser für drei bis vier Minuten kochen, dann das entstandene rote Wasser in ein Töpfchen absieben, leicht salzen und zum Kochen der Taglierini aufbewahren.

Die Broccoliröschen vom Stengel schneiden. Den Stengel eventuell schälen und nach Belieben in Scheiben oder in Streifen schneiden. Die Röschen in gut gesalzenem Wasser fast weich und anschließend die Stengel knackig kochen, eventuell abkühlen oder erst kurz vor Gebrauch kochen und dann nicht abkühlen.

FERTIGSTELLUNG

Zum Safransud die zwei Eßlöffel Sahne geben und zum Kochen bringen. Die kalte Butter dazugeben und noch einmal aufkochen lassen, im Mixer mixen und dann die Schlagsahne dazugeben.

Den Tintenfischsud zum Kochen bringen und das nußgroße Stück Butter in die Sauce rühren, nicht mehr kochen lassen.

Die Rote-Rüben-Streifen ins Rote-Rüben-Wasser geben und zusammen mit den Taglierini al dente kochen, über einen Topf in ein Sieb absieben und das übrige rote Wasser bis fast zur Gänze einkochen lassen. Anschließend die Taglierini wieder zum eingekochten Wasser geben und mit einem Stückchen Butter verfeinern. Leicht pfeffern.

Die beiden Saucen erhitzen, aber nicht kochen lassen. Wenn nötig auch die Broccoli erhitzen.

Die Steinbuttfilets in einer Pfanne mit ein wenig Wasser und einem Stückchen Butter zuerst für ca. eine halbe Minute auf einer Seite garen, dann umdrehen, zudecken, vom Feuer nehmen und ca. eine weitere halbe Minute ziehen lassen. Den Deckel wegnehmen und die Filets auf der Safransauce mit den Taglierini und den Broccoli sowie der Tintenfischsauce anrichten und schnell servieren!

WINTER • FISCHGERICHTE

*V*ielleicht ist dieses Gericht etwas kompliziert zuzubereiten. Aber ich glaube, wenn man es einmal probiert hat, dann weiß man, daß sich der Aufwand lohnt und daß der Safran für den Winter und in diesem Fall für Steinbutt, Tintenfisch, Rote Rüben und Broccoli geschaffen wurde.

Seezungenfilets mit Petersilie und Karotten in Zitronensauce

4 Personen

ZUTATEN

4 Seezungen zu je ca. 300 g

Für die Sauce:

Gräten der Seezungen
2 Schalotten oder 1/2 Zwiebel
1 kleine Karotte
reichlich Petersilienstengel
1 Knoblauchzehe
1/2 Glas Weißwein
2 EL Sahne
30 g kalte Butter
1 Zitrone

Für die Petersilienfarce:*

Filets einer Seezunge (120 g)
1 Eiweiß (aus dem Kühlschrank)
60 g kalte Sahne
ca. 40 g Petersilie von Stengeln befreit

Für die Beilage:

4 mittlere Karotten
1/2 EL geschnittene Petersilie

ZUBEREITUNG

Die Seezungen einzeln mit dem Schwanzende unter heiß fließendes Wasser halten. So löst sich die Haut am Schwanzende, und man kann sie mühelos mit Hilfe eines Tuches von hinten nach vorne (beidseitig) wegziehen. Mit einem kleinen, scharfen Messer die Filets von der Mitte weg nach außen filetieren. Vier von den Filets für die Farce in Stücke schneiden und mit Klarsichtfolie zugedeckt kalt stellen.

Alle restlichen, wenn nötig, zuputzen, auf ein Tablett legen und ebenso zugedeckt kalt stellen. Die Gräten der Seezungen für die Sauce bereithalten.

Für die Sauce

Die Seezungengräten mit dem geschnittenen Gemüse und dem Weißwein in einen Topf geben und mit eiskaltem Wasser gut bedeckt aufgießen, eine Prise Salz dazugeben und zum Kochen bringen. Dann die Hitze reduzieren und nur mehr für zwanzig Minuten ziehen lassen.

Anschließend durch ein Tuch passieren, ein Stückchen Zitronenschale dazugeben und auf ca. ein Fünftel einkochen lassen.

Die restliche Zitronenschale mit einem Kartoffelschäler dünn abschälen und in feinste Streifen schneiden, mit Klarsichtfolie zugedeckt bereitstellen.

Für die Petersilienfarce

Die 40 g Petersilie mit ca. 1 Liter Wasser im Mixer für ca. zwanzig Sekunden mixen. Dann durch ein Spitzsieb in einen eher hohen Topf passieren und gut durchdrükken. Das im Sieb Zurückgebliebene wegwerfen. Das grüne Wasser im Topf zum Kochen bringen. Sobald es zu kochen beginnt, den oben entstandenen grünen Schaum in ein feines Sieb abschöpfen und kalt stellen. Dieser Schaum dient dazu, der Farce Farbe und Geschmack von Petersilie zu geben.

Die vier in Stücke geschnittenen Seezungenfilets mit dem Eiweiß im Cutter* feinstens mixen und anschließend durch ein Haarsieb in eine Metallschüssel streichen. Die Masse salzen und leicht pfeffern. Den erkalteten grünen Schaum mit der kalten Sahne gut verrühren und mit Hilfe einer Gummispachtel zur Seezungenmasse rühren. Dabei achtgeben, daß die Masse immer gut kalt bleibt, sonst könnte sie gerinnen oder nicht schön glatt werden. Eine Probe* machen. Mit Klarsichtfolie zugedeckt bis zum Gebrauch kalt stellen.

Für die Beilage

Die Karotten schälen und in 3–4 cm lange Stücke schneiden. Diese, wenn möglich, mit der Aufschnittmaschine zuerst in Scheiben und dann mit einem Messer in dünne Streifen schneiden. Bereitstellen.

FERTIGSTELLUNG

Den Ofen auf 160 Grad vorheizen!

Die Seezungen auf beiden Seiten leicht salzen und wenig pfeffern. Einzeln, mit Hilfe einer kleinen Spachtel, ca. 1/2 cm dick mit der Petersilienfarce bestreichen, wobei die Filets auf der Hautseite liegen sollten. Ein Blech leicht mit Butter bestreichen und die Filets daraufgeben. In der Mitte des Ofens bei 160 Grad für ca. fünf Minuten garen.

Die Karottenstreifen in einem Topf mit einem Stückchen Butter, etwas Salz, einer Prise Zucker und zwei bis drei Eßlöffel Wasser für ca. eine Minute knackig dünsten. Die geschnittene Petersilie dazugeben und warm halten.

Zur reduzierten kochenden Sauce die Sahne geben, einmal aufkochen lassen, die kalte Butter dazugeben und, sobald die Sauce wieder kocht, im Mixer oder mit dem Mixstab mixen. Den Saft der halben Zitrone dazugeben, durch ein Sieb passieren und wenn nötig abschmecken.

Die Seezungenfilets mit den Karottenstreifen und der Zitronensauce auf flachen Tellern anrichten, mit den Zitronenschalenstreifen bestreuen und sofort servieren.

*V*ielleicht fällt es am Ende des Buches auf, daß es mir in fast jeder Saison – unabsichtlich – gelungen ist, ein Gericht mit Karotten und Zitronen zuzubereiten. Vielleicht, weil ich Gegensätze wie süß und sauer sehr mag.

WINTER · FISCHGERICHTE

Gefüllte Kaninchenkeule mit Fenchel in Koriandersauce

4 Personen

ZUTATEN

4 Kaninchenkeulen
oder zwei ganze Kaninchen, wobei man Köpfe und Parüren* für die Sauce verwenden und den restlichen Teil für eine Raviolifülle aufbewahren kann (eventuell auch tiefgefrieren).
Ravioli vom Kaninchen, Seite 172

Für die Sauce:

Köpfe und Parüren vom Kaninchen
1 Schalotte oder 1/2 Zwiebel
1 Knoblauchzehe
einige Petersilienstengel
1 Selleriezweiglein
eventuell Reste vom Fenchel
ca. 30 g kalte Butter
Koriander aus der Mühle

Für die Farce*:

eine Hühnerbrust (120 g)
80–100 g Sahne
1 EL Schlagsahne
2 kleine Fenchel

Für die Beilage:

4 kleine Fenchel

ZUBEREITUNG

Die Kaninchenkeulen mittels eines kleinen scharfen Messers vom Mittelknochen befreien, dabei den Knochen am äußeren Gelenk rundherum einschneiden und mit der Hand das Fleisch dem Knochen entlang zurückschieben, dann den Knochen am inneren Gelenk abschneiden. Das Fleisch sollte dabei nicht beschädigt werden. Mit Klarsichtfolie zugedeckt kalt stellen.

Für die Sauce

Die zerkleinerten Köpfe und Parüren vom Kaninchen in einem weiten Topf in wenig Öl anfangs bei starker, dann reduzierter Hitze langsam goldbraun werden lassen. Das zerkleinerte Gemüse dazugeben und kurz weiterdünsten, mit eiskaltem Wasser aufgießen, eine Prise Salz dazugeben und für ca. dreißig Minuten köcheln lassen.

Anschließend durch ein Tuch passieren und auf ca. ein Fünftel einkochen lassen.

Für die Farce

Die Hühnerbrust im Cutter* fein mixen und anschließend durch ein Haarsieb mit einer Teigkarte in eine passende Metallschüssel streichen, im Kühlschrank kalt stellen. In der Zwischenzeit den Fenchel für die Farce in kleine Würfel schneiden, dabei tut man sich am leichtesten, wenn man die einzelnen Blätter auseinandernimmt und diese dann in Würfel schneidet. Das Grün vom Fenchel etwas aufschneiden und für die Farce aufbewahren.

Die Fenchelwürfel in einem Topf mit ein wenig Butter für ca. zwei Minuten dünsten, dann erkalten lassen. Das passierte Hühnerfleisch aus dem Kühlschrank nehmen und die kalte Sahne langsam und vorsichtig dazurühren, salzen und pfeffern. Dann den erkalteten Fenchel, das Fenchelgrün und die Schlagsahne dazurühren und wieder in den Kühlschrank stellen. Probe machen!*

Für die Beilage

Gleich wie für die Farce den Fenchel auseinandernehmen und anstatt in Würfel, in Streifen schneiden. Das Fenchelgrün ebenso etwas aufschneiden und aufbewahren. Die Streifen in ganz wenig Wasser mit einem Stückchen Butter und zwei bis drei Eßlöffeln Wasser für einige Minuten knackig dünsten. Kurz vor dem Gebrauch das Fenchelgrün dazugeben.

FERTIGSTELLUNG

Den Ofen auf 140 Grad vorheizen.

Die ausgelösten Kaninchenkeulen innen salzen, pfeffern und eventuell mit etwas Koriander aus der Mühle würzen. Die Farce in einen Spritzsack geben und die Keulen damit füllen. Vier gleich große, entsprechend der Keule zugeschnittene Stück Alufolie mit Olivenöl leicht anstreichen. Die Keulen salzen, pfeffern und in Alufolie einzeln einrollen. An den beiden Enden das Papier vorsichtig zudrehen, damit die Farce nicht entweichen kann. Zusammen mit dem Papier in einer Pfanne mit etwas Öl rundherum bei guter Hitze bräunen (trotz Papier wird das Fleisch innen goldbraun).

Anschließend im Ofen bei ca. 140 Grad für knapp dreißig Minuten garen.

Zur reduzierten Sauce etwas Koriander aus der Mühle geben, die kalte Butter in die kochende Sauce einschwenken und eventuell durch ein Sieb passieren.

Das Fenchelgemüse erhitzen, die Kaninchenkeulen aus dem Papier nehmen, in Scheiben schneiden und zusammen mit dem Gemüse und der Sauce anrichten.

Man kann die Keulen auf die gleiche Art mit Gemüse zubereiten, dabei nimmt man anstatt Fenchel verschiedenes Gemüse: Sellerierübe, Kohlrabi, Karotten, Lauch und Petersilie.

Italienische Hausfrauen sind fest davon überzeugt, daß man aus den Kaninchenköpfen die beste Sauce gewinnt!

Ente auf Wirsing mit Balsamessigsauce

4 Personen

ZUTATEN

4 kleine oder 2 große Entenbrüste

Für die Balsamessigsauce:

*1/2 kg Hühnerknochen
(Flügel, Hälse, eventuell Keulen)
Parüren* von der Entenbrust
1/2 Zwiebel
1/2 Karotte
1 Knoblauchzehe
1 Selleriezweiglein
einige Petersilienstengel
1 Glas kräftiger Rotwein
guter Balsamessig
ca. 30 g kalte Butter*

Für die Beilage:

*1 kleiner Wirsing mit
möglichst zarten Blättern
Muskatblüte oder Muskatnuß
2 Karotten*

ZUBEREITUNG

Die Entenbrüste mit einem kleinen scharfen Messer von Sehnen befreien und das Fett zu einem Teil wegschneiden. Diese Reste für die Sauce aufbewahren. Die Entenbrüste mit Klarsichtfolie zugedeckt kalt stellen.

Für die Balsamessigsauce

Die Hühnerknochen zerkleinern und in einem eher weiten Topf mit ein wenig Öl bei mittlerer Hitze goldbraun anbraten. Die Reste von den Entenbrüsten dazugeben und so lange mitrösten, bis diese schön braun und knusprig sind. Das in Stücke geschnittene Gemüse dazugeben und kurz mitdünsten. Das entstandene Fett durch ein Sieb absieben, dann alles zusammen wieder in den Topf zurückgeben, mit dem Rotwein ablöschen und diesen total einkochen lassen. Ab und zu umrühren, und wenn keine Flüssigkeit mehr im Topf ist, mit eiskaltem Wasser bedeckt aufgießen. Eine Prise Salz dazugeben und für ca. dreißig Minuten leicht köcheln lassen.

Anschließend durch ein Tuch passieren und auf ca. ein Fünftel reduzieren.

Für die Beilage

Die einzelnen Wirsingblätter von den groben Strängen befreien und die Blätter in Stücke reißen, in gut gesalzenem Wasser für ca. eine Minute kochen, anschließend absieben und kurz unter kaltem Wasser abschrecken. Das Wasser ein wenig ausdrücken und den Wirsing bereitstellen.

Die Karotten schälen und in eher größere Würfel schneiden, in einem kleinen Topf mit einem kleinen Stückchen Butter, drei bis vier Eßlöffel Wasser, einer Prise Salz und einer Prise Zucker zugedeckt bei wenig Hitze zwei bis drei Minuten knackig dünsten. Ab und zu kontrollieren, ob noch Flüssigkeit im Topf ist.

FERTIGSTELLUNG

Den Ofen auf 140 Grad vorheizen.

Die Entenbrüste mit einer Mischung von ca. einem Fünftel Paprika und vier Fünftel Salz auf beiden Seiten würzen. In einer heißen Pfanne mit ein wenig Olivenöl zuerst auf der Hautseite knusprig braun und dann auf der anderen kürzer anbraten, in der Mitte des Ofens auf einem Gitter mit der Hautseite nach unten und je nach Größe für ca. fünf Minuten bei kleinen Entenbrüsten (bei größeren etwas länger) fertiggaren. Anschließend in Alufolie einwickeln und zwei bis drei Minuten ruhen lassen.

Den Wirsing in zwei bis drei Eßlöffel Wasser und einem nußgroßen Stück Butter mit einer guten Prise Muskatblüte für ein bis zwei Minuten dünsten. Dabei des öfteren vorsichtig rühren.

Die reduzierte Sauce zum Kochen bringen, die kalte Butter einschwenken und mit reichlich Balsamessig parfümieren. Wenn die Sauce anschließend nicht dick genug ist, noch ein wenig kalte Butter einschwenken und leicht pfeffern.

Die Entenbrüste in eher dünne Scheiben schneiden und mit dem Wirsing, der Balsamessigsauce und den warmen Karottenwürfeln anrichten. Sofort servieren!

Die Muskatblüte im Wirsing ist wichtig und ist nicht dasselbe wie die Muskatnuß, weil sie eine leichte Süße hat und somit eine Harmonie zwischen Ente, Balsamessig und Wirsing schafft.

Ragout von Schweinefilet und Wintergemüse mit Kümmel

4 Personen

ZUTATEN

*4 Schweinefiletenden
oder ein Filet zu ca. 800 g*

Für die Sauce:

Parüren von den Filets
1 Schalotte oder 1 Stück Zwiebel
1 kleines Stück Sellerie
1 kleines Stück Lauch
einige Petersilienstengel
1 Knoblauchzehe
1/2 Glas Rotwein
1 TL Kümmel
ca. 30 g kalte Butter*

Für das Gemüse:

*1/2 kleiner Weißkohl
1 Broccoli
4 Karotten
ca. 6 Stück Sprossenkohl
2 Kartoffeln
ca. 8 Champignons*

ZUBEREITUNG

Die Schweinefilets mit einem kleinen, scharfen Messer sauber zuputzen. Die Parüren für die Sauce aufbewahren. Das Schweinefilet in ca. 3 cm große Würfel schneiden, auf ein Tablett geben, mit Klarsichtfolie zudecken und kalt stellen.

Für die Sauce

In einem eher weiten und sehr heißen Topf die Parüren mit ein wenig Öl goldbraun anbraten. Die Hitze etwas reduzieren, das geschnittene Gemüse dazugeben, kurz mitrösten und mit dem Rotwein ablöschen. Diesen bis zur Gänze einkochen lassen, dabei öfter umrühren. Dann mit eiskaltem Wasser gut bedeckt aufgießen, eine Prise Salz dazugeben und für ca. dreißig Minuten leicht köcheln lassen.
Anschließend durch ein Sieb passieren und auf ca. ein Fünftel reduzieren.

Für das Gemüse

Das Gemüse nach Belieben schneiden oder turnieren*. Die Karotten, den Sprossenkohl, die Broccoliröschen und den Weißkohl in gut gesalzenem Wasser, getrennt voneinander, knackig kochen. Dabei das grüne Gemüse für einige Sekunden in eiskaltem Wasser abschrecken. Die Karotten auf ein Tablett geben.
Die Kartoffeln im kochenden Wasser kurz blanchieren* und anschließend in einer heißen Pfanne mit ein wenig Olivenöl langsam goldbraun garen. Nach einiger Zeit die Champignons dazugeben und mit fertiggaren. Dabei immer wieder schwenken und zum Schluß salzen.
Am besten wäre es, die Kartoffeln und die Champignons erst kurz vor Gebrauch zu garen.

FERTIGSTELLUNG

In die reduzierte, kochende Sauce die kalte Butter einschwenken und den Kümmel dazugeben.

Das Gemüse, außer Kartoffeln und Champignons, zusammen in einen eher weiten Topf geben und mit einem nußgroßen Stück Butter und einigen Tropfen Wasser vorsichtig erhitzen. Wenn nötig, Kartoffeln und Champignons ebenso erhitzen.
Das Fleisch salzen, leicht pfeffern und in einer sehr heißen Pfanne mit ein wenig Olivenöl für ca. eine Minute sautieren*, so daß die Stücke auf allen Seiten goldbraun werden. Nach einiger Zeit sollte man ein Stück probieren, um zu sehen, ob das Fleisch in der Mitte rosa ist.
Das Fleisch und das Gemüse als Ragout mit der Kümmelsauce anrichten und sofort servieren.

Vorurteile gegen Schweinefleisch sind nicht immer richtig. Auf diese Art zubereitet, kann es zu einem besonderen Gericht werden. Wichtig ist vor allem, die Fleischstücke nicht zu lange zu garen. Das Gemüse ist typisches Wintergemüse.

Ochsenfilet in Rotwein-Schalotten-Sauce mit Petersilienpüree

4 Personen

ZUTATEN

ca. 700 g Ochsen- oder Rinderfilet,
wenn möglich vom Mittelstück
etwas frischer Rosmarin
6 Knoblauchzehen
bestes Olivenöl

Für die Sauce:

ca. 500 g kleingehackte
Kalbfleischknochen
1/2 Zwiebel
1 kleines Stückchen Sellerie
2 Knoblauchzehen
einige Petersilienstengel
4–5 Champignons
1 TL Tomatenmark
7/10 l kräftiger Rotwein
ca. 30 g kalte Butter
4 feingeschnittene Schalotten
1 nußgroßes Stück Butter

Für das Petersilienpüree:

500 g Petersilie
40 g Butter
knapp 1/2 Glas Sahne
1 EL Schlagsahne

Für das restliche Gericht:

2 Karotten
3 EL Brotbrösel
1 Zweiglein Rosmarin
1 kleine Handvoll Petersilienblätter
bestes Olivenöl

ZUBEREITUNG

Das Filet mit einem scharfen Messer von Sehnen und dergleichen befreien. Diese für die Sauce aufbewahren. Das Filet in ein passendes Gefäß geben und Rosmarin, in Stückchen geschnittenen Knoblauch und Olivenöl rundherumgeben, mit einer Klarsichtfolie zudecken und so für mindestens vier Stunden oder auch länger im Kühlschrank marinieren* lassen.

Für die Sauce

Die Kalbfleischknochen in einem weiten Topf anfangs bei guter, dann bei reduzierter Hitze langsam braun werden lassen. Dann das geschnittene Gemüse, die Champignons und die Reste vom Filet dazugeben und für fünf Minuten mitrösten. Das Tomatenmark dazugeben und mit drei Viertel vom Rotwein aufgießen. Diesen zur Gänze einkochen lassen, dabei öfter umrühren.

Dann mit eiskaltem Wasser knapp bedeckt aufgießen, eine Prise Salz dazugeben und für ca. eine Dreiviertelstunde leicht köcheln lassen.

Anschließend durch ein Tuch passieren und auf ungefähr ein Sechstel einkochen lassen. Ebenso den restlichen Rotwein langsam einkochen, bis fast kein Wein mehr vorhanden ist. Vorsicht, daß der Wein nicht anbrennt! Bereitstellen.

Für das Petersilienpüree

Ungefähr drei Liter gut gesalzenes Wasser zum Kochen bringen. Die Petersilie von den gröbsten Stengeln befreien und in viel Wasser zweimal gut waschen, dann gut abtropfen lassen und im kochenden Wasser für drei bis vier Minuten kochen lassen, bis sich die Stengel fast zerdrücken lassen. Sofort in ein Sieb abschütten, kurz mit kaltem Wasser abschrecken und etwas ausdrücken.

Im selben Topf die 40 g Butter goldbraun werden lassen, die Petersilie dazugeben, kurz umrühren und mit der Sahne aufgießen, ein wenig salzen, leicht pfeffern und wenn die Sahne zu kochen beginnt, vom Feuer nehmen. Etwas abkühlen lassen und im Cutter* oder auch im Mixer feinstens mixen. In ein Töpfchen geben, mit Klarsichtfolie zudecken und bereitstellen.

Für das restliche Gericht

Die Karotten schälen und wie auf dem Bild zu kleinen Karotten turnieren* oder einfach nach Belieben schneiden. In einem Töpfchen mit einem kleinen Stück Butter, zwei Eßlöffeln Wasser und einer Prise Salz zugedeckt für ca. zwei Minuten knackig dünsten. Bereitstellen.

Den Rosmarin und die Petersilie etwas aufschneiden und zusammen mit den Bröseln im Mixer gut mixen. In einer Pfanne mit zwei Eßlöffeln Olivenöl bei wenig Hitze etwas rösten, aber nicht braun werden lassen. Abkühlen.

FERTIGSTELLUNG

Den Ofen auf 140 Grad vorheizen.

Das Filet von Rosmarin, Knoblauch und Olivenöl befreien. Das Olivenöl zum Anbraten aufbewahren. Das Filet mit einer Mischung von Salz und Paprika (80 zu 20) gut würzen, in einer sehr heißen Pfanne im aufbewahrten Olivenöl (ohne Rosmarin und Knoblauch) auf allen Seiten gut anbraten. In der Mitte des Ofens auf einem Gitter für knapp dreißig Minuten rosa* garen.
In die reduzierte kochende Sauce die kalte Butter einschwenken*. Die feingeschnittenen Schalotten in einem Töpfchen mit dem nußgroßen Stück Butter bei wenig Hitze goldgelb, aber nicht braun dünsten. Den reduzierten Rotwein und die Schalotten zur Sauce geben und leicht pfeffern.

Das Filet nach der Garzeit für ca. zehn Minuten in Alufolie einwickeln, damit es etwas nachziehen kann.

Das Petersilienpüree vorsichtig erhitzen, dabei immer wieder umrühren und zum Schluß die Schlagsahne dazugeben. Das Filet in den Rosmarinbröseln rollen und in nicht zu dicke Scheiben schneiden. Sofort mit dem Petersilienpüree, den Karotten und der Rotwein-Schalotten-Sauce anrichten und servieren.

In diesem Teller ist das Wichtigste die Sauce, und an dieser Sauce erkennt man den wahren Saucenkünstler!

Bevor man aber dieses Rezept ausprobiert, sollte man in diesem Buch unter »Die kleinen Geheimnisse der Kunst des Kochens« das Kapitel über Saucen lesen.

WINTER · FLEISCHSPEISEN

Perlhuhnbrust mit bestimmten Kräutern in Armagnacsauce

4 Personen

ZUTATEN

2 Perlhühner oder 4 Perlhuhnbrüste

Für die Sauce:

Perlhuhnknochen und Parüren*
½ Zwiebel
1 kleines Stück Karotte
1 Selleriezweiglein
einige Petersilienstengel
1 Knoblauchzehe
1 Glas Rotwein
2–3 EL Armagnac
ca. 30 g kalte Butter

Für die Kräuter:

1 Zweiglein frischer Rosmarin
4–5 frische zarte Salbeiblätter
1 Knoblauchzehe
1 Teelöffel Kümmel
1 kleine Handvoll gezupfte Petersilie
1 Stückchen Zitronenschale
3–4 EL Brotbrösel

Für das Gemüse:

2 Karotten
1 kleine rote Paprikaschote
1 rote Zwiebel
1 kleiner Blumenkohl
4 kleine Kartoffeln

ZUBEREITUNG

Von den Perlhühnern die Brüste abtrennen und diese schön zuputzen. Die Keulen kann man eventuell ein anderes Mal füllen. Dafür den Mittelknochen herauslösen und eine Farce einfüllen (siehe unter Farcen*). Die restlichen Knochen für die Cognacsauce zerkleinern.

Für die Sauce

Die zerkleinerten Knochen in einem weiten Topf mit ein wenig Öl, anfangs bei starker, danach bei reduzierter Hitze goldbraun werden lassen. Das geschnittene Gemüse dazugeben, kurz mitrösten, mit dem Rotwein ablöschen und diesen zur Gänze einreduzieren lassen. Dabei ab und zu umrühren. Mit eiskaltem Wasser schwach bedeckt aufgießen, eine Prise Salz dazugeben und für ca. dreißig Minuten köcheln lassen. Anschließend durch ein Tuch passieren und auf ca. ein Fünftel einkochen lassen.

Für die Kräuter

Den Rosmarin abzupfen und zusammen mit den anderen restlichen Kräutern etwas aufhacken, damit sie sich im Mixer leichter mixen lassen. Dann zusammen mit den Brotbröseln fein mixen.

Die Kräuterbrösel in einer Pfanne mit ein wenig bestem Olivenöl für zwei bis drei Minuten unter dauerndem Rühren und bei schwacher Hitze leicht anrösten und dann zum Abkühlen beiseite stellen.

Für das Gemüse

Das ganze Gemüse beliebig schneiden (siehe Bild). In einen weiten Topf bei mittlerer Hitze mit zwei bis drei Eßlöffeln Wasser und einem nußgroßen Stück Butter zuerst den Blumenkohl, zwei bis drei Minuten später die Karotten und zum Schluß Paprikaschoten und Zwiebel geben. Alles leicht salzen und für weitere drei bis vier Minuten zugedeckt und wenn nötig unter Zugabe von einigen Tropfen Wasser dünsten. Leicht pfeffern. Bereitstellen.

Die Kartoffeln in Salzwasser blanchieren* und danach in einer heißen Pfanne mit ein wenig Öl schwenken, bis sie goldbraun und gar sind. Wenn möglich, erst kurz vor Fertigstellung des Gerichts!

FERTIGSTELLUNG

Den Ofen auf 180 Grad vorheizen.

Die Perlhuhnbrüste salzen, pfeffern und in einer Pfanne in ein wenig schäumender Butter zuerst auf der Hautseite knusprig und dann auf der anderen Seite anbraten. Mit der Hautseite nach unten auf ein Gitter legen, mit den Bröseln bestreuen und im Ofen bei ca. 180 Grad auf den oberen Stufen für vier bis fünf Minuten fertiggaren.

Das Fleisch fühlt sich eher fest an, wenn es gar ist, soll aber auf keinen Fall durchgebraten sein, sondern leicht rosa.

Den Armagnac in einem Töpfchen flambieren* und, sobald er aufgehört hat zu brennen, zur kochenden reduzierten Sauce geben. Die kalte Butter einschwenken und zusammen mit der Perlhuhnbrust und dem heißen Gemüse anrichten. Sofort servieren!

Die hier angegebenen Kräuter sind, wie auch das Gemüse, bewußt gewählt worden. Dies kommt nicht etwa von langem Probieren oder gar langem Studieren, sondern vielmehr von einer bewußten Vorstellung von Geschmack und Harmonie.

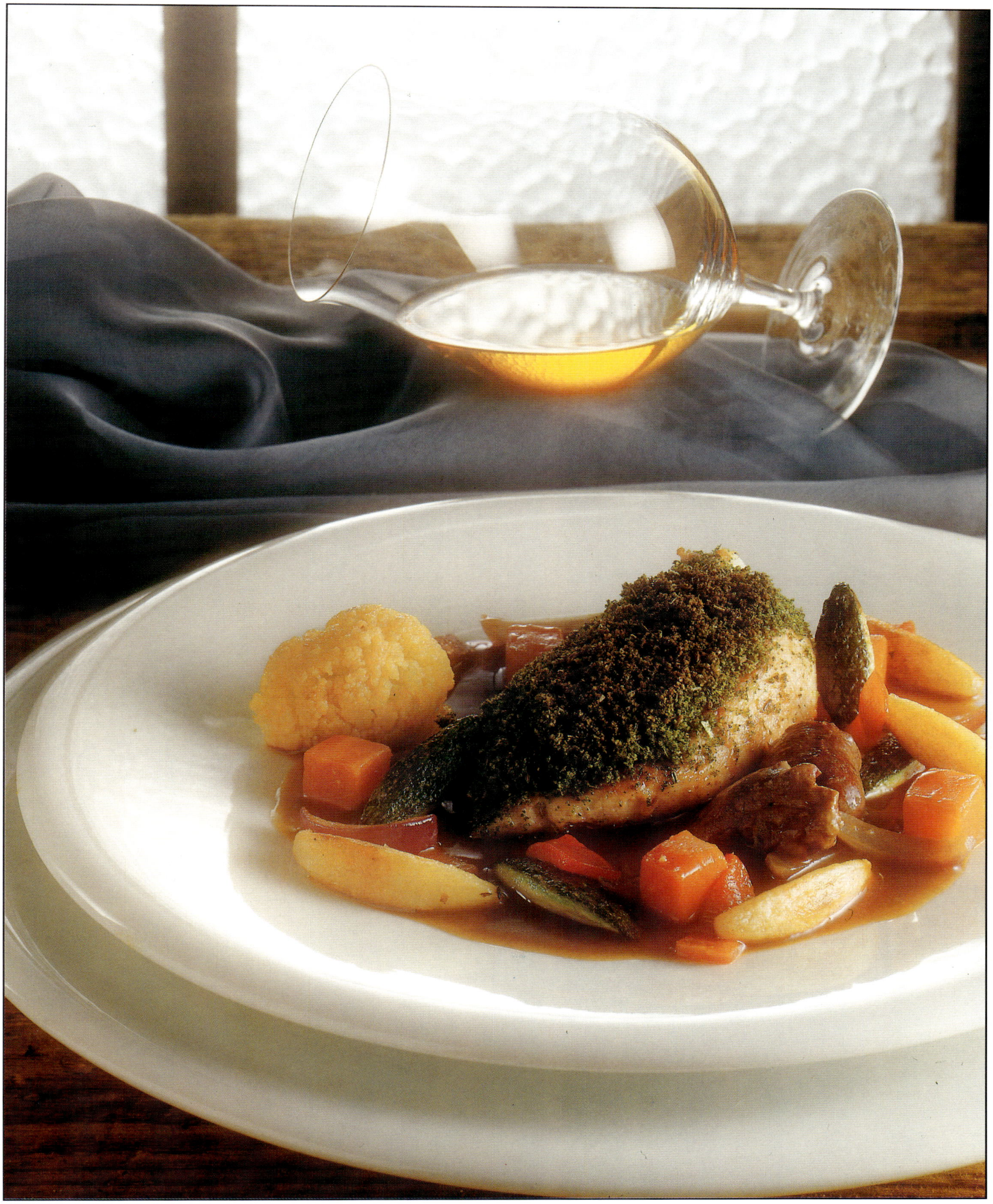

Bratapfel auf Orangensauce mit Nußeis

4 Personen

ZUTATEN

4 Äpfel, wenn möglich nicht mehlig (am besten eignen sich »Canada«)

Für die Orangensauce:

*6–8 Saftorangen
2 EL Zucker
1 nußgroßes Stück Butter*

Für das Nußeis:

*400 g Milch
100 g Sahne
6 Eigelb
50 g Zucker*

*60 g Zucker
ca. 200 g Walnüsse oder Haselnüsse
2–3 EL »Amaretto di Saronno«*

ZUBEREITUNG

Aus den Äpfeln mit einem Entkerner von unten nach oben das Kernhaus herausnehmen. Dabei den Stengel wenn möglich nicht herausstechen. Die Äpfel waschen und sofort mit Zucker bestreuen und auf einem Backblech bereitstellen.

Für die Orangensauce

Zwei von den Orangen mit einem Kartoffelschäler dünn schälen und die Schale in feinste Streifen schneiden. Von allen Orangen den Saft auspressen. Die feinen Streifen beiseite stellen.

Den Zucker in einem Topf leicht karamelisieren, dabei dauernd rühren und bis auf drei bis vier Eßlöffel den ganzen Saft dazuschütten, so lange einkochen lassen, bis der Saft sirupartig geworden ist, das heißt ungefähr auf ein Sechstel. Zum Schluß die drei bis vier Eßlöffel noch frischen Saft dazugeben und dann alles durch ein Sieb passieren.

Die Schalenstreifen in eine Pfanne oder in einen Topf geben, mit ein wenig Zucker bestreuen und bei guter Hitze und unter dauerndem Rühren mit einer Gabel leicht knusprig werden lassen. Bereitstellen.

Für das Nußeis

Zu Milch und Sahne eine Prise Salz geben und zusammen langsam zum Kochen bringen. Die Eigelb mit den 50 g Zucker schaumig schlagen und die kochende Milch dazurühren. Im Wasserbad* langsam binden lassen.

Die 60 g Zucker in einer Pfanne unter dauerndem Rühren leicht karamelisieren, dann sofort die Nüsse dazugeben, vom Feuer nehmen, kurz umrühren und im Kühlschrank erkalten lassen. Anschließend im Mixer oder im Cutter* eher grob mixen.

Die gebundene Eismasse durch ein Sieb passieren, eventuell kurz aufmixen und die Nüsse dazugeben, mit dem Amarettolikör aromatisieren.

FERTIGSTELLUNG

Die Äpfel im Ofen bei 100–120 Grad in ca. einer Stunde langsam gar werden lassen.

Das Nußeis etwas später in die Eismaschine geben und gefrieren lassen.

Den heißen Apfel mit der warmen Orangensauce und dem Eis in tiefen Tellern anrichten und servieren! Eventuell Eis nachservieren!

*Äpfel, Nüsse, Orangen – Kreationen in einfachster Form.
Die Voraussetzungen: bester Bratapfel, beste Orangensauce, bestes Nußeis.*

Am schönsten wäre es, wenn man einen Kamin im Wohnzimmer hätte, dann könnte der Apfel, während man die Hauptspeise serviert, inzwischen darin garen, und der Duft im Wohnzimmer würde die Vorfreude auf das Dessert um einige Herzschläge erhöhen.

Crêpes von der Passionsfrucht

4 Personen

ZUTATEN

Für die Creme:

2 Eigelb
50 g Staubzucker
8–10 Passionsfrüchte
1 und 1/2 Blatt dicke Gelatine (8 g)
150 g Schlagsahne
2 Eiweiß
20 g Staubzucker

Für die Crêpes:

150 g Milch
1 gehäufter EL Mehl
2 Eier

eventuell 1 Papaya

ZUBEREITUNG

Für die Creme

Die Passionsfrüchte halbieren und mit Hilfe eines Teelöffels das Fruchtfleisch direkt in einen Mixer schaben. Drei bis vier Sekunden mixen und dann durch ein Sieb in einen Behälter passieren. Die Gelatine in eiskaltem Wasser einweichen.

Zu den Eiweiß die 20 g Staubzucker geben und kalt stellen.

Die Sahne halbsteif schlagen und kalt stellen.

Die Eigelb mit den 50 g Staubzucker und einigen Tropfen vom Passionsfruchtsaft in einer weiten Metallschüssel cremig rühren.

Vier bis fünf Eßlöffel Passionsfruchtsaft in einem Töpfchen erhitzen, vom Feuer nehmen und die ausgedrückte Gelatine darin auflösen, gut verrühren und zur Eigelbmasse rühren.

Zum Eiweiß eine Prise Salz geben und steif schlagen. Die Schlagsahne mit dem Eiweiß vorsichtig vermengen und beides zur Eigelbmasse geben. Vom Passionsfruchtsaft ca. vier bis fünf Eßlöffel zurückbehalten. Den restlichen Saft ebenso zu der Eigelbmasse geben und alles vorsichtig mit einer Gummispachtel unter die Eigelbmasse heben. In derselben Schüssel, mit einer Klarsichtfolie zugedeckt, für mindestens zwei Stunden kalt stellen.

Wenn man diese Creme in Form von einer Bavaroise* machen möchte, dann kann man sie einfach nach Fertigstellung in Timbalförmchen* abfüllen und kalt stellen.

Für die Crêpes

Milch und Mehl in den Mixer geben und kurz mixen. Eine Prise Salz, einen Teelöffel Zucker sowie die zwei Eier dazugeben und ca. zehn Sekunden mixen. Eine kleine, wenn möglich beschichtete Pfanne heiß werden lassen, mit Butter ein wenig ausstreichen und darin eher dünne Crêpes* machen. Diese einzeln auf ein Tablett legen und kurz erkalten lassen.

FERTIGSTELLUNG

Die gestockte Passionsfruchtcreme in einen Spritzsack mit einer runden Tülle geben, kreisförmig auf die Crêpes aufspritzen, dann vorsichtig eine Hälfte über die andere schlagen und zugedeckt bis zum Gebrauch kalt stellen.

Zu den vier bis fünf Eßlöffeln beiseite gestelltem Passionsfruchtsaft zwei bis drei Eßlöffel Wasser sowie einen halben Eßlöffel Zucker geben und zum Kochen bringen, aber nicht kochen lassen. Sobald der Saft dickflüssig wird, vom Feuer nehmen und erkalten lassen.

Als kleine Beilage kann man aus einer Papaya mit einem Parisienneausstecher kleine runde Kugeln stechen oder Würfel schneiden.

Den Passionsfruchtcrêpes eventuell mit einem großen runden Ausstecher Form geben und mit Passionsfruchtsaft und der Papaya anrichten.

*M*an kann die Passionsfruchtcreme, wie im Rezept schon erwähnt, auch als Bavaroise mit einem kleinen »Kaiserschmarrn« (gleiches Rezept wie für Crêpes) servieren.

Schwarzpolenta-Soufflé mit Birne und Rotweineiscreme

4 Personen

ZUTATEN

2 eher reife Birnen
1 Prise Zimt- und
1 Prise Nelkenpulver
2 EL Zucker

Für das Eis:

400 g Milch
100 g Sahne
6 Eigelb
130 g Zucker
1 l kräftiger Rotwein
ein Stückchen Zitronenschale
2–3 Nelken

Für das Soufflé:

50 g temperierte Butter
20 g Zucker
3 Eigelb
40 g grobe Schwarzpolenta
(Buchweizenmehl)
20 g gemahlene Haselnüsse
Zitronenschale
3 Eiweiß mit 30 g Zucker
1 Prise Salz

ZUBEREITUNG

Die nicht geschälten Birnen halbieren, das Kerngehäuse herausnehmen und in einem eher flachen Topf mit einem halben Glas Wasser, dem Zucker, dem Zimt- und Nelkenpulver zugedeckt bei schwacher Hitze so lange dünsten, bis die Birnen eher weich sind und der Saft sirupartig ist. Ab und zu kontrollieren und im Falle etwas Wasser nachgießen. Zugedeckt bereitstellen.

Für das Eis

Die Milch und die Sahne mit einer Prise Salz zum Kochen bringen. Die Eigelb mit dem Zucker schaumig rühren und die kochende Milch dazurühren. Im Wasserbad* binden lassen.

Den Rotwein mit der Zitronenschale und den Nelken einkochen, bis ungefähr ein halbes Glas voll übrig bleibt. Wenn das Eis gebunden hat und der Rotwein eingekocht ist, beides zusammenschütten, durch ein Sieb passieren und in der Eismaschine* gefrieren.

Für das Soufflé

Vier bis fünf Soufflé- oder Timbalförmchen mit zerlassener Butter ausbuttern und mit Zucker auszuckern. Den Ofen auf 180 Grad vorheizen. Etwas Wasser für ein Wasserbad* erhitzen.
Die temperierte Butter mit dem Zucker und den Eigelb schaumig rühren.

(Eventuell die Eigelb mit dem Zucker getrennt schaumig rühren und dann zur schaumigen Butter dazurühren. So wird die Masse noch lockerer.)

Das Eiweiß mit dem Zucker und einer Prise Salz gut steif schlagen.

Das Eiweiß, das Schwarzpolentamehl, die Haselnüsse und die geriebene Zitronenschale schnell und vorsichtig unter die Butter-Eigelb-Masse heben. Dabei nicht zu lange rühren, da die Masse sonst gerinnt. (Sollte die Masse trotzdem leicht zusammenfallen, braucht man nicht zu erschrecken und kann das Soufflé trotzdem machen. Beim nächsten Mal geht es besser.)

Die Masse sofort in die Förmchen abfüllen und im Wasserbad* im Ofen für ca. zwanzig Minuten garen.

Nach der Garzeit sofort aus dem Ofen nehmen und servieren!

FERTIGSTELLUNG

Das Soufflé mit dem nicht zu festen, sondern cremigen Eis und der lauwarmen Birne anrichten und servieren.

WINTER · NACHSPEISEN

*D*ieses Soufflé ist recht einfach zuzubereiten, man könnte es auch als kleinen Kuchen bezeichnen.

Wenn man ein mehrgängiges Menü macht, muß man vorher alles abwiegen und herrichten. Die Masse darf erst ca. vierzig Minuten vor Gebrauch des Soufflés zubereitet werden. Also vor dem Hauptgang, damit das Soufflé ca. zehn Minuten nach dem Hauptgang gar ist. Auf jeden Fall muß es sofort aus dem Ofen heraus serviert werden!

Schokoladeterrine mit Äpfeln und Calvados

Terrine: 15 Personen
Restliches Rezept: 6 Personen

ZUTATEN

Für die Terrine

300 g Zartbitterschokolade
100 g Vollmilchschokolade
500 g Sahne
3 Eiweiß
3 EL Calvados

3 Äpfel, wenn möglich Stark Delicious
200 g Bitterschokolade zum Garnieren
1 TL gehackte Pistazien

Für die Calvadossauce:

2 Eigelb
30 g Zucker
1/8 l Milch
3 EL Calvados
2 EL Schlagsahne

ZUBEREITUNG

Für die Terrine

Einen Topf, fast voll mit Wasser, für ein Wasserbad erhitzen.

In eine Metallschüssel (die auf den Topf paßt) die 300 g Bitter- und die 100 g Vollmilchschokolade geben und diese mit einer Klarsichtfolie gut zudecken.

Sobald das Wasser im Topf kocht, diesen vom Feuer nehmen und die Schüssel mit der Schokolade daraufstellen, so daß die Schokolade langsam schmilzt (ca. dreißig Minuten).

Eine Terrinen-* oder Rehrückenform von 25–30 cm Länge und ca. 10 cm Höhe mit Klarsichtfolie auslegen und bis zum Gebrauch in den Kühlschrank stellen.

Die Sahne halbsteif schlagen. Zum Eiweiß einen Teelöffel Zucker geben und kalt stellen.

Sobald die Schokolade geschmolzen ist, die Klarsichtfolie wegnehmen und die Schokolade mit einem Kochlöffel glattrühren. (Vorsicht, daß ja nie Wasser zur Schokolade kommt. Der kleinste Tropfen macht aus der Schokolade einen harten Klumpen.) Die Schokolade sollte eine Temperatur von ca. 45 Grad haben. Auf den Lippen sollte sich das lauwarm anfühlen.

Von der Sahne zwei Drittel in eine größere Schüssel geben und so lange rühren, bis sie steif ist. Das Eiweiß ebenso knapp steif schlagen und kurz unter die steifgeschlagene Sahne heben.

Einen Schneebesen und eine Teigkarte herrichten. Die restliche, halbsteif geschlagene Sahne und den Calvados zur Schokolade geben und sofort und ganz schnell mit dem Schneebesen verrühren, bis die Masse glatt ist (nicht länger rühren!). Die Sahne-Eiweiß-Masse dazugeben und mit der Teigkarte oder einer Gummispachtel vorsichtig und schnell unterheben, bis die Masse wieder glatt ist. Sofort in die Terrinenform abfüllen, glattstreichen und für mindestens zwei Stunden kalt stellen.

Für die Calvadossauce

Die Eigelb mit dem Zucker schaumig rühren. Die Milch zum Kochen bringen und zur Eigelbmasse rühren, in einem Wasserbad* langsam binden lassen.

Anschließend durch ein Sieb passieren, mit Klarsichtfolie zudecken und kalt werden lassen.

FERTIGSTELLUNG

Die drei Äpfel vierteln, entkernen und in sehr schmale Spalten schneiden. In einer heißen Pfanne mit ein wenig Zucker und einigen Tropfen Calvados für einige Sekunden ziehen lassen, ohne daß die Äpfel dabei Farbe annehmen. Anschließend zum Erkalten auf ein Tablett geben und in den Kühlschrank stellen.

Die 200 g Bitterschokolade in einem mit Klarsichtfolie zugedeckten Töpfchen zum Schmelzen bringen. Einen kleinen Teil von der geschmolzenen Schokolade mit Hilfe einer kleinen Spachtel dünn auf irgendeiner Blattart auftragen (Blätter von einer Pflanze). Alle aufgestrichenen Blätter auf einen Teller legen und im Kühlschrank erkalten lassen.

Die Terrine auf ein Schneidbrett stürzen und die Klarsichtfolie wegziehen. Sechs ca. 2 cm dicke Scheiben schneiden. Diese mit den erkalteten Apfelscheiben ziegelförmig belegen. (Man kann den Terrinenscheiben auch die Form von einem Apfel geben. Dafür sollte man aus einem Stück Karton eine Schablone mit der Form eines Apfels schneiden, die Schablone auf die Terrinenscheibe legen und so rundherum zurechtschneiden.)

Die restliche geschmolzene Schokolade glattrühren und in einen Spritzsack mit feinster Lochtülle abfüllen (dabei den Spritzsack in ein hohes Glas stellen, damit man sich beim Füllen leichter tut). Die Terrinenscheiben mit der Schokolade garnieren.

Zur Calvadossauce die drei Eßlöffel Calvados und die Schlagsahne geben und mit dem Mixstab kurz aufmixen.

Die Terrine mit der Calvadossauce auf Tellern anrichten. Die Schokoladeblätter vorsichtig vom grünen Blatt trennen und den Teller damit garnieren.

*M*an kann die Terrine auch einfacher zubereiten, indem man die Äpfel wegläßt und sie nur mit Calvadossauce serviert.

Anstatt Äpfel und Calvados kann man Birnen und Williams nehmen.

Schokoladeterrine kann man ausnahmsweise gut einfrieren. Im Kühlschrank auftauen lassen.

WINTER • NACHSPEISEN

Karottenkuchen mit Schwarztee-Eis und Ananas

8 Personen

ZUTATEN

Für den Karottenkuchen:

25 g temperierte Butter
3 Eigelb
50 g Zucker
140 g Mandeln, feinstens gemahlen
140 g Karotten, im Cutter* grob gemixt
Zitronenschale
eine gute Prise Zimt
3 Eiweiß
80 g Zucker

Für das Tee-Eis:

400 g Milch
100 g Sahne
7 Eigelb
120 g Zucker
2–3 EL Schwarztee
1 Stück Zitronenschale

2 Babyananas oder
eine normale Ananas
gehackte Pistazien zum Garnieren

ZUBEREITUNG

Für den Karottenkuchen

Eine Kuchenform (Ringform) mit Butter ausstreichen und mit geriebenen Mandeln oder Nüssen ausklopfen. Den Ofen auf 180 Grad vorheizen.
Masse 1: Die Butter, die Eigelb und die 50 g Zucker schaumig rühren. Die Karotten und die Mandeln dazugeben und alles gut verrühren. Die geriebene Schale einer Zitrone und das Zimtpulver ebenso dazugeben.

Masse 2: Das Eiweiß mit den 80 g Zucker und einer Prise Salz gut steif schlagen und vorsichtig unter Masse 1 heben. Die Masse in die Kuchenform geben und bei ca. 180 Grad so lange backen, bis sich der Kuchen in der Mitte konsistent anfühlt (ca. vierzig Minuten).
Da dieser Kuchen kein Mehl enthält, bleibt er bei zu kurzer Backzeit in der Mitte naß. Deshalb rate ich, die Hitze nach ca. dreißig Minuten Backzeit ein wenig zu reduzieren, um den Kuchen für weitere fünfzehn Minuten eher trocknen zu lassen.

Für das Schwarztee-Eis

Die Milch und die Sahne mit einer Prise Salz langsam zum Kochen bringen. Die Eigelb mit dem Zucker schaumig schlagen und die Milch dazurühren. Den Tee und die Zitronenschale dazugeben und im Wasserbad* langsam binden lassen, anschließend durch ein Sieb passieren, eventuell mit dem Mixstab kurz aufmixen und in der Eismaschine gefrieren.

*M*an *kann dieses Dessert auch im Sommer zubereiten. Im September würden frische Feigen gut dazu passen.*

Auch kann man aus drei bis vier verschiedenen Sorten Tee (getrennt) Eis zubereiten und diese im Winter als Dessert servieren.

FERTIGSTELLUNG

Die Ananas putzen, den Strang herausschneiden und nach Belieben schneiden, mit dem lauwarmen Karottenkuchen und dem Schwarztee-Eis anrichten und mit den Pistazien garnieren.

Litschi mit Eis von exotischen Früchten

4 Personen

ZUTATEN

ca. 28 Litschi

Für das Eis:

350 g Milch
50 g Sahne
7 Eigelb
100 g Zucker
1 Stückchen Zitronenschale
1/2 Papaya
1/2 Mango
1/2 Banane
einige Physalen
1 Kiwi
1 Stück Ananas
ca. 6 Passionsfrüchte
(Wenn Früchte übrigbleiben, kann am nächsten Tag Salat von exotischen Früchten zubereitet werden.)

Für die Passionsfruchtsauce:

4 EL von der noch nicht gefrorenen Eiscreme
8 EL halbsteif geschlagene Sahne
2 EL Staubzucker
Passionsfruchtsaft

ZUBEREITUNG

Die Litschi schälen, zur Hälfte der Länge nach mit einem Messer einschneiden und den Kern herausnehmen, ohne die Frucht zu beschädigen. In einem Teller mit Klarsichtfolie zugedeckt bereitstellen.

Für das Eis

Die Milch und die Sahne mit einer Prise Salz langsam zum Kochen bringen. Die Eigelb mit dem Zucker schaumig rühren und die kochende Milch dazurühren. Die Zitronenschale dazugeben und im Wasserbad* langsam binden lassen.

Anschließend durch ein Sieb passieren und etwas erkalten lassen. Vier Eßlöffel von der Eiscreme für die Passionsfruchtsauce entnehmen.

Alle Früchte außer der Passionsfrucht von Kernen und Schalen befreien, etwas zerkleinern, in den Mixer geben, nach Belieben zuckern, fein mixen und zur Eiscreme rühren.

Die Passionsfrüchte halbieren, mit einem Löffel das Fruchtfleisch herausnehmen, im Mixer kurz aufmixen und durch ein Sieb passieren. Vier Eßlöffel vom entstandenen Saft zur Eiscreme geben, den Rest für die Passionsfruchtsauce beiseite stellen.

Die Eiscreme mit dem Mixstab gut durchmixen und in der Eismaschine gefrieren.

Für die Passionsfruchtsauce

Die vier Eßlöffel von der Eiscreme, die acht Eßlöffel Schlagsahne, den restlichen Passionsfruchtsaft und den Staubzucker in eine entsprechend große Schüssel geben und mit dem Mixstab für einige Sekunden mixen, bis das Ganze schön cremig ist.

FERTIGSTELLUNG

Die Litschi mit der Passionsfruchtsauce und dem Eis in tiefen Tellern servieren.

Wenn wir beginnen, uns wieder ein bißchen nach Frühling zu sehnen, bringt uns dieses Dessert dem Frühling näher!

Die exotischen Früchte auf dem Bild von links unten nach oben rechts: Litschi, Physalis, Kiwi, Papaya, Ananas, Passionsfrucht und Mango.

WINTERMENÜ 1

Safranfarfalle mit kleinem Gemüse

* * *

*Gefüllte Kaninchenkeule mit Fenchel
in Koriandersauce*

* * *

*Litschi mit Eis von exotischen Früchten
in Passionsfruchtsauce*

Die ersten Vorbereitungen:

1. Das Gemüse für die Safranfarfalle schneiden, den Fenchel für die Hauptspeise schneiden.
2. Kaninchenkeulen zuputzen und vom Mittelknochen befreien, Knochen und Parüren für die Sauce herrichten, die Farce für die Kaninchenkeule zubereiten, die Hühnerknochen für die Safransauce herrichten.
3. Den Nudelteig machen, in Klarsichtfolie einwickeln und kalt stellen.

Die Weiterverarbeitung bis zur Fertigstellung:

4. Die Kaninchen- und die Safransauce ansetzen.
5. Die Farfalle machen.
6. Die Kaninchen- und die Safransauce durch ein Tuch passieren und einkochen lassen.
7. Alles für das Dessert zubereiten, das Eis aber erst später gefrieren.
8. Die Kaninchenkeule füllen und auf einem Blech bereitstellen, den Ofen einschalten.
9. Die Koriander- und die Safransauce fertig zubereiten (das Gemüse für die Farfalle und für das Kaninchen erst kurz vor Gebrauch garen), Wasser zum Kochen der Safranfarfalle aufstellen.
10. Kaninchenkeule in den Ofen geben und die Safranfarfalle zubereiten.

Mit den weiteren zwei Gerichten, wie unter *Fertigstellung* bei den einzelnen Rezepten beschrieben, fortfahren!

Das Eis, kurz bevor die Hauptspeise serviert wird, in die Eismaschine geben.

WINTERMENÜ 2

*Rotbarbenfilets auf Rote-Rüben-Streifen
mit Himbeerdressing*

* * *

*Perlhuhnbrust mit bestimmten Kräutern
in Armagnacsauce*

* * *

Schokoladeterrine mit Äpfeln und Calvados

Die ersten Vorbereitungen:

1. Das Gemüse und die Kräuterkruste für das Perlhuhn herrichten bzw. schneiden, Schokolade für die Terrine schmelzen lassen.
2. Die Rotbarben filetieren und den Sud vorbereiten.
3. Die Schokoladeterrine zubereiten.
4. Perlhuhnbrüste herrichten und die Knochen für die Sauce zerkleinern.

Die Weiterverarbeitung bis zur Fertigstellung:

5. Die Perlhuhnsauce ansetzen und den Rotbarbensud auf das Feuer stellen.
6. Schokolade zum Garnieren der Terrine schmelzen lassen, Terrine in Scheiben schneiden und die Form eines Apfels geben, dann bis zur Weiterverarbeitung kalt stellen. Die Äpfel für die Terrine schneiden, garen und erkalten lassen, die Calvadossauce zubereiten.
7. Die Perlhuhnsauce und den Rotbarbensud durch ein Tuch passieren und einkochen lassen.
8. Die Rote-Rüben-Streifen schneiden und Restliches für die kalte Vorspeise herrichten.
9. Die Schokoladeterrine mit Äpfeln belegen und mit der geschmolzenen Schokolade verzieren.
10. Die Armagnacsauce fertig zubereiten und das Gemüse für die Hauptspeise garen, den Ofen einschalten.
11. Das Himbeerdressing machen, die Rote-Rüben-Streifen schwenken, anmachen und auf Tellern verteilen. Im letzten Moment die Rotbarbenfilets garen, die Vorspeise fertigstellen und servieren.

Mit den weiteren zwei Gerichten, wie unter *Fertigstellung* bei einzelnen Rezepten beschrieben, fortfahren.

WINTERMENÜ 3

Salat von der Kalbszunge mit Ingwerdressing

* * *

Karottensuppe mit Miesmuscheln

* * *

Marmorbrasse im Champagneressigsud mit Aniskartoffeln

* * *

*Ragout von Schweinefilet und Wintergemüse
mit Kümmel*

* * *

Bratapfel auf Orangensauce mit Nußeis

Die ersten Vorbereitungen:

1. Die Karotten für die Karottensuppe schneiden, das Gemüse für die Hauptspeise putzen und schneiden.
2. Das Schweinefilet putzen und schneiden, die Parüren* für die Sauce herrichten.
3. Die Hühnersuppe zum Aufgießen der Karottensuppe vorbereiten.
4. Die Marmorbrasse putzen und filetieren, den Fischsud vorbereiten.
5. Die Miesmuscheln putzen, aber noch nicht kochen.

Die Weiterverarbeitung bis zur Fertigstellung:

6. Den Fischsud und die Hühnersuppe aufstellen, die Kalbszunge kochen, Sauce für das Ragout vom Schweinefilet ansetzen.
7. Das Nußeis und die Orangensauce zubereiten, das Eis aber erst später gefrieren. Die Äpfel putzen und auf einem Blech bereitstellen.
8. Den Fischsud und die Schweinefiletsauce durch ein Tuch passieren und einkochen lassen, die Hühnersuppe ebenso passieren, aber nicht einkochen.
9. Die Kartoffeln und den Sellerie für das Fischgericht schneiden.
10. Salate für die Vorspeisen waschen, Zunge und Saucen kontrollieren, das Ingwerdressing zubereiten.
11. Die Karottensuppe zubereiten, nebenbei die Miesmuscheln kochen und die Petersilie schneiden.
12. Das Gemüse für das Ragout vom Schweinefilet garen.
13. Die Kümmelsauce für das Ragout und den Champagneressigsud für das Fischgericht fertig machen.
14. Die noch warme Zunge schälen und schneiden, den Zungensalat anrichten und servieren, den Ofen auf 100 Grad vorheizen.

Mit den weiteren Gerichten, wie unter *Fertigstellung* bei den einzelnen Rezepten beschrieben, fortfahren!

Kartoffeln für Fisch, kurz bevor die Suppe serviert wird, aufstellen.

Bratapfel und Eis, nachdem die Suppe serviert wurde, in den Ofen bzw. in die Eismaschine geben!

WINTERMENÜ 4

Lachsterrine mit Dillkartoffeln in Artischockensauce

* * *

*Hühnerkraftbrühe
mit feinen Streifen von Wintergemüse*

* * *

Risotto mit Paprikaschoten

* * *

Ente auf Wirsing mit Balsamessigsauce

* * *

Karottenkuchen mit Schwarztee-Eis und Ananas

Die ersten Vorbereitungen:

1. Die Peperoni für den Risotto herrichten.
2. Die Lachsterrine machen, aber noch nicht garen, sondern in den Kühlschrank stellen.
3. Den Wirsing für das Hauptgericht herrichten und die Karotten schneiden, das Gemüse für die Hühnerkraftbrühe schneiden.
4. Die Entenbrüste putzen und die Knochen für die Sauce herrichten.
5. Die Hühnerkraftbrühe und die Hühnersuppe für Risotto vorbereiten (eventuell auch nur eine Suppe für beide Gerichte).

Die Weiterverarbeitung bis zur Fertigstellung:

6. Die Entensauce ansetzen und die Hühnersuppe(n) auf das Feuer stellen.
7. Das Schwarztee-Eis zubereiten, aber erst später gefrieren. Die Ananas putzen, schneiden und mit Klarsichtfolie zudecken.
8. Die Entensauce durch ein Tuch passieren und einreduzieren lassen, die Hühnersuppe passieren und eventuell ein wenig einkochen, damit sie kräftig wird.
9. Den Ofen einschalten, den Karottenkuchen zubereiten und backen (Uhr einstellen).
10. Wasser zum Wirsingkochen und zum Garen der Lachsterrine aufstellen, die Artischocken putzen und den Salat für die Vorspeise waschen.
11. Eine gute Stunde vor Beginn des Essens die Lachsterrine in den Ofen geben (Hitze reduzieren und Uhr einstellen).

12. Die Peperoni getrennt garen und getrennt mixen, nebenbei den Wirsing kochen und die Karotten garen, alles für den Risotto herrichten.
13. Die Artischocken kochen und nebenbei die Entensauce fertig machen.
14. Die Lachsterrine aus dem Ofen nehmen, die gekochten Artischocken mixen, die Hühnerkraftbrühe erhitzen und abschmecken.
15. Die Lachsterrine aus der Form nehmen und Dill rundherumgeben, dann die Vorspeise anrichten und servieren.

Mit den weiteren Gerichten, wie unter *Fertigstellung* bei den einzelnen Rezepten beschrieben, fortfahren.

Den Risotto kurz vor dem Servieren der Hühnersuppe aufstellen.

Das Eis, bevor die Hauptspeise serviert wird, in die Maschine geben.

WINTERMENÜ 5

Parfait vom Kalbshirn mit Schalottenconfit

* * *

Blumenkohlsuppe mit Kaviar

* * *

Steinbuttfilet in Safran-Tintenfisch-Sauce

* * *

*Ochsenfilet in Rotwein-Schalotten-Sauce
mit Petersilienpüree*

* * *

Crêpes von der Passionsfrucht

Die ersten Vorbereitungen:

Das Kalbshirnparfait mindestens einen Tag vorher zubereiten.

1. Die Petersilie für das Petersilienpüree von den Stengeln befreien und waschen, die Schalotten für Confit und Rotweinsauce putzen und schneiden, nach Belieben und Zeit Karotten für das Hauptgericht schneiden.
2. Das Ochsenfilet zuputzen, binden und marinieren, die Kalbsknochen zerkleinern und die Rotweinsauce ansetzen.
3. Blumenkohl für die Suppe herrichten, die Kalbssuppe vorbereiten, aber erst später aufstellen.
4. Die Passionsfruchtcreme zubereiten und kalt stellen.
5. Den Steinbutt filetieren und den Sud vorbereiten, aber erst später aufstellen, die Rotweinsauce durch ein Tuch passieren, einen Nudelteig für das Fischgericht machen (sonst fertige Taglierini verwenden).

Die Weiterverarbeitung bis zur Fertigstellung:

6. Die Rotweinsauce zum Reduzieren auf das Feuer stellen, den Steinbuttsud und die Kalbssuppe aufstellen, Wasser zum Kochen der Petersilie aufs Feuer geben.
7. Petersilie kochen und das Püree zubereiten.
8. Die Broccoli schneiden und die roten Rüben herrichten, den Nudelteig zu Taglierini verarbeiten (Fischgericht).
9. Kalbssuppe und Steinbuttsud durch ein Tuch passieren, nur den Steinbuttsud einkochen lassen, den Tintenfisch in einem Teil vom Steinbuttsud kochen lassen.

10. Die Crêpes machen, mit Creme füllen und kalt stellen, alles Restliche für das Dessert herrichten.
11. Die Salate für die kalte Vorspeise waschen, das Kalbshirnparfait aus dem Kühlschrank nehmen.
12. Rotwein für Rotweinsauce einkochen lassen, die Safran- und Tintenfisch-Sauce für das Fischgericht fertig machen.
13. Die Blumenkohlsuppe zubereiten, dann die Broccoli kochen und das Ochsenfilet anbraten, den Ofen einschalten.
14. Die Rotwein-Schalotten-Sauce fertig machen, das Schalottenconfit für die Vorspeise zubereiten, den Ofen für die Baguette auf Grill umschalten.
15. Baguette schneiden und toasten, den Vorspeisenteller anrichten und servieren.

Mit den weiteren Gerichten, wie unter *Fertigstellung* bei den einzelnen Rezepten beschrieben, fortfahren.

Das Ochsenfilet, kurz bevor die Suppe serviert wird, in den Ofen geben (Uhr einstellen).

Die kleinen Geheimnisse der Kunst des Kochens

Liebe zum Rohprodukt und volle Konzentration: Das Ergebnis ist die Kunst des Kochens.
Eine der wichtigsten Voraussetzungen dafür ist übrigens dein Wohlbefinden. Ein großer Koch in England schickt einen Mitarbeiter, der einen Kummer hat, sogar nach Hause. *Fazit:* Ein zufriedener Mensch kocht mit mehr Liebe und daher besser, eben konzentriert und mit Gefühl. Ein kleiner Augenblick der Abwesenheit kann etwas mißlingen lassen. Ein Koch, der mit Leib und Seele am Werk ist, ärgert sich, wenn ihn jemand stört. Sehr wichtige Helfer sind *deine Hände:* Sie können fein oder grob arbeiten, mit oder ohne Gefühl – und du kannst sie trainieren, bis sie so geschmeidig sind wie die Hände einer Harfenistin.

Aber Konzentration und Gefühl brauchen noch eine dritte Eigenschaft: die Erfahrung aus dem Wissen über und den Umgang mit den Rohprodukten. Das Wissen kann ich dir geben. Ich ordne es im folgenden um einige Stichwörter herum an.

Binden und Lockern

Was passiert, wenn du ein Ei kochst? Es wird hart. Das gleiche geschieht, wenn du einen Flan* machst, ein Biskuit oder ein Leberparfait. Eier binden Zutaten: Je mehr Eier in der Flanmasse, umso fester wird es. Aber je weniger Eier du in deinen Flan gibst, umso besser ist das Resultat, denn du willst ihn so flaumig haben, daß er auf der Zunge zergeht. Du brauchst also Eier, Gefühl und Erfahrung.

Mit dieser Erfahrung arbeitest du auch bei der Zubereitung einer Mousse, Creme, Terrine oder eines Parfaits. So kannst du das Rezept einer Creme als Basis für jede andere Creme nehmen (siehe Passionsfrucht-Creme, Seite 191), wenn du dabei deine Fantasie zum Einsatz bringst und das Ergebnis deines Nachdenkens, Vorstellens und Im-Kopf-Durchprobierens aufschreibst. Also: Arbeite zwar mit dem Rezept, aber laß deine Fantasie mitwirken.

Bei Mousse, Creme und Halbgefrorenem die Sahne nie ganz steif schlagen, denn beim Unterheben wird ja weitergerührt und die Masse könnte gerinnen oder nicht glatt werden, weil die Sahne überschlagen wird. Gut halbsteif geschlagene Sahne erfüllt ihren Zweck der Lockerung und Verfeinerung am besten. Sehr wichtig ist auch die Temperatur der Grundmasse (etwa bei der Langustinenmousse die Langustinensauce oder bei der Passionsfruchtcreme der Passionsfruchtsaft). Diese ist nicht immer kalt, sondern hat oft sogar etwas mehr als Körpertemperatur (also ca. 40 bis 50 Grad). Wenn die Grundmasse zu kalt ist, geschieht dasselbe wie bei zu steifer Sahne: Die Masse wird nicht schön glatt, denn Kälte stockt das Fett. (Chinesen trinken zum Essen heißen Tee statt kalter Getränke, weil Warmes die Fette im Magen löst.)

Leicht warm verrührst du auch am besten die Zutaten zum Leberparfait, da dürfen es aber schon ca. 50 Grad sein, denn nur so bindet die Masse und gerinnt nicht. Die Fischmasse für die Lachsterrine wird dagegen eiskalt mit der Sahne vermischt (siehe auch bei *Wissenswertes* unter Farcen), weil sie so besser bindet.

Die Grundmasse für eine Mousse oder eine Creme braucht kräftigen Geschmack, denn Sahne oder geschlagenes Eiweiß verdünnen ihn. Passionsfruchtsaft (für Creme) ist schon kräftig genug, der leichtere Orangensaft hingegen müßte eingekocht werden. Sahne oder Eiweiß nach dem Unterheben nie mehr lange rühren, nur so lange, bis alles vermengt ist.

Auch im Umgang mit *Gelatine* brauchst du Erfahrung: Wenn du beim ersten Mal zuviel Gelatine verwendet hast, notiere dir das und nimm beim nächsten Mal ein halbes Blatt weniger. Und wenn die Mousse gelungen ist, dann gib ihr zum Servieren noch die richtige Temperatur: nicht eiskalt, sondern leicht temperiert. Am besten: ca. zehn Minuten vor Gebrauch aus dem Kühlschrank nehmen.

Temperaturen sind *beim Servieren* von kalten Vorspeisen und Desserts sehr wichtig, ebenso bei der Zusammenstellung eines Tellers, wenn dieser als kaltes Gericht serviert wird. Die Lachsterrine mit Dillkartoffeln serviere ich gerne, kurz nachdem sie aus dem Ofen kam, lauwarm. Die Lachsmedaillons an Tomatenmousse mit Basilikum werden nur dann ein köstliches Gericht sein, wenn die Tomatenmousse leicht temperiert ist, die Lachsmedaillons eben aus der Pfanne kommen und das Dressing Zimmertemperatur hat.

Die Brombeersuppe mit Vanilleeis und Schwarzpolentatörtchen wird eine Stunde vor Gebrauch aus dem Kühlschrank genommen, das Eis ca. eine Stunde vor Gebrauch gemacht, und die Schwarzpolentatörtchen werden lauwarm serviert. So wird die einfache kleine Kreation zum großen Genuß.

Eigelb und Eiweiß für Süßspeisen

Zuerst immer das Eigelb mit dem Zucker schaumig schlagen, das Eiweiß erst kurz vor Gebrauch, denn sonst fällt es wieder zusammen (darf aber andererseits auch nie überschlagen werden). Mit Zucker bleibt es dagegen länger steif und darf ruhig etwas mehr geschlagen werden.

Gemüse für Gaumen und Augen

Zuerst hast du mit den Augen das Schneiden deines schönen Gemüses überwacht. Du mußt nicht versuchen, es zu turnieren*, wenn du wenig Zeit hast. Harmonische Streifen oder Scheiben sind auch schön (und die Abschnitte wirf nicht weg, sondern bewahre sie für Saucen auf). Lasse dein Gemüse beim Garen nicht aus den Augen! Es wäre schade, wenn du es schön geschnitten hättest und ließest es verkochen, nur weil du gleichzeitig noch etwas anderes tun zu müssen glaubst.

Gemüse koche ich nicht immer nur in Wasser. Oft dünste oder dämpfe ich es oder koche es in sehr wenig Wasser mit einem Stückchen Butter, so daß es alle Flüssigkeit aufnehmen kann. Wenn ich Gemüse aber in Wasser koche, dann salze ich ziemlich kräftig, damit ich nachher nur noch ganz wenig Wasser und Butter zum Aufwärmen brauche. Grünes Gemüse schrecke ich sehr kurz in Eiswasser ab, damit es seine Farbe behält. Manchmal stelle ich es zum Erkalten auch in den Kühlschrank, damit es seinen ganzen Geschmack behält. Nichts ist schlimmer, als es lang unter kaltem, fließendem Wasser zu lassen!

Nichtgrünes Gemüse wie Karotten, Knollensellerie, Kohlrabi gebe ich zum Abkühlen nur auf ein Tablett, damit es seinen ganzen Eigengeschmack und die Vitamine behält. Meistens koche ich Gemüse knackig, so daß es noch Biß hat, ab und zu auch einige Sekunden länger. Das Gemüse für den *Salat von Gemüsejulienne, Steinbutt und Miesmuscheln an Champagnervinaigrette* koche ich allerdings sehr knackig, weil er dann viel Frische zeigt und ein wirklicher Salat ist. Beim Broccoli dagegen schneide ich den Stiel in Streifen und koche ihn knackig, die Röschen aber etwas mehr, weil sie dann besser schmecken.

Kartoffeln koche ich wie meine Mutter, in wenig Wasser (ca. drei Viertel der Kartoffelhöhe im Topf) normal gesalzen, mit Deckel. Gar und nicht knackig! Stell dir einfach vor, wie es dir schmecken soll, und es wird auch deinen Gästen schmecken.

Koche zuallererst für den Gaumen!
Ein Augenschmaus wird dann ganz von selbst daraus.

Saucen

Denen widme ich viel Zeit, denn ein Gericht ohne Sauce ist wie eine schöne Rose ohne Duft.

Knochen für die Sauce sollten so klein wie möglich gehackt sein, und zwar fast immer vom verwendeten Fleisch. Ich bräune sie in einem weiten Topf auf dem Feuer (nur bei größeren Mengen im Ofen) langsam und sorgfältig, die ersten Minuten bei größerer, dann bei kleinerer Hitze und mit wenig Fett. Danach kommt das sogenannte Wurzelgemüse dazu, in Stücke geschnitten und *bewußt ausgewählt:* beim Lamm z. B.: ein größeres Stück Zwiebel, ein kleines Zweiglein Sellerie, kein Lauch und keine Karotten, dafür ein Stück Knoblauch und reichlich (der Frische wegen) Petersilienstengel. Die Karotten habe ich weggelassen, weil die Lammsauce sonst eine leichte Süße erhielte, die ich nicht mag, ebensowenig gefällt mir der Lauch. Mit dem angegebenen Gemüse erhalte ich aber eine kräftige und angenehm würzige Sauce, die wirklich nach Lamm schmeckt. Zum leicht süßlichen Fleisch der Taubenbrüstchen harmoniert eine Karottensauce. Dann kannst du in die Grundmasse auch ruhig einige Stückchen Karotten mehr geben, Schalotten statt der Zwiebel, einige Petersilienstengel und keinen Knoblauch. *Grundsätzlich wenig Gemüse* für die Saucen, damit sie am Ende nach Fleisch und nicht nach Gemüse schmecken! Gemüse und Knochen dünste ich eine Weile vorsichtig miteinander, schütte alles in ein großes Sieb, damit das Fett abrinnen kann, und gebe dann alles wieder in den Topf zurück.

Jetzt braucht die Sauce Kraft. Wein oder Alkohol können die Sauce kräftiger machen und abrunden, aber es muß nicht immer Alkohol sein. Auch darauf, wie kräftig die Knochen angebräunt sind, kommt es an. Aber Vorsicht ist besser als Bitterkeit. Zu stark angebräunte Knochen entferne ich deshalb vorsichtshalber. Wenn du wissen willst, welcher Wein oder Alkohol deiner Sauce die gewünschte Abrundung gibt, dann stelle dir den Geschmack desselben vor und folge deiner Vorstellung. Lasse jedenfalls den Alkohol mit den Knochen, während du ab und zu umrührst, gut einkochen (glasieren), damit verflüchtigt sich der extreme Alkoholgeschmack, und die Sauce bekommt am Ende einen schönen Glanz. Übrigens mußt du nicht den allerbesten Alkohol nehmen, aber eine mittlere Qualität sollte es schon sein. Ein zu saurer Rotwein tut deiner Rotweinsauce sicher nichts Gutes an, und ein guter Barolo wird die Sauce zu einem Erlebnis machen. Dann bräuchtest du nur noch denselben Wein zum Gericht servieren, und man wird deine Rotweinsauce loben wie den Wein.

Wenn du aber ein eher leichtes Fleischgericht machst, dann rate ich dir, den Alkohol wegzulassen, wie ich es bei der *Consommé von der Ente mit Confit von belgischer Endivie und Zitronenmelisse* mache, um den Geschmack der Zitronenmelisse leben zu lassen.

Wenn ich nun die Knochen mit dem Wein (oder auch ohne ihn) glasiert habe, gieße ich mit eiskaltem Wasser gut bedeckt auf, gebe eventuell sogar einige Eiswürfel dazu. Ich stelle die Sauce also kalt auf das Feuer, um sie *klar* zu erhalten, und gebe auch gleich eine Prise Salz dazu. Großes Feuer, und wenn das Kochen beginnt, minimale Hitze, so daß die Sauce nur mehr leicht köchelt! Ab und zu abschäumen, in der Nähe bleiben! Ich persönlich koche Saucen nur ca. dreißig Minuten, höchstens eine Stunde, entsprechend der Saucenmenge. Dabei denke ich, daß nach einer gewissen Zeit aus Knochen und Gemüse eben kein weiterer Geschmack mehr zu holen ist und die Sauce nur mehr mit den Knochen einkocht. Es könnten sogar unerwünschte Geschmacksnuancen dazukommen, zum Beispiel Bitterstoffe.

FARBEN DES KOCHENS

Knochen bräunen . . .

»Wurzelgemüse« dazugeben . . .

Wein oder Alkohol dazu . . .

Knochen mit dem Wein glasieren . . .

mit eiskaltem Wasser aufgießen . . .

nach dem Passieren durch ein Tuch und dem Einkochen mit kalter Butter binden

Bei einer Sauce geschieht wohl etwa dasselbe wie beim Teekochen – und den Tee lassen wir ja auch nur bis zum vollen Aroma ziehen.

Bei Fischsaucen gebe ich zu den rohen Gräten *i h r* Gemüse, bedecke gut mit Wasser und gebe (je nach erwünschter Kräftigkeit) Weißwein, trockenen Vermouth oder auch gar keinen Alkohol dazu, aber eine Prise Salz. (Dies richte ich mir schon nach dem Filetieren des Fisches her, stelle die Sauce aber erst zu einem späteren Zeitpunkt auf den Herd.) Bei bestimmten Fischsaucen, die ich etwas runder und kräftiger haben will, bräune ich die Gräten in einer Pfanne mit ein wenig Olivenöl kurz an und schwenke anschließend das passende Gemüse für einen Moment in derselben Pfanne. Dann gebe ich alles in einen Topf und gieße mit Wasser auf, gebe eventuell Alkohol dazu und eine Prise Salz. Fischsaucen koche ich einmal auf und lasse sie dann für ca. zwanzig bis dreißig Minuten ziehen.

Alles in allem: Ich versuche, aus Knochen, Parüren* oder Gräten das Feinste herauszuholen. Dann siebe ich die Saucen durch ein Passiertuch und lasse sie nur mehr bis zur gewünschten Stärke einkochen (ich schreibe immer: auf ein Viertel oder ein Fünftel, aber du solltest dich immer auch auf dein Gefühl verlassen; jedenfalls mußt du ab und zu probieren, um die Sauce kräftig, aber nicht zu stark eingekocht zu haben).

Bei Fleischsaucen wird zum Binden meist kalte Butter eingeschwenkt. Dabei muß die Sauce kochen, die Butter aber kalt sein. So wird die Sauce sämig, aber glänzend klar. In den Rezepten gebe ich meistens 30 g Butter an, aber wenn du siehst, daß sie noch zehn Gramm nötig hätte, dann gönne es ihr! Bei großen Saucenmengen nimm zum Binden nicht nur Butter, sondern auch noch ein wenig Kartoffelmehl.

Bei gebundenen Fischsaucen (mit oder ohne Sahne) wird kalte Butter oder auch Olivenöl in die kochende Sauce gegeben, einmal aufgekocht und dann im Mixer gemixt – sie ist dann gebunden, aber nicht mehr klar. Kräuter und dergleichen gebe ich ganz zum Schluß in die reduzierte Sauce, damit man ihre ganze Frische schmeckt.

Garen und Kochen von Fisch und Fleisch

Die Garzeit von *Fisch* ist ein Balanceakt zwischen noch nicht durch und spröde – wieder also: eine Sache der Erfahrung. Fisch soll rosa gegart sein (knapp durch oder sogar etwas weniger, weil er ja noch etwas durchzieht, bis er vor den Gästen steht). Wenn du beim Fischkochen noch nicht viel Erfahrung hast, schneide ihn einmal durch und sieh ihn dir an. Mit der Zeit wirst du aus einem leichten Fingerdruck auf den Fisch genügend Information beziehen. Die Garzeit in den Rezepten ist jedenfalls immer eine Richtzeit!

Nicht anders ist es beim *Fleisch*. Ich erinnere wieder an dein freundschaftliches Verhältnis zu deinem Metzger, denn er muß dir wohlgesonnen sein und zartes Fleisch verkaufen. Aber auch zartes Fleisch muß richtig behandelt werden: beim Zuputzen und Schneiden der Medaillons etwa (ich wiederhole mich: mit Respekt und Sorgfalt); denn wenn es dir daran fehlt, dann rächen sich die Medaillons vielleicht beim Braten und lassen ihren köstlichen Saft auslaufen! Überhaupt muß beim Braten von Medaillons und beim Anbraten von großen Fleischstücken genügend Hitze vorhanden sein, damit sich die Poren schließen und kein Saft entweichen kann. Helles Fleisch wird rosa gebraten (fast durch); wenn es von einem zäheren Teil ist, wird es aber auch weichgekocht oder geschmort. Dunkles zartes Fleisch wie Filet oder Roastbeef wird nach dem Wunsch deiner Gäste gebraten (*blutig, mittel, rosa* oder auch *durch*), andernfalls als Mittelweg immer *mittel* (siehe unter *Wissenswertes* bei Rosabraten).

Bis die Erfahrung Sicherheit verleiht, solltest du ein Stück Fleisch durchschneiden, später wird dir wieder der Fingerdruck genügen (elastisch – weniger durch oder fest – mehr, je nach Garzustand). Auch die Temperatur des Ofens spielt eine wichtige Rolle. Ich gare Fleisch meist bei 140 bis 150 Grad auf einem Gitter in der Mitte des Ofens und drehe es ab und zu um. Große Fleischstücke sollten nach der Garzeit in Alufolie eingewickelt werden und zehn bis zwanzig Minuten an einem warmen, offenen Ofen ruhen dürfen. Nur so kann sich der beim Garen im Ofen in der Fleischmitte angesammelte Fleischsaft verteilen, und das Fleisch wird gleichmäßig rosa. Dieser Vorgang wird gefördert durch mehrmaliges Wenden.

Suppen – Salate – Kräuter: ein würziger Schlußpunkt

Da fällt mir gleich die Lauchsuppe meiner Mutter ein: Sie besteht nur aus Lauch, einer leichten Hühnersuppe oder auch Wasser. Und weil meine Mutter wenig Zeit hatte, kochte sie die Suppe nur zwanzig Minuten lang. Das Aroma ist mir unvergeßlich, und ich nahm mir daran ein Beispiel: Auch meine Suppen kochen kurz.

Auch klare *Fleischsuppen* koche ich nur einmal auf, schäume sie ab und lasse sie nur mehr eine Weile ganz leicht köcheln. Nicht viele Zutaten nehme ich, aber ich wähle sie sorgfältig aus, und glaube mir: Es macht sehr wohl einen Unterschied, ob du das Gemüse gedankenlos in den Topf schmeißt oder denkend und fühlend auswählst: ein Zweiglein Sellerie, eine halbierte Karotte, eine halbe leicht gebräunte Zwiebel mit Schale, zwei bis drei Petersilienzweiglein, ein Stückchen Lauchgrün, Salz . . .

Zum Aufgießen von *Cremesuppen* verwende ich meist eine leichte Hühnersuppe, manchmal auch eine kräftigere. Die Blumenkohlsuppe gieße ich mit einer Suppe aus leicht angebratenen Kalbsknochen auf. Ich weiß nicht genau warum, aber eines Tages hatte ich keine Hühnerkarkassen, und die Suppe schmeckte besser. So solltest auch du durch Improvisieren, Probieren und Variieren deine Erfahrungen erweitern.

Bei der Zucchinisuppe schneide ich die Schale in kleine Würfelchen (brunoise), das restliche Zucchinifleisch in Scheiben und dünste es in Olivenöl mit einigen Zehen Knoblauch an, gieße mit Hühnersuppe auf, koche für nur fünf Minuten, mixe alles nicht zu lang und gebe dabei reichlich bestes Olivenöl dazu. Schließlich wird passiert. Die kurz gedünstete Zucchinibrunoise gebe ich als Einlage in die Suppe. Und warum viel Olivenöl, wirst du vielleicht fragen. Es hebt – das ist die ganze Antwort – den Geschmack der Zucchini, und das kann uns schließlich nur recht sein.

Ein Zweiglein Sellerie oder Petersilie, kurz vor dem Servieren in die Rinderkraftbrühe gegeben, macht einen überraschenden Hauch von Frische aus. Aber was das Beste an der Suppe ist: Sie ist wie das Feuer am Kamin, spendet Wärme und erzeugt Wohlbefinden im Magen. Und weil ich gerade vom Feuer spreche: Achte auf die Flamme unterm Topf, u n t e r m Topf, nicht seitlich am Topf herauf! Das Feuer soll seinen Dienst tun, es soll kochen, schwach kochen oder köcheln lassen, etwas braten, daß man's hört, oder fast geräuschlos dünsten.

Nicht einmal das erscheint mir unwichtig, obwohl es nur eine Kleinigkeit ist, wie der kleine Salat auf dem Teller mit dem Leberparfait: Er schmeckt nur, wenn er so angemacht ist, als wolltest du eine ganze Schüssel davon essen. Das Minzblatt zum Dessert macht die Leckerei nur schöner, wenn es frisch aussieht. Petersilie oder Kräuter schmecken nur, wenn sie nicht zerquetscht, sondern mit scharfem Messer geschnitten wurden.

Und für den Fall, daß du vor der Perfektion in der Kunst des Kochens zurückschrecken solltest: Fehler pflastern den Weg zur Vollkommenheit. Das ist wahr, aber das Wort *Fehler* klingt uns nicht gut in den Ohren (seit unserer Schulzeit, nicht wahr?). Wir ersetzen es durch *Versuch und Irrtum*, denn das ist die Art und Weise, wie wir wirklich lernen. Dann hat jeder Irrtum die Chance, durch einen neuen Versuch in einen Erfolg umgemünzt zu werden. Und andererseits: Erst wer glaubt, er mache *keine* Fehler mehr, der macht den allergrößten. Ihm ist der Weg zur Vollkommenheit versperrt. Wir anderen dürfen *Fehler* machen und sind auf gutem Weg.

Wenn du dieses Kapitel gelesen hast, weißt du, aus wie vielen Fehlern ich schon gelernt habe.

LIEBLINGSGERICHTE

Carpaccio mit rohen Artischocken auf Frühlingssalaten

4 Personen

ZUTATEN

ca. 300 g Rinderfilet
8 mittelgroße Artischocken
ca. 40 g Parmesan am Stück
eine halbe Zitrone
bestes Olivenöl
Balsamessig
verschiedene Frühlingssalate

Wenn es an Zeit fehlt, kann man den Carpaccio auch zubereiten, ohne die Artischocken darin einzurollen, und die Artischocken nur in feine Scheiben schneiden und darübergeben.

ZUBEREITUNG

Das Rinderfilet zuputzen und in 1½ bis 2 cm große Würfel schneiden. Ein ca. 50 cm langes Stück Klarsichtfolie auf dem Tisch ausbreiten und die Würfel in Abständen von ca. 10 cm darauf verteilen. Ein gleich langes Stück Klarsichtfolie darüberlegen und die Filetwürfel ein wenig andrükken. Dann mit einem flachen Schnitzelklopfer ganz dünn klopfen. Samt Folie bis zum Gebrauch in den Kühlschrank geben. (Hält sich so leicht einen Tag.)

Die Salate putzen, waschen und auf ein Tuch zum Abtropfen geben.

Die Artischocken* putzen. Die Herzen zuerst in Scheiben und diese in feine Streifen schneiden. Sofort den Saft der halben Zitrone dazugeben und gut vermengen.
Den weichsten Teil der Artischockenblätter abschneiden und zusammen mit dem Parmesan grob aufhacken, in ein geeignetes Gefäß geben, leicht salzen, gut pfeffern, knapp bedeckt Olivenöl dazugeben und verrühren.

FERTIGSTELLUNG

Vom Fleisch die erste Klarsichtfolie vorsichtig wegziehen und das Fleisch ganz leicht salzen und pfeffern. Auf jede Fleischscheibe etwas von den Artischockenstreifen geben und einrollen.

Den Salat mit Salz, Pfeffer, Olivenöl und Balsamessig anmachen und auf Tellern anrichten. Die Röllchen darüber verteilen und alles mit der Artischocken-Parmesan-Sauce beträufeln.

Das Gemüse muß nicht unbedingt dasselbe wie im Rezept sein, man verwende das, welches man der Jahreszeit entsprechend finden kann.

Dennis, dem dieses Rezept gewidmet ist, war ein Koch und guter Freund. Mit 23 Jahren ist er an den Folgen eines Autounfalls gestorben.

Frühlingsrisotto in Erinnerung an Dennis

4 Personen

ZUTATEN

200 g Reis für Risotto*
ca. 1 l abgeschmeckte Hühnerkraftbrühe
1/2 kleine Zwiebel
2 Zehen frischer Knoblauch
1/2 Glas Weißwein
4 kleine Zucchini mit Blüte
2 Karotten
1 gelber kleiner Peperone
ca. 20 Erbsenschoten
4 Zuckererbsen
2 nicht zu reife kleine Tomaten
ca. 10 Basilikumblätter
einige Petersilienblätter
1 Selleriezweiglein
2 EL frisch geriebener Parmesan
30 g kalte Butter
2 EL bestes Olivenöl

ZUBEREITUNG

Die Karotten schälen und in kleinste Würfel schneiden. Die Karottenschalen aufbewahren. Den Peperone putzen, waschen und ebenso in kleinste Würfel schneiden.

Von den Zucchini die Blüten abtrennen und aufbewahren. Die Zucchini in etwas größere Würfel schneiden.

Die Erbsen aus der Schote nehmen. Die Zuckererbsen der Breite nach in dünne Streifen schneiden.

Die Tomaten* vierteln und enthäuten, die Kerne fein aufhacken und aufbewahren. Das Tomatenfleisch in größere Würfel schneiden und bereitstellen.

Alles Gemüse getrennt bereitstellen. Jegliche verwertbaren Reste, die beim Putzen oder Schneiden übrigblieben, in ca. ein Viertel der Hühnersuppe geben und zum Kochen bringen. Nach ungefähr fünf Minuten Kochzeit im Mixer gut mixen und bereitstellen.

Basilikum, Petersilie und Sellerie schneiden und bereitstellen.

FERTIGSTELLUNG

Die Zwiebel fein schneiden und in einem größeren Topf mit einem nußgroßen Stück Butter bei mittlerer Hitze goldgelb anziehen lassen. Den Reis dazugeben und für ca. dreißig Sekunden bei kleinerer Hitze und unter ständigem Rühren glasig dünsten, dann mit dem Weißwein ablöschen und diesen unter Rühren zur Gänze einkochen lassen. Die Knoblauchzehen halbieren und dazugeben. Mit einem Schöpfer Hühnersuppe aufgießen und langsam weiterkochen lassen. Ab und zu wieder umrühren und, sobald nur mehr wenig Suppe vorhanden ist, wieder einen Schöpfer voll nachgießen. So für ungefähr drei Minuten weiterverfahren.

Dann die Erbsen sowie einen kleinen Schöpfer von der mit dem Gemüse gemixten Hühnersuppe dazugeben. Der Reihenfolge nach Zuckererbsen, Peperone, Karotten und Zucchini dazugeben und immer wieder etwas von dem Gemüsesud oder auch von der Hühnersuppe. Ab und zu rühren, bis der Reis insgesamt die Kochzeit von achtzehn Minuten erreicht hat. Am Ende der Garzeit die Tomatenkerne und die Kräuter dazugeben, dann die kalte Butter, den Parmesan sowie das Olivenöl und das Ganze cremig rühren, das heißt mantecare*. Vom Feuer nehmen, mit Salz und Pfeffer abschmecken und die Knoblauchzehe entfernen. Die Tomatenwürfel vorsichtig dazurühren und sofort auf Tellern verteilen. Die Zucchiniblüten leicht waschen und um den Risotto verteilen. Sofort servieren!

Salat von Gurken, Bohnen und Tomaten mit lauwarmer Räucherlachsforelle

4 Personen

ZUTATEN

*ca. 300 g Räucherlachsforelle
oder auch Räucherlachs
2 Gurken
2 reife Tomaten
ca. 150 g dünne Bohnen*

Für das Dressing:
*Saft von Gurken-
und Tomatenkernen
Champagner- oder
guter Weißweinessig
bestes Olivenöl*

ZUBEREITUNG

Die Gurken schälen, halbieren, von den Kernen befreien und in ca. 5 cm lange Stücke schneiden. Die Gurkenkerne salzen und für das Dressing aufbewahren.

Die Tomaten* enthäuten, von den Kernen befreien und das Fleisch ebenso der Länge nach in Streifen schneiden. Die Tomatenkerne ebenso salzen und für das Dressing aufbewahren.

Die grünen Bohnen in ca. 5 cm lange Stücke schneiden. Wenn sie zu dick sind, eventuell halbieren. In gut gesalzenem Wasser kochen und mit kaltem Wasser kurz abschrecken.

Die Räucherlachsforelle wenn nötig etwas zuputzen und in acht eher dicke Scheiben schneiden. Auf einen Teller geben und bereitstellen.

Für das Dressing

Durch das Salzen der Tomaten- und Gurkenkerne hat sich Saft entwickelt.

Diesen in einen geeigneten Behälter sieben. Einen bis zwei Eßlöffel Champagneressig sowie drei bis vier Eßlöffel Olivenöl dazugeben und kurz aufmixen.

FERTIGSTELLUNG

Die Räucherlachsforelle im nicht zu heißen Ofen (120 Grad) für zwei bis drei Minuten wärmen. Die Gurken, Bohnen und Tomaten mit der Hälfte vom Dressing vorsichtig vermengen und auf Tellern anrichten. Die lauwarme Räucherlachsforelle darauflegen und mit dem restlichen Dressing beträufeln.

*W*enn *man es eilig hat, ist dies ein einfaches Gericht. Man könnte dann die Gurken und die Tomaten auch einfach in Scheiben schneiden und die Bohnen eventuell weglassen. Anstatt ein Dressing zu machen, kann man diese einfach mit Essig und bestem Olivenöl anmachen.*

Petersiliennudeln mit Herbstpfifferlingen

4 Personen

Herbstpfifferlinge gibt es im Herbst bis Ende Oktober. Sie wachsen in feuchten Gebieten an Waldrändern, und man muß wirklich suchen, damit man sie findet, weil ihre Farbe den Herbstfarben sehr ähnlich ist.

ZUTATEN

ca. 300 g Herbstpfifferlinge
1 EL geschnittene Petersilie

Für die Nudeln:

200 g Mehl
50 g feinen Hartweizengrieß
4 Eidotter
1 ganzes Ei
2 EL Olivenöl
Salz

Für die Petersiliensauce:

ca. 1/2 kg Hühnerknochen
(Flügel, Hälse usw.)
1 Schalotte oder ein kleines Stück Zwiebel
2 Knoblauchzehen
1 Selleriezweiglein
reichlich Petersilienstengel
eventuell Reste von den Herbstpfifferlingen
4 EL Sahne
2 EL bestes Olivenöl
ca. 30 g Petersilie (ohne Stengel)
1 EL frisch geriebener Parmesan

ZUBEREITUNG

Die Herbstpfifferlinge putzen und waschen, danach auf ein Tuch zum Abtropfen geben und bereitstellen.

Für den Nudelteig

Alle Zutaten zu einem glatten, eher festen Teig kneten und diesen mit Klarsichtfolie zugedeckt an einem kühlen Ort eine halbe Stunde oder länger ruhen lassen.

Für die Petersiliensauce

Die Hühnerknochen etwas zerkleinern und in einem eher weiten Topf mit wenig Öl und bei guter Hitze goldbraun anbraten. Das geschnittene Gemüse dazugeben sowie eventuell Pilzreste und alles kurz mitrösten. Danach mit eiskaltem Wasser gut bedeckt aufgießen, ganz leicht salzen und für ca. dreißig Minuten leicht köcheln lassen.

Anschließend durch ein Tuch passieren und auf ca. ein Viertel reduzieren.

Für die Nudeln

Den Teig mit der Nudelmaschine nicht zu dünn ausrollen und wie Garganelli (siehe auf Seite 128), nur etwas kleiner, zu Nudeln formen. (Je nach Zeit und Belieben aber auch anders.) Auf ein Gitter oder Haarsieb legen und an einem trockenen Ort bereitstellen. (Wenn die Nudeln trocken sind, behalten sie besser die Form.)

FERTIGSTELLUNG

Die reduzierte Sauce zum Kochen bringen, die Sahne dazugeben, aufkochen lassen und zusammen mit der Petersilie und den zwei Eßlöffeln Olivenöl im Mixer gut mixen. Danach durch ein Sieb passieren. Die Sauce sollte eine leicht grüne Farbe haben.

Die Nudeln in reichlich Salzwasser al dente kochen, dann absieben, sehr gut abtropfen lassen und mit der Petersiliensauce im selben Topf unter dauerndem Rühren so lange kochen, bis die Nudeln die meiste Petersiliensauce aufgenommen haben und die Sauce mit den Nudeln leicht bindet. Zum Schluß den Parmesan dazugeben und wenn nötig abschmecken. Leicht pfeffern.

Die Herbstpfifferlinge in einer sehr heißen Pfanne mit wenig Olivenöl schnell und kurz schwenken, dabei leicht salzen, pfeffern und die geschnittene Petersilie dazugeben. Sofort mit den Nudeln anrichten und servieren.

Italienische Bohnensuppe

6 Personen

ZUTATEN

Knapp 1 kg frische Borlottibohnen*
oder ca. 500 g getrocknete
1/2 Karotte
1/2 Zwiebel
1 kleines Stück Sellerie
1 Knoblauchzehe
einige Petersilienblätter
1 Lorbeerblatt
(1 Stück) Reste vom Rohschinken
eventuell kann Rohschinken durch
Hamburger oder Speck ersetzt werden
1 TL Tomatenmark
2 l nicht zu kräftig abgeschmeckte
Hühnerkraftbrühe

Gewürze:

1 kleines Zweiglein Rosmarin
1 Salbeiblatt
1 kleines Zweiglein Thymian
6 EL bestes Olivenöl

ZUBEREITUNG

Wenn man getrocknete Borlottibohnen verwendet, müssen diese mindestens sechs Stunden in warmem Wasser eingeweicht werden.

Die frischen Bohnen aus den Hülsen nehmen. Das Gemüse schneiden und zusammen mit dem Rohschinken in drei bis vier Eßlöffel bestem Olivenöl bei mittlerer Hitze etwas anrösten. Anschließend die Bohnen dazugeben und für eine Weile weiterrösten. Das Tomatenmark beigeben, kurz verrühren und mit der Hühnerkraftbrühe aufgießen. (Eventuell kann man diese Suppe auch nur mit Wasser aufgießen.) Für mindestens eine Stunde bei frischen Bohnen und zwei Stunden bei getrockneten langsam kochen lassen. Ab und zu kontrollieren, ob die Bohnen weich sind und, wenn nötig, etwas Flüssigkeit nachgeben.

Sind die Bohnen gar, knapp zwei Tassen voll für die Einlage herausnehmen und beiseite stellen. Den Rohschinken ebenso herausnehmen, nach Belieben auch schneiden, um ihn später als Einlage in die Suppe zu geben. Die im Topf zurückgebliebene Suppe durch eine Flotte Lotte (Passiergerät) in einen Topf passieren, so daß nur mehr die Haut der Bohnen im Passiergerät zurückbleibt. Die Suppe soll dickflüssig sein. Wenn sie zu dick ist, etwas Flüssigkeit dazugeben.

FERTIGSTELLUNG

Den Rosmarin und den Thymian zupfen und zusammen mit dem Salbei feinstens aufhacken. Das Olivenöl ein wenig erhitzen, die Kräuter hineingeben, einmal aufzischen lassen, sofort wieder vom Feuer nehmen und in die Suppe schütten. Die Bohnen und eventuell den Rohschinken dazugeben, wieder erhitzen, abschmecken, etwas pfeffern und servieren.

Die Italiener sagen, daß diese Suppe mit getrockneten Bohnen besser wird – auf jeden Fall kräftiger.

Weil sie sehr sättigend ist und an kalten Tagen Wärme gibt, wird sie hauptsächlich an kalten Herbst- und Wintertagen serviert. Meistens mit Nudeln, dann heißt sie »Pasta fagioli«, oder aber auch mit Reis als Einlage.

Wenn es im Juli die ersten Borlottibohnen gibt, wird diese Suppe auch manchmal lauwarm gegeben. Die letzten frischen Bohnen gibt es im Oktober.

Capuccino-Bavaroise in Anissauce

5 Personen

ZUTATEN

Für die Bavaroise*:

5 starke, ganz kurze Espressi
1 dickes Blatt Gelatine (5 g)
Zucker
180 g Sahne
1 Eiweiß

Für die Anissauce:

2 Eigelb
30 g Zucker
1/8 l Milch
Aniskörner
Anislikör wenn vorhanden
2 EL Schlagsahne

ZUBEREITUNG

Für die Bavaroise

Die Gelatine in eiskaltem Wasser einweichen und Timbalförmchen* kaltstellen.

Ein Espresso sollte ungefähr ein Drittel von einer kleinen Espressotasse ausmachen und ganz frisch und noch heiß sein. In eine Metallschüssel geben. Den Espresso gut zuckern, das heißt, er soll einfach gut süß sein. Wenn man aber Zucker nicht so mag, dann läßt man ihn etwas bitterer. Anschließend die ausgedrückte Gelatine in den noch heißen Kaffee geben und gut verrühren. In eine andere Schüssel kaltes Wasser und Eiswürfel geben, die Schüssel mit dem Kaffee daraufstellen und diesen mit einem Schneebesen kalt und schaumig schlagen, bis er dick ist, dann beiseitestellen.

Die Sahne halbsteif schlagen. Das Eiweiß mit einem Eßlöffel Zucker ganz steif schlagen. Sahne und Eiweiß miteinander vermengen und unter die Kaffeemasse heben. Sofort in die Timbalförmchen abfüllen und für mindestens eine Stunde in den Kühlschrank stellen.

Für die Anissauce

Die Eigelb mit dem Zucker schaumig schlagen. Die Milch zum Kochen bringen, zur Eigelbmasse rühren, einige Aniskörner dazugeben und im Wasserbad* binden lassen. Anschließend durch ein Sieb passieren, eventuell kurz aufmixen und mit Klarsichtfolie zugedeckt kalt stellen.

FERTIGSTELLUNG

In die kalte Anissauce die Schlagsahne geben und einmal kurz aufmixen. Die Timbalformen einzeln drei bis vier Sekunden in heißes Wasser stellen, dann in einen tiefen Teller stürzen und die Anissauce dazugeben.

Wenn man die Verzierung mit Kaffee wie auf dem Bild machen will, braucht man nur rund um die Bavaroise einige Tropfen Espresso geben und mit einem Zahnstocher oder einem Holzstab die Tropfen auseinanderziehen.

Dieses Rezept habe ich mir beim Capuccinotrinken ausgedacht. Ich dachte, Capuccino besteht aus Kaffee und Milch und nach Belieben Zucker. So habe ich einfach Milch durch Sahne und Eiweiß ersetzt, den Zucker nach Belieben dazugegeben und alles mit Gelatine gebunden.

Fischsuppe

4 Personen

ZUTATEN

1 größerer Steinbeißer (ca. 500 g)
1 größerer Knurrhahn (ca. 400 g)
1 Seezunge oder ein kleiner Seeteufel
1 Zahnbrasse (ca. 300 g)
eventuell sonstige kleine für
Fischsuppen geeignete Fische
15–20 Miesmuscheln (Cozze)
ca. 250 g Venusmuscheln (Vongole)
ca. 200 g Garnelen (Gamberi)

Für die Suppe:

die Gräten und Köpfe von allen Fischen
3 Schalotten
1 Karotte
1/2 Lauch
2 Knoblauchzehen
1 kleines Selleriezweiglein
reichlich Petersilienstengel
2–3 Champignons
1 kleines Lorbeerblatt
1 EL eingeweckte Tomaten
einige Safranfäden oder
1 Brieflein Safranpulver
1/2 Glas Weißwein

Für das restliche Gericht:

1 kleine Karotte
1 Stückchen Lauchgrün
(nur das Hellgrüne)
1/2 kleiner Fenchel
1 Knoblauchzehe
1 EL gehackte Petersilie
bestes Olivenöl

ZUBEREITUNG

Die verschiedenen Fische entschuppen, säubern, waschen und filetieren. Aus den einzelnen Filets mit einer Pinzette die kleinen Gräten entnehmen. Die Filets je nach Größe in gleich große Stücke schneiden und getrennt voneinander auf ein Tablett legen. Die Garnelen von den Schalen befreien und zu den anderen Fischen geben. Die Schalen aufbewahren. Alle Fische mit Klarsichtfolie zudecken und kalt stellen.

Die Miesmuscheln putzen* und waschen. Die Venusmuscheln sehr gut durchwaschen und dann in sauberem kalten Wasser liegen lassen.

Für die Suppe

Von den Fischköpfen die Kiemen entnehmen und die Köpfe von den Gräten trennen. Die Köpfe gut waschen. Die Gräten nicht waschen und in einer heißen Pfanne mit ein wenig Olivenöl auf beiden Seiten goldgelb anbraten. Das Gemüse und die Champignons grob aufschneiden und in einem hohen Topf mit ein wenig bestem Olivenöl für ein bis zwei Minuten dünsten. Dann die Köpfe, die Gräten, die Schalen von den Garnelen, das Lorbeerblatt, die Tomaten, die Safranfäden und den Weißwein dazugeben. Mit ca. 3 Liter eiskaltem Wasser aufgießen, ein wenig salzen und bei guter Hitze zum Kochen bringen. Dann die Hitze reduzieren und für ca. dreißig Minuten leicht köcheln lassen.

Anschließend durch ein Tuch passieren und bis auf einen guten Liter einkochen lassen.

Fürs restliche Gericht

Die Karotte schälen, wenn möglich mit der Aufschnittmaschine in feinste Scheiben und diese in feinste Streifen schneiden. Den Lauch der Breite nach fein schneiden. Den Fenchel vom ersten Blatt befreien und ebenso der Breite nach und wenn möglich mit der Aufschnittmaschine in feinste Streifen schneiden. Das ganze Gemüse beiseite stellen.

FERTIGSTELLUNG

Die Venusmuscheln mit den Händen aus dem Wasser nehmen und zusammen mit den Miesmuscheln in einen weiten Topf geben. Eine halbierte Knoblauchzehe, einige Petersilienstengel und ganz wenig Weißwein dazugeben. Zugedeckt so lange kochen lassen, bis sich die Muscheln geöffnet haben, dabei ab und zu den Topf etwas rütteln, damit sich die Muscheln schneller öffnen. Nachdem sie offen sind, nicht mehr kochen lassen und vom Feuer nehmen.

Den Ofen auf 200 Grad vorheizen.

Die eine Knoblauchzehe fein aufhacken und zusammen mit den Gemüsestreifen in einem Topf mit wenig Olivenöl kurz dünsten und in vier Tongefäße (1/2 Liter Inhalt) wie auf dem Bild verteilen.

Alle Fischfilets und die Garnelen leicht salzen und in den Tongefäßen verteilen.

Die Miesmuscheln aus der Schale nehmen und dazugeben.

Die Venusmuscheln samt Schale dazugeben.

Die Hälfte vom Muschelsud zum Fischsud geben und diesen zum Kochen bringen, dann durch ein Tuch passieren, abschmecken und damit die Tongefäße dreiviertelvoll aufgießen. Die Petersilie dazugeben, etwas pfeffern, zudecken und im Ofen für ca. fünf Minuten ziehen lassen.
Anschließend aus dem Ofen nehmen, einige Tropfen bestes Olivenöl darübergeben, wieder zudecken und sofort servieren.

*T*ongefäße sind im Haushaltsartikelgeschäft erhältlich und sehr preisgünstig.

Sollte man keine haben, kann man die Suppe in einem Topf fertigstellen und auf kleinem Feuer drei Minuten ziehen lassen, dann in tiefen Tellern verteilen.

Ich wende die Methode wie im Rezept an, weil so jeder Gast gleich viel Fisch erhält, was sonst nicht der Fall ist.

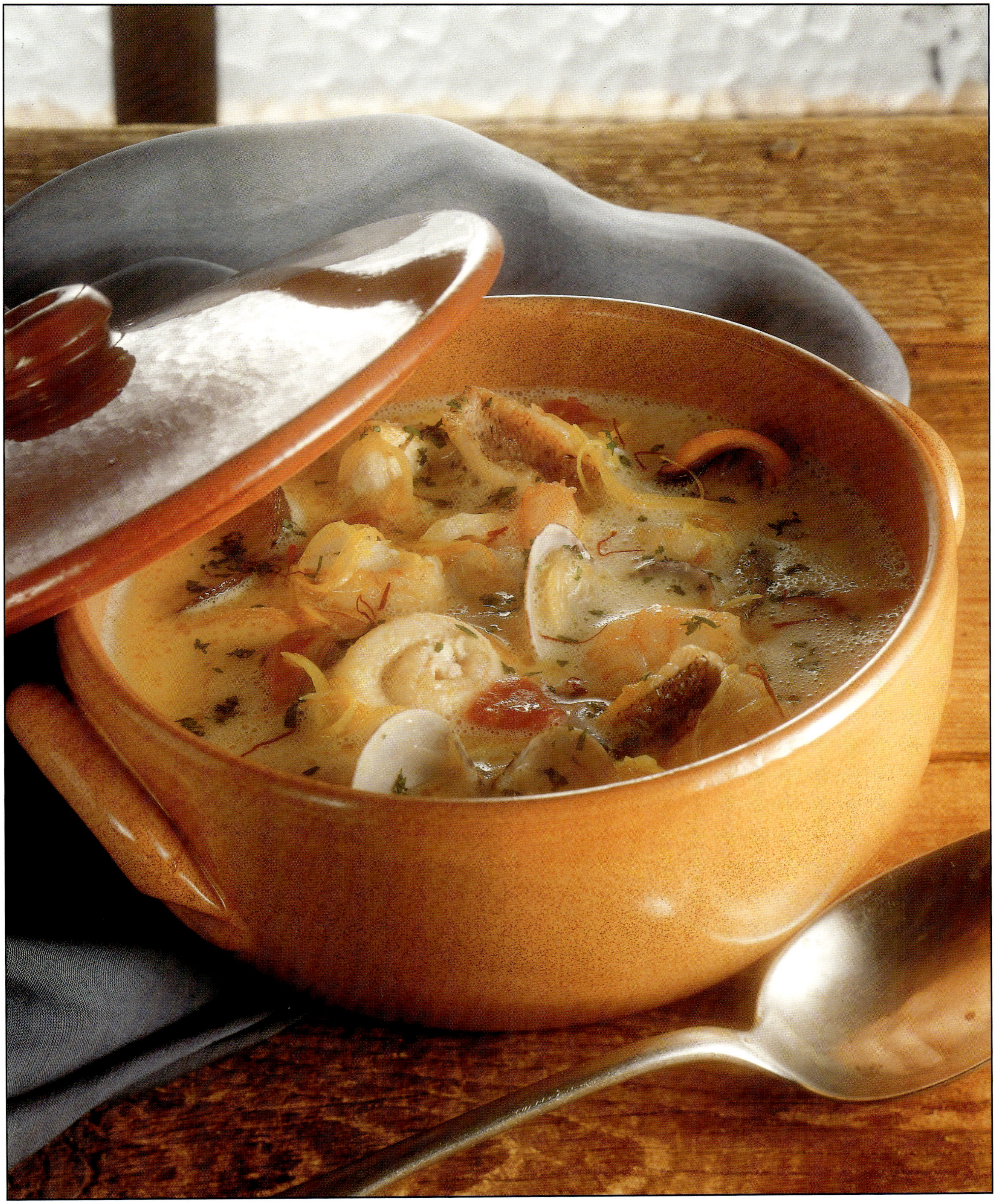

Apfelkuchen in Orangensauce

12 Personen

ZUTATEN

Für den Kuchenteig:

200 g temperierte Butter
100 g Zucker
1 Eigelb
300 g Mehl
Zitronenschale, Vanille, Salz

Für die Fülle:

6 Äpfel
2 Orangen
2 Eßlöffel Zucker
4 EL geriebene Haselnüsse

Für die Sauce:

6 Orangen
1 nußgroßes Stück Butter
2–3 EL Zucker

ZUBEREITUNG

Für den Kuchenteig

Die Butter mit dem Zucker und dem Eigelb schaumig rühren, anschließend das Mehl dazugeben und alles kurz zu einem Teig kneten, zugedeckt an einem kühlen Ort, jedoch nicht im Kühlschrank, ruhen lassen.

Für die Fülle

Die Äpfel vierteln, entkernen und in größere Stücke schneiden, mit Zucker und dem Saft von den zwei Orangen in einem Topf so lange dünsten, bis kein Saft mehr vorhanden ist. Anschließend abkühlen lassen.

Für die Sauce

Für die Sauce von vier Orangen ein wenig Schale dünn abschneiden. Dann den Saft aus den Orangen pressen. Den Zucker mit der Butter leicht karamelisieren, die Orangenschale dazugeben und mit dem Saft aufgießen. Alles bis auf ein Fünftel oder etwas mehr sirupartig einkochen lassen.

Zubereitung des Kuchens

Die Hälfte vom Teig auf dem gut bemehlten Tisch knapp 1/2 cm dick ausrollen und den Boden einer Kuchenfom (Ringform) von ca. 24 cm Durchmesser damit auslegen. Die einfachste Methode ist, den Teig ausrollen, dann über den Teigroller einrollen und so über dem Blech (noch ohne den Ring) wieder ausrollen.
Achtgeben, daß der Teig immer gut bemehlt ist. Den Teig um den Kuchenboden herum wegschneiden. Die Teigreste mit den Händen zu einer eher dicken, langen Nudel rollen und diese im Inneren der Kuchenform rundherum legen. Mit den bemehlten Händen flach an die Wand drücken, so daß eine ca. 3–4 cm hohe Teigwand entsteht. Darauf achten, daß Boden und Wand gut zusammenkleben. Mit einer Gabel mehrmals in den Boden stechen. Diesen mit zwei Eßlöffeln von den geriebenen Haselnüssen bestreuen und dann die gedünsteten Äpfel darauf verteilen. Die restlichen zwei Eßlöffel Haselnüsse darübergeben.
Aus dem restlichen Teig einen ebenso knapp 1/2 cm dicken Deckel ausrollen und den Kuchen damit zudecken. Dabei die gleiche Methode wie beim Boden anwenden! Die Ränder abschneiden, mit den Fingern am Rand gut andrücken und mit der Gabel einige Löcher in den Deckel tupfen, mit aufgeschlagenem Ei bestreichen und im Ofen bei 190 Grad für ca. dreißig Minuten, bis der Kuchen hellbraun ist, backen.

FERTIGSTELLUNG

Die übrigen zwei Orangen samt Schale in dünne Scheiben schneiden und in einem Topf mit ein wenig Zucker und einigen Tropfen Wasser für zwei bis drei Minuten dünsten (kandieren).

Den Kuchen, nachdem er etwas abgekühlt ist, vorsichtig aus der Form nehmen, in Stücke schneiden und zusammen mit der Orangensauce und den kandierten Orangen auf Tellern anrichten.

*D*ieser Teig bröckelt leicht. Man darf ihn keinesfalls wiederholt zusammendrücken und kneten, sonst gelingt es nicht mehr, ihn zu bearbeiten. Man kann auch einen gut bemehlten Kuchenkarton unter den ausgerollten Teig schieben, um ihn so leichter aufs Blech zu heben.

Auch Essen ist eine Kunst

Was mit Liebe gekocht ist, sollte auch mit Liebe gegessen werden. Das klingt banal, und möglicherweise bist du sogar verwirrt, wenn ich hinzufüge: So wie wir nur in guter Verfassung kochen sollten, sollten wir nur essen, wenn wir uns richtig wohl fühlen. *Essen*, meine ich, nicht sich satt machen. Ich meine – und das ist die *Philosophie dieses Buches* – die respektvolle Sorgfalt, die beim Kochen aufgewendet wurde, überträgt sich beim Essen und läßt Wohlbefinden entstehen, nicht nur das Gefühl, satt zu sein.

Schließlich ist es kein Zufall, daß wir nicht essen wollen, wenn wir Kummer haben, nervös oder krank sind. *Wenigstens mußt du ein bißchen essen!* wird man uns sagen, aber wenn sich unser Körper weigert und wir nichts hinunterbringen, dann heißt das eben: Im Moment bin ich anderweitig beschäftigt und brauche nichts. Es schadet uns bestimmt nicht, wenn wir einige Zeit wenig oder gar nichts essen und erst dann wieder Nahrung zu uns nehmen, wenn wir uns danach fühlen. Hingegen schadet es uns, wenn wir trotzdem essen oder gar fressen – oder im gegenteiligen Extrem unseren Körper zum Hunger zwingen, aus keinem anderen Grund, als um ein paar Kilo abzunehmen.

Es ist für mich jedesmal ein wunderbares Erlebnis, mich an einen gedeckten Tisch setzen zu dürfen und mit Ruhe und Behagen zu essen: langsam und mit allen Sinnen, gut zu kauen und ausführlich zu schmecken – zu genießen. Nicht bis zum *Gehtnichtmehr*, nicht bis zum Überdruß! Vielleicht weißt du noch, wie du als Kind deinen Teller leer essen mußtest (ich weiß es noch und fand es schrecklich). Also – jetzt mußt du das nicht mehr, kannst auf deinen inneren Zustand achten und etwas auf dem Teller zurücklassen.

Auch den Wein, wenn du ihn zum Essen trinkst, nein, Schluck für Schluck genießt, mußt du nicht um jeden Preis austrinken. Sofort nach dem Essen zu rauchen, schadet der Verdauung. Wenn du also rauchen mußt, dann warte eine halbe Stunde damit! Aber natürlich reagiert jeder Körper verschieden. Es gibt deshalb nur *eine* goldene Regel: Lerne die *Sprache* deines Körpers verstehen. Das geht nicht von heute auf morgen, aber es ist lebenswichtig.

Wenn du Hunger hast, stopf nicht das nächst Erreichbare in dich hinein, sondern iß ein wenig von einer gesunden Speise, langsam, ruhig und *mit Liebe*, also voll konzentriert auf den Geschmack, fast meditierend, und achte auf dein Wohlbefinden. Du wirst staunen, wie gut du dich fühlen wirst. In diesem Augenblick hat deine Lehre begonnen, die Lehre des richtigen Essens. Essen und Trinken sind zwar Grundbedürfnisse, aber keine Pflichten, etwas, das wir müssen, aber auch *dürfen*: zwei wichtige und gesunde Wege überdies zum gesunden Leben.

Setz dich zu Tisch, ohne Sorg, ohne Zorn, ohne Leid
und so viel wie möglich zu bestimmter Zeit.
Die Speis sei nicht zukalt und nicht zu heiß,
iß freudig, nicht zu viel, kau wohl die Speis.
Halt Ordnung in Richten, hab gern nicht zuviel,
hör auf mit Lust, im Trinken hab Ziel.
Säum dich nit lang mit langen Tischen.
Bleib bei dem Mahl, iß und trink nicht zwischen.
Nach dem Essen nicht schlaf, nicht bad, nicht müd
hast anders dein gesund und lang Leben lieb.

Diese gereimte Eßregel stammt von Hippolyt Guarinoni, der im Jahr 1611 das Buch
»*Die Greuel der Verwüstung menschlichen Geschlechts*« herausgab.

Wissenswertes

Ablöschen	Etwas Angebratenes (Fleisch, Knochen o. ä.) mit einer Flüssigkeit (Wein, Wasser, Suppe) übergießen.
Abschäumen	Saucen, Suppen und dergleichen sollten ab und zu abgeschäumt werden, damit sie klar bleiben. Wenn sie aber mit eiskaltem Wasser aufgegossen werden und von Anfang bis zum Ende der Kochzeit nie fest kochen, sondern immer nur köcheln, dann erübrigt sich das Abschäumen aus meiner Sicht. Sie bleiben trotzdem klar.
Artischocken putzen	Zuerst die äußeren groben Blätter mit der Hand entfernen (wegreißen), dann das Herz (siehe Bild) wegschneiden, zuputzen und mit einem Teelöffel oder einem Parisienneausstecher vom Stroh befreien. Das Herz sofort mit Zitrone einreiben oder in Zitronenwasser legen, damit es nicht schwarz wird. Wenn die inneren Blätter zart und weich sind, kann man sie verwenden, ansonsten nicht. Man merkt das, wenn man sie mit dem Messer schneidet; die schlechten lassen sich auch schlecht schneiden. Bei jungen Artischocken kann man den Stengel schälen und das Herz vom Stengel verwenden (z. B. für *Ragout von Seezungen und Artischocken mit Olivenöl* auf Seite 129).
Ausgestaubte Form	Z. B. eine Kuchenform zuerst mit Butter ausstreichen und dann mit Mehl ausstauben. So löst sich der Kuchen nach dem Backen besser von der Form. Je nachdem können zum Ausstauben auch Brösel, Nüsse oder ähnliches verwendet werden.
Bavaroise	Ist der französische Ausdruck für Bayrische Creme. Die Italiener sagen bavarese. Die Capuccino-Bavaroise im Buch auf Seite 217 hat aber nichts mit dem klassischen Rezept einer Bayrischen Creme zu tun.
Beilage	Die vielen Beilagen, die den einzelnen Kreationen im Buch angepaßt sind, sollten die Möglichkeit bieten, diese auch anderen, im Buch nicht enthaltenen Gerichten anzupassen.
Bereitstellen	Etwas Vorbereitetes für die Weiterverarbeitung in der Nähe halten. In der Küchensprache nennt man das auch *mise en place*. Dabei sollte man immer alles an einem Platz bereithalten, das erspart Weg, Zeit und Nerven.

Blanchieren	Wasser zum Kochen bringen und Gemüse, Kartoffeln und dergleichen ins kochende Wasser geben. Sobald das Wasser wieder zu kochen beginnt, das jeweilige Rohprodukt wieder aus dem Wasser nehmen. Manchmal steht in Rezepten geschrieben: zwei Minuten blanchieren. Das würde dann, anders ausgedrückt, heißen, zwei Minuten kochen.
Blattgelatine	Blattgelatine wird in eiskaltem Wasser mindestens zehn Minuten eingeweicht, dann ausgedrückt und zu einem kleinen Teil der Grundmasse gegeben. Nie gebe ich nur die reine, aufgelöste Gelatine dazu, sondern löse sie immer in ein wenig der Grundmasse auf. So wird vermieden, daß in der Masse kleine Klumpen entstehen, da die Gelatine ja schon etwas verdünnt ist. Die Grundmasse ist z. B. bei der Langustinenmousse die Langustinensauce, bei der Gewürztraminer Creme der reduzierte Gewürztraminer und bei der Capuccino-Bavaroise der Kaffee. Verwende bei Gelatine immer ein und dieselbe Marke! Man kennt sie dann und weiß, wie sie sich verhält. Die in den Rezepten angegebene Gelatine ist dick und wiegt fünf Gramm.
Blind backen	Wenn eine Kuchenform mit Teig ausgelegt und dann mit Früchten oder sonstiger Fülle gebacken werden soll, muß der Teig des öfteren zuerst vorgebacken werden. Blind backen heißt: Die mit Teig ausgelegte Kuchenform (bevor die Fülle hineinkommt) mit getrockneten Hülsenfrüchten (Bohnen, Kichererbsen) füllen und so für ca. acht bis zehn Minuten vorbacken, bis der Teig hellbraun ist.
Borlottibohnen	Die Borlottibohne ist auf dem Bild auf Seite 216 zu sehen. Sie ist eine fast violette, weiß getupfte Hülsenfrucht. Aus dieser Bohne, die man getrocknet oder frisch verwenden kann, machen die Italiener *Pasta e fagioli*. Rezept ebenso auf Seite 216.
Brunoise	Ist der französische Ausdruck für in kleinste Würfel Geschnittenes.
Butter	Beim Wort Butter denken die meisten Menschen an Cholesterin. Das ist nicht ganz wahr. Butter ist sehr gesund und enthält einen hohen Anteil der fettlöslichen Vitamine A und E. Der niedrige Schmelzpunkt von Butter trägt dazu bei, daß sie bereits flüssig im menschlichen Magen ankommt und somit leichter verdaulich ist wie andere tierische Fette. Also brauchen wir nicht bei jedem Gramm Butter gleich an Cholesterin zu denken.
Butter einschwenken	Die Butter muß kalt sein, die Sauce soll kochen. Die Butter in nußgroßen Stücken, ein Stück nach dem anderen, in die Sauce geben und den Topf mit der rechten Hand kreisförmig drehen, bis die Butter in der Sauce verschwunden ist. Eventuell kann man die Butter auch mit einem Schneebesen in die kochende Sauce einrühren. Wenn die Sauce nicht dick genug ist, noch etwas mehr Butter einschwenken, wenn sie nicht kräftig genug ist, etwas mehr reduzieren. Bei großen Saucenmengen (über fünfzig Personen) rate ich, die Sauce mit Kartoffelmehl leicht zu binden und dann erst mit Butter zu verfeinern.
Ca.	In allen Rezepten wird des öfteren das Zeichen ca. verwendet, zum Beispiel ca. zwei Minuten oder ca. 150 g. Ca. heißt, daß bei ca. zwei Minuten etwas kürzer oder länger oder bei 150 g einige Gramm mehr oder weniger das Gelingen des Rezeptes in keinem Fall beeinflussen können, und das Rezept deshalb nicht mißlingen kann. Wenn ca. dasteht, ist es entweder nicht nötig, ganz Genaues anzugeben, oder auch nicht möglich. Wenn ich z. B. schreibe, Karotten in dünne Streifen schneiden, dann hängt die Garzeit von der Dicke der geschnittenen Karotten ab und kann deshalb etwas länger oder kürzer sein als meine Zirkazeit. Das ca. läßt also die Freiheit, Gefühl und Erfahrung zu benutzen, ohne daß man dabei ein Mißlingen riskiert.
Crème fraîche	Ein Sauerrahm der ca. 40 Prozent Fett enthält und cremig dick ist.
Cremesuppen	Das jeweilige Gemüse, die Pilze oder Sonstiges werden kurz gedünstet, dann mit Hühnersuppe (meistens) aufgegossen und weitergekocht. Zum Teil kann man zum Verfeinern Sahne dazugeben oder auch nicht. So zum Beispiel ist Sahne bei einer Zucchinicremesuppe nicht geeignet, bei einer Blumenkohlcremesuppe aber schon. (Siehe auch bei *Die kleinen Geheimnisse der Kunst des Kochens* unter: Suppen, Salate, Kräuter). Nie gebe ich andere Geschmacksstoffe dazu (Zwiebel), sondern lasse dem einzelnen Gemüse seinen vollen Eigengeschmack. Die Kochzeit ist so kurz wie möglich, gerade so lange, daß das jeweilige Gemüse knapp gar ist. Dann wird die Suppe nur mehr gemixt und eventuell passiert. Eine gute Cremesuppe: ganz einfach also!
Crêpes	Crêpes ist der französische Ausdruck für ganz dünne Pfannkuchen (Palatschinken). Das Grundrezept: 150 g Milch, 1 gehäufter EL Mehl, 2 Eier, Salz. Milch und Mehl im Mixer mixen, die Eier dazugeben und noch einmal kurz mixen.
Crêpes machen	Eine heiße Pfanne mit ein wenig Butter ausstreichen und mit einem kleinen Schöpfer Teig hineingeben. Die Pfanne so drehen, daß sich der Teig gleichmäßig dünn verteilt. Sobald der Teig am äußersten Rand goldbraun geworden ist, die Pfanne kurz vom Feuer nehmen und den Crêpes mit der Hand oder einer kleinen Spachtel umdrehen. Dann noch einmal für einige Sekunden aufs Feuer geben und fertigbacken.

Cutter	Der Cutter ist im Unterschied zum Mixer niedrig und wird meistens zum Mixen von eher Festem wie Fleisch oder Fisch für Farcen verwendet. Der Mixer hingegen ist hoch und wird hauptsächlich zum Mixen von eher Flüssigem verwendet. Je nach Kraft des Mixers ist es aber auch möglich, Brot für Brösel und dickere Massen zu mixen. Unmöglich ist es zum Beispiel, rohes Fleisch für Farcen oder Füllen im Mixer zu mixen, deshalb ist es empfehlenswert, einen Mixer und einen Cutter zu haben. Diese sind eventuell auch kombiniert erhältlich.
Dämpfer und dämpfen	Es gibt besondere Töpfe zum Dämpfen von Gemüse, Fisch u. a. Sie bestehen aus drei Teilen: dem Topf für das Wasser, das dann den Dampf erzeugt, dem siebähnlichen Teil, den man über den ersten Topf gibt und auf dem die jeweilige Speise zu liegen kommt, und dem Deckel, der den Dampf im Topf hält. Dämpfen heißt also, Gemüse oder Sonstiges auf Dampf garen. Ich persönlich gebe immer Salz in das Wasser, salze aber auch das Gemüse leicht, bevor ich es auf den Siebteil gebe. Gemüse wird auf diese Weise sehr schonend und ohne Vitaminverlust gegart.
Dünsten	Dünsten heißt, eine Speise bei wenig Hitze in einem Topf ohne oder mit ganz wenig Flüssigkeit garen. Dabei sofort salzen, weil durch die Zugabe von Salz der jeweiligen Speise das eigene Wasser entzogen wird und sie im eigenen Saft dünsten kann. Die Speise kann zugedeckt werden oder auch nicht. Es ist ratsam, des öfteren umzurühren und die Hitze klein zu halten.
Eier	Eier, wie ich sie verwende, sollten 60–65 g wiegen.
Eier pochieren	Einen hohen Topf dreiviertelvoll mit Wasser füllen, leicht salzen, einen guten Schuß Essig dazugeben und zum Kochen bringen. Die Eier einzeln ins Wasser schlagen, die Hitze reduzieren und so für ca. drei Minuten ziehen lassen, ohne daß das Wasser kocht. Dann mit einer Schaumkelle einzeln aus dem Wasser nehmen. Voraussetzung für gutes Gelingen sind frische Eier von hoffentlich noch gesunden Hühnern.
Ein Glas	1 Glas ist 1/8 Liter. Wenn ich also schreibe 1/2 Glas, dann wäre das 1/16 Liter. Man verwende ein Glas, das genau 1/8 Liter enthält, und immer dasselbe Glas verwenden, damit die Mengen stimmen.
Eis	Sobald eine Eiscrememasse gebunden hat und bis dahin fertiggestellt ist, sollte sie etwas abkühlen und dann in lauwarmem Zustand in die Eismaschine gegeben werden. So wird das Eis cremiger. Bei kleinen Haushaltseismaschinen sollte die Creme aber vorher abgekühlt werden, da sonst das Gefrieren zu lange dauert. Eis immer ca. eine Stunde vor Gebrauch in die Maschine geben, dann ist es schön cremig und frisch, wenn man es serviert. Die Zutaten für eine Eisgrundmasse: 400 g Milch, 100 g Sahne, 5 bis 7 Eigelb, 120 g Zucker. Zubereitung: Die Milch mit der Sahne und einer Prise Salz zum Kochen bringen, Eigelb und Zucker schaumig schlagen, die Milch dazurühren und im Wasserbad binden lassen. Den gewünschten Geschmack (Erdbeer, Minze, Honig, Rotwein, Vanille, Zimt, Pfeffer usw.) dazugeben und gefrieren. Mit dieser Grundmasse kann man jedes Eis herstellen. Je nach dem Zuckergehalt des Geschmackträgers mehr oder weniger als 120 g Zucker nehmen (z. B. bei Rotwein etwas mehr, bei Honig weniger als 120 g).
Eis binden	Siehe unter: Wasserbad: Zum Binden von Eismassen.
Eismaschine	Eismaschinen gibt es in vielen Preislagen zu kaufen. Dabei tut eine Haushaltseismaschine ihren Dienst fast genauso gut wie die große Industriemaschine. Der Unterschied liegt darin, daß man höchstens einen Liter Eis in die Maschine geben kann, was für den Hausgebrauch sicher reicht. Am besten erkundigt man sich bei einem Elektrofachhändler.
Eiweiß	Eiweiß muß kalt sein und darf kein bißchen Eigelb oder sonstige Unreinheiten enthalten, sonst läßt es sich nicht schlagen. Wenn kein Zucker dazugegeben wird, darf man es gerade nur so lange schlagen, bis es steif ist und nicht länger. Wenn Zucker dazugegeben wird, wird die Masse schöner und kann (muß) auch etwas länger geschlagen werden. Wenn ich Eiweiß schlage, gebe ich eine Prise Salz dazu, weil es dann schöner wird. Den Zucker gebe ich sofort dazu und nicht erst, nachdem das Eiweiß schon steif ist.
Elektromesser	Sind zum Schneiden von Sülzen (Zwetschgensülze, Pilze in Gelee usw.) unbedingt nötig. Angeboten werden sie als elektrische Brotmesser im Fachhandel für Haushaltsgeräte.
Farcen	Farcen sind gemixte (meist rohe) Fleisch-, Fisch- oder Geflügelmassen, die meist mit Sahne gelockert und verfeinert werden. Bei den jeweiligen Rezepten steht immer geschrieben: durch ein Haarsieb streichen. Das muß man nicht unbedingt machen. Das Resultat ist aber feiner, wenn man sich die Zeit dazu nimmt. Die Sahne muß ganz kalt zu den Farcen gerührt werden. Eventuell kann man Eiswürfel mit Wasser in eine Schüssel geben, die Schüssel mit der Farce daraufstellen und so die Sahne einrühren. Auf diese Weise bleibt die Masse kalt. Auf jeden Fall müssen Grundmasse (Fleisch, Fisch, Geflügel usw.) und Sahne immer aus dem Kühlschrank kommen und gut kalt sein. Nur so binden die beiden Massen und werden glatt und geschmeidig.

Fisch entgräten	Wenn der Fisch filetiert ist, müssen immer noch einzelne kleine Gräten entfernt werden. Dazu eignet sich eine Pinzette. Es gibt auch besondere Pinzetten für solche Arbeiten. Um die Gräten leichter zu sehen, rate ich, zuerst mit dem Rücken eines kleinen Messers von vorne nach hinten über das Fischfilet zu fahren (gegen die Gräten). So kommen sie besser zum Vorschein und können leichter entfernt werden. Damit man keinen krummen Rücken machen muß, kann man die Fischfilets auf einen hohen umgedrehten Topf legen. Gutes Licht ist ebenso notwendig.
Fisch enthäuten	Das Fischfilet mit der Hautseite nach unten auf ein Brett legen, dann mit einem dünnen, gut schneidenden Messer vom Schwanzende weg zwischen Haut und Fischfleisch durchfahren, dabei das Messer flachhalten und nahe an der Haut bleiben. Die Haut immer am Schwanzende festhalten.
Fisch filetieren	Mein Rat: Man lasse es sich vom Fischhändler zeigen! Das Bild soll immerhin eine Ahnung davon vermitteln! Ein freundlicher Fischhändler nimmt diese Arbeit vielleicht auch immer ab. Nicht vergessen, sich auch die Gräten für die Sauce mitgeben zu lassen!
Fischsud	Dazu benötigt man ca. 500 g Fischgräten und Köpfe, die man sich vom Fischhändler geben lassen kann. In einen Topf geben, zwei Schalotten oder ein Stück Zwiebel, eine halbe Karotte, ein Selleriezweiglein, zwei Knoblauchzehen, ein Stückchen Lauch und einige Petersilienstengel dazugeben, gut bedeckt mit eiskaltem Wasser aufgießen, eine Prise Salz und für ca. zwanzig Minuten leicht köcheln oder auch nur ziehen lassen.
Flambieren	Etwas mit mindestens 45 Grad starkem Alkohol ablöschen und (durch Anzünden mit einem Zündholz) zum Brennen bringen. So lange brennen lassen, bis das Feuer von allein erlischt. Vorsicht, damit man sich nicht verbrennt!
Flans	Flans kann man aus verschiedenem Gemüse, aus Kräutern, Pilzen oder ähnlichem machen. Nicht alles ist aber gleich gut geeignet. Deshalb ist auch das Rezept immer etwas anders, hat aber dieselbe Basis. Wenn man die folgenden Regeln beachtet, kann man es riskieren, die verschiedensten Flans zuzubereiten, so aus Pfifferlingen, Mangold oder Karotten – und ich überlasse es jedem, die Saucen dazu zu erfinden. Meist wird ein Flan aus Gemüse gemacht, das zuerst weichgedünstet, dann mit Sahne knapp bedeckt aufgegossen und kurz weitergekocht wird. Danach wird die Masse im Mixer fein gemixt, und wenn sie etwas erkaltet, aber noch warm ist, werden die Eier dazugemixt. Ist die Masse bei der Zugabe der Eier noch heiß, kochen die Eier schon in der Masse. Sie sollen aber erst im Ofen garen, wo sie stocken und die Masse binden und standfest machen. Wenn hingegen die Masse ganz kalt ist, bindet sie beim Mixen mit den Eiern nicht so gut. Also: am besten schön warm! Was sich auf jeden Fall ändert, ist die Menge der Eier bei den verschiedenen Massen. Ich rate, für einen halben Liter Masse zwei bis drei ganze Eier zu nehmen.

WISSENSWERTES

Flan-Probe	Ein wenig von der Masse in eine kleine Timbalform geben und sie im Ofen im Wasserbad bei 140 Grad für ca. 25 Minuten garen. So sieht man, ob die Masse hält oder nicht. Wenn sie nicht hält, muß man noch ein Ei (oder je nach Menge der Masse auch mehrere) dazugeben. Je größer die Form, umso länger die Garzeit! Die Formen sollten mit Olivenöl ausgestrichen und, erst kurz bevor sie in den Ofen kommen, abgefüllt werden. Flans sollen nur fest werden und nicht aufgehen. Das passiert bei zu langer Garzeit oder bei zuviel Hitze. Am besten: ca. 40 Minuten vor Gebrauch in den Ofen, so können sie nach der Garzeit kurz rasten.
Flans oder Cremes stürzen	Um einen Flan zu stürzen, muß man ihn rundherum mit einem kleinen, flachen Messer von der Timbalform etwas lösen. Dann die Timbalform in die rechte Hand nehmen, die linke auf den Flan legen und mit Schwung die Form umdrehen. Ein Flan muß nur an der Seite Luft kriegen, so läßt er sich ohne Problem aufs Teller setzen. Mit Gelatine gebundene Cremes (z.B. Capuccino-Bavaroise) müssen für einige Sekunden in heißes Wasser getaucht werden, damit sie sich von der Form lösen.
Fleisch binden	Große Fleischstücke werden gebunden, damit sie besser die Form behalten. Dazu benötigt man einen dünnen Spagat (Küchengarn). Diesen zuerst der Länge nach unter dem Fleischstück durchziehen, so daß der Anfang des Spagats am Ende des Fleischstücks ca. 10 cm hervorragt. Dann den Spagat von vorne nach hinten um das Fleisch wickeln, bis man am Ende des Fleischstücks ankommt. Den Spagat abschneiden und die beiden Spagatenden fest zusammenbinden.
Fleisch im Ofen garen	Ich brate Fleisch meistens bei 140 Grad in der Ofenmitte auf einem Gitter, so daß die Hitze gut zirkulieren kann. Dicke Fleischstücke sollte man nach dem Garen ruhen lassen.
Fleisch ruhen lassen	Größere Stücke Fleisch sollten nach der Garzeit, in Alufolie eingewickelt, am Herdrand oder am offenen Ofen ruhen, so kann das Fleisch durchziehen und wird gleichmäßig gar.
Flotte Lotte	Ein Gerät, das zum Passieren von Kartoffeln, Bohnensuppe oder sonstigem dient. In Geschäften für Haushaltsartikel erhältlich.
Geklärte Butter	Eine größere Menge Butter an den Rand des Herdes stellen, so daß sie langsam zu schmelzen beginnt und sich weißer Schaum oben absetzt. Den Schaum abschöpfen und dann erst die Butter etwas mehr zur Hitze schieben, so daß sie leicht zu kochen beginnt. Immer wieder abschöpfen, bis die Butter ganz klar geworden ist. Nicht zu lange auf dem Herd lassen, weil die Butter sonst einen Nußgeschmack erhalten könnte!
Gemüseabfälle	Beim Schneiden von Karotten, Sellerie, Lauch und Zwiebel bleiben immer Reste übrig. Diese gebe ich immer in eine Schüssel und verwende sie für Saucen und Suppen.
Gemüse für Saucen	Gemüse für Saucen sollte immer kleingeschnitten sein.
Gemüse waschen	Das ist wohl selbstverständlich. Das Gemüse nie stundenlang im Wasser liegen lassen, sonst verliert es Vitamine.
Gesalzener Kuchen	Siehe auf Seite 122: *Artischockenkuchen mit Trüffelsabayon*. Diesen Kuchen kann man auch mit anderen Zutaten füllen und auf die gleiche Art zubereiten, z. B. mit Zucchini, mit Pilzen oder mit Zwiebel und Speck.
Geschnittene Petersilie und Kräuter	Es ist wichtig, daß man Kräuter nicht mit einem schlecht schneidenden Messer mehr zerquetscht als hackt, sondern mit einem scharfen Messer schneidet. So bleibt der Geschmack erhalten. Petersilie und andere Kräuter können auch ruhig etwas gröber bleiben. Immer *vor* dem Schneiden waschen!
Grundrezepte	Alles, was ich wichtig fand, um mit diesem Buch kochen zu können, habe ich unter *Wissenswertes* angegeben. Aber es sollten alle Rezepte im Buch auch die Möglichkeit geben, nach Fantasie und Laune mehr oder weniger daraus zu machen. Das heißt z. B. *Schweinefilet mit Melanzane und kleinem Risotto mit Origano,* auch nur einmal einen größeren *Risotto mit Origano* zuzubereiten und als Zwischengericht zu servieren oder die *Schwarzpolentaroulade mit Erdbeeren* als Geburtstagskuchen zu machen.
Gummispachtel	Weiche Spachtel aus Gummi mit einem Holzgriff. Dient zum Rühren und zum perfekten Ausputzen von Töpfen und Schüsseln. In Geschäften für Haushaltsartikel erhältlich.
Haarsieb	Ein Haarsieb (auch Mehlsieb genannt) ist ein rundes, großes Sieb mit sehr feinen bis groben Maschen und hat einen Holz- oder Metallrahmen. Es dient hauptsächlich zum Durchstreichen von Farcen und dergleichen. Ein Sieb mit mittelfeinen Maschen ist dazu am besten geeignet.

Halbgefrorenes	250 g Sahne fast steif schlagen. 3 Eigelb mit 20 g Zucker schaumig schlagen. 2 Eiweiß mit 40 g Staubzucker steif schlagen. Die Schlagsahne mit dem Eiweiß vermengen und unter die Eigelbmasse heben. Gleichzeitig den gewünschten Geschmack dazugeben, sofort in gekühlte Formen abfüllen und für mindestens drei Stunden tiefgefrieren. Das ist ein Grundrezept für Halbgefrorenes. Siehe auch dazu Rezept auf Seite 64!
Hühnerkraftbrühe	Kochen fängt beim kleinsten Detail an, und wenn es auch eher unwichtig erscheint, ist die Hühnersuppe zum Aufgießen einer Cremesuppe oder dergleichen doch genauso wichtig wie die übrige Zubereitung. Ich verwende für die Hühnersuppe meist Hühnerflügel und Hälse und gebe dann folgendes Gemüse dazu: eine halbe, leicht auf der Herdplatte gebräunte Zwiebel, eine halbierte Karotte, ein Selleriezweiglein, einige Petersilienstengel, ein Stückchen Lauch und manchmal, je nach Verwendung der Suppe, auch eine oder mehrere Knoblauchzehen. Dann gieße ich alles gut bedeckt mit kaltem Wasser auf, gebe je nach Verwendung mehr oder weniger Salz dazu und lasse die Suppe für ungefähr 30–40 Minuten leicht köcheln. Wenn ich eine sehr kräftige Suppe will, lasse ich sie, nachdem ich sie passiert habe, noch etwas einkochen. Ob eine mehr oder weniger abgeschmeckte Suppe benötigt wird, ist bei den jeweiligen Rezepten immer angegeben. Die Menge von Gemüse und Hühnerknochen vergrößert sich, wenn die Menge der Suppe größer wird. Auf dieselbe Art werden andere Fleischsuppen zubereitet.
Julienne	Ist der französische Ausdruck für in feinste Streifen geschnittenes Gemüse oder sonstiges. Da es aber nicht immer gleich fein sein muß, gebe ich immer ungefähr an, wie fein.
Kaninchen auslösen	Zuerst die hinteren Schenkel und die Vorderfüße vom Gelenk abtrennen, dann die Rückenfilets nahe dem Knochen mit einem kleinen, scharfen Messer ablösen. Es bleiben die Karkassen (Knochengerüst) übrig. Das ist nur eine Sache von Erfahrung und Probieren. Dabei kann nichts schiefgehen, oder es passiert höchstens, daß man falsch schneidet, aber das gehört zur Erfahrung. Man kann es sich beim ersten Mal vom Metzger zeigen lassen, dabei betone man aber das Wort auslösen, weil Kaninchen vom Metzger auch nur *gehackt* werden.
Karamelisieren	Zucker in einem Topf bei mittlerer Hitze langsam hellbraun werden lassen, dabei ab und zu rühren, damit er nicht anbrennt. Je dunkler man den Zucker werden läßt, umso mehr verliert er an Süße, und sobald er ganz dunkel ist, schmeckt er bitter. Deshalb den Zucker, nachdem er hellbraun bis braun ist, sofort vom Feuer nehmen. Vorsicht! Karamelzucker ist sehr heiß und kann zu starken Verbrennungen führen.
Karkassen	Knochengerüst. Wenn das Fleisch vom Knochen gelöst ist, bleiben die Karkassen zurück.
Kartoffelmehl zum Binden	Kartoffelmehl wird mit ein wenig kaltem Wasser zu einem dickflüssigen Teig vermengt und dann in die kochende Sauce eingerührt. Dabei ja nicht zuviel verwenden, damit die Sauce nicht zu dick wird. Gut verkochen lassen und erst, wenn man sieht, daß die Sauce noch nicht die gewünschte Konsistenz erreicht hat, mehr davon nachgeben. Kartoffelmehl kann auch durch Maismehl ersetzt werden.
Klären	Suppe oder Sud werden durch Zugabe von zwei oder mehr Eiweiß (je nach Menge der Flüssigkeit) wieder klar: Eiweiß kurz aufschlagen und zur kochenden Flüssigkeit geben. Sofort – einmal – mit dem Schneebesen umrühren und dann mit einem flachen Holzlöffel vorsichtig und kurz am Boden des Topfes rühren, damit sich das Eiweiß nicht am Boden ansetzt. Sobald die Brühe wieder zu kochen beginnt, die Hitze aufs kleinste reduzieren und für einige Minuten köcheln lassen, bis die Flüssigkeit klar geworden ist. Dann durch ein Tuch passieren. Der Topf sollte nicht flach und weit, sondern hoch und eng sein, damit sich das Eiweiß besser absetzen kann. Nicht zuviel Eiweiß verwenden, sonst riecht die Suppe oder Sauce danach.
Knochen glasieren	Wenn man Wein zu den Knochen für die Sauce gibt, läßt man diesen mit den Knochen einkochen. Dabei sollte man ab und zu rühren, bis kein Wein mehr im Topf ist. Das nennt man: Knochen glasieren.
Köcheln lassen	Saucen, Suppen und dergleichen sollten nie stark kochen. Köcheln heißt, daß sich die jeweilige Flüssigkeit beim Kochen gerade *rührt*. Das ist wichtig, damit Saucen und Suppen klar bleiben.
Konsistent	Heißt soviel wie fest.
Korianderkörner	Kleine, dem weißen Pfeffer ähnliche Körner, die genau wie Pfeffer in der Mühle gemahlen werden. In Drogerien oder Feinkostgeschäften erhältlich. Koriander gibt es auch als grünes, frisches Kraut.
Kräuter	Nicht getrocknete, vorwiegend geruchlose, sondern die der jeweiligen Jahreszeit verwenden. Alles andere bringt nichts oder sehr sehr wenig! Die Bilder zu den Rezepten zeigen einige frische Kräuter.

Mantecare	Soviel wie *binden*: beim Risotto das Einrühren von Butter und Parmesan. Fleißiges Rühren am Ende der Garzeit macht den Reis erst so richtig sämig und cremig, bis am Topfrand eine cremeartige Flüssigkeit bleibt.
Marinieren	Heißt soviel wie Geschmack geben: die Aprikosen für den Strudel sollte man frühzeitig marinieren, das heißt, Zucker und Gewürze zu den geschnittenen Aprikosen geben, damit sie mehr Aroma erhalten. Das Rinderfilet wird in Olivenöl, Rosmarin und Knoblauch mariniert.
Marinade	Einlegflüssigkeit zum Marinieren – die Kräuter, in denen das Lachsfilet für den marinierten Lachs liegt, oder das Olivenöl, der Knoblauch und der Rosmarin, in dem das Rinderfilet mariniert wird.
Miesmuscheln putzen	Wenn man eine Miesmuschel genau betrachtet, sieht man oben am langen, geraden Teil eine Art kleinen Bart, der aus dem Inneren der Muschel herausragt. Diesen *Bart* muß man zwischen Daumen und Zeigefinger festhalten und nach hinten ziehen, also von der Spitze zum Beginn des runden Teils. So löst sich der *Bart* vom Fleisch in der Muschel, und sie öffnet sich beim Kochen. Die Muschel, wenn sie sehr schmutzig ist, mit einem Pfannenreiber oder einer groben Bürste sauberbürsten, ansonsten nur gut waschen.
Mürbteig	Siehe Rezept auf Seite 220 bei *Apfelkuchen in Orangensauce* unter *für den Kuchenteig*: Dieses Rezept eignet sich für Kuchen genauso wie für Kleingebäck.
Nadelprobe	Wenn man sehen will, ob eine Terrine oder ein Parfait gar ist, sticht man eine große Nadel in die Mitte des Parfaits, läßt sie fünf Sekunden drinnen und fühlt auf der Lippe, ob sie sich warm oder kalt anfühlt. Wenn sie sich warm anfühlt, ist das Parfait gar, wenn sie sich kalt anfühlt, noch nicht. Bei Kuchen und dergleichen benutzt man einen Zahnstocher. Wenn der Zahnstocher trocken ist, ist der Kuchen gar, wenn er noch feucht ist, noch nicht.
Nappieren	Ein wenig Sauce oder Dressing über ein Gericht, einen Salat oder sonstiges geben, also mit der Sauce beträufeln.
Nudelgerichte	Nudelteig (oder auch gekaufte Nudeln), Nudelmaschine und die Idee zu einer guten Sauce. Die einfachste Idee zu einer Sauce wäre z. B. im Sommer: frische, in Würfel geschnittene Tomaten, Knoblauch, bestes Olivenöl und Basilikum, nur für einige Sekunden gekocht, damit die Tomaten frisch bleiben. Ein Nudelgericht kann eine ganze Mahlzeit sein. Wenn man nicht einkaufen gehen will, dann sollte man nachschauen, was der Kühlschrank zu bieten hat. Vielleicht ist er gar nicht so leer, wie man glaubte, und es gelingt einem, eine unerwartet herrliche Sauce zu zaubern.
Nudelmaschine	Nudelmaschinen gibt es in allen Größen. Für den Haushalt genügt eine kleine. Als Haushaltsartikel erhältlich.
Nudelteige	Nudelteig für Ravioli: 300 g Mehl, 2 Eier, 1 Eigelb, 1 EL Olivenöl, Salz und ein Schuß Weißwein. Nudelteig für Nudeln: 200 g Mehl, 50 g feiner Hartweizengrieß, 4 Eigelb, 1 ganzes Ei, 2 EL Olivenöl, Salz. Die jeweiligen Zutaten werden so lange geknetet, bis ein glatter und geschmeidiger Teig entstanden ist. Der muß zugedeckt für mindestens eine halbe Stunde rasten. Der Teig für Ravioli ist weniger fest, dementsprechend kürzer ist die Kochzeit, auch damit der Geschmack der Fülle nicht verlorengeht. Der Teig für Nudeln ohne Fülle ist fester. Die Nudeln bleiben also beim Kochen schön »al dente«. Sollte der Teig einmal zu trocken werden, kann man Eier oder auch etwas Wasser hinzufügen. Wenn er zuwenig fest ist, kann man etwas Mehl dazugeben. Dies sollte aber dann schon gleich am Anfang sein und nicht erst, wenn der Teig schon fertig geknetet ist. Mehr Mehl kann man eventuell auch erst bei der Weiterverarbeitung mit der Nudelmaschine einarbeiten. Beim Verarbeiten mit der Nudelmaschine als erstes den Teig einige Male durch die Maschine drehen, bis er glatt und geschmeidig ist. Dann erst weiterverarbeiten und dabei immer mit Mehl bestäuben. Während der Verarbeitung den Teig immer mit Klarsichtfolie zudecken! Übrig gebliebener Nudelteig läßt sich sehr gut einfrieren. Bei Gebrauch mindestens sechs Stunden davor aus dem Tiefkühler nehmen und in den Kühlschrank stellen.
Nußgroß	Ein nußgroßes Stück Butter wiegt ca. 15 g. Wenn ich nußgroß schreibe, heißt das, daß es auf ein bißchen mehr oder weniger nicht ankommt.

Olivenöl	In meiner Küche gibt es immer eine Flasche Olivenöl von mittelmäßiger Qualität, das ich zum Kochen verwende, das heißt zum Anbraten von Knochen, von Fleisch usw. Die andere Flasche enthält bestes Olivenöl, das ich meist nur roh verwende. In den Rezepten ist dann immer angegeben: *bestes Olivenöl*. Auf diesem Olivenöl muß immer *extra vergine* stehen, was soviel heißt wie *erste kalte Pressung*, also das Erste und das Beste aus der Olive. Laß dich von einem Fachmann beraten! Das Teuerste muß nicht immer das Beste sein. *Bestes Olivenöl,* das der Speise auch Geschmack verleiht, darf nie zu stark erhitzt werden, da es sonst alle seine Qualitäten verliert.
Parisienneausstecher	Ein Ausstecher, mit dem man runde Kugeln aus Gemüse oder Früchten sticht. Es gibt kleinere und größere. Parisienneausstecher sind in jedem Haushaltsgeschäft erhältlich.
Parüren	Wenn man Fleisch von Sehnen, Häuten und dergleichen befreit, heißen diese *Abfälle* Parüren. Parüren werden für die Sauce weiterverwendet und sind deshalb alles andere als Abfälle.
Passieren durch ein Sieb	Wenn man Cremesuppen, Früchtepürees oder Dickflüssiges durch ein Sieb passiert, gelingt es leichter, wenn man diese Masse mit einem kleinen Schöpfer kreisförmig drehend am Siebboden durchrührt.
Passieren durch ein Tuch	Eine Flüssigkeit durch ein Tuch sieben. Am besten eignet sich ein Tuch mit grober Struktur (Mull). Dabei wird zuerst ein Sieb auf den Topf gegeben und dann das Tuch darübergelegt.
Petersilienstengel	Beim Abzupfen der Petersilienblätter bleiben die Stengel übrig. Diese verwende ich dann für die Suppen, Saucen und Sude.
Pfeffern	Immer, wenn ich pfeffern schreibe, ist gemeint, mit Pfeffer aus der Mühle würzen. Pfeffer immer im letzten Moment hinzufügen, weil man dann das wahre Aroma schmeckt und nicht nur die Schärfe spürt. Normalerweise verwende ich weiße Pfefferkörner.
Pochieren	Eine Speise schonend garen, meist in mehr oder weniger Flüssigkeit (ohne daß die Flüssigkeit kocht) und des öfteren zugedeckt, so Fisch, eine Frucht oder auch Fleisch, im Wasser oder in einer Suppe nur ziehen lassen, bis es gar ist. Beispiel im Buch: *Pochierter Pfirsich* auf Seite 103 oder *Pochiertes Rippenstück* auf Seite 97.
Pochieren im Ofen	Im Wasserbad garen, z. B. Flans, Terrinen, Creme Caramel usw. Siehe unter *Wasserbad*.
Probe bei Farcen	Von der *fertigen* rohen Farce einen Teelöffel voll nehmen und in auf ca. 80 Grad erhitztes Wasser geben. Nach einigen Minuten herausnehmen und die Nocke durchschneiden. So kann man sehen, ob die Masse locker genug ist. Ansonsten noch etwas Sahne (Schlagsahne) dazugeben. Wenn die Masse zu locker ist, was eher selten vorkommt, ist es schwierig, sie wieder etwas fester zu machen. In diesem Fall müßte man wieder Grundmasse (Fleisch, Fisch oder Geflügel) mixen, durch ein Haarsieb streichen und so viel zur Masse rühren, bis sie wieder an Konsistenz gewinnt.
Pökelsalz	Ist ein Salz, das hauptsächlich die Metzger zur Herstellung von Wurstwaren verwenden. In der Küche verhindert ein wenig davon (im Verhältnis 1 Teil Pökelsalz – 7 Teile normales Salz) das Grauwerden von Fleischterrinen und Leberparfaits. Sie behalten somit die natürliche, rötliche Farbe.
Ragout	Als Ragout bezeichnet man ein Gemisch von verschiedenen Speisen, die meist zusammen auf einem Teller serviert werden, so z. B. *Ragout vom Schweinefilet mit Kümmel* oder *Ragout von Seezungen mit Artischocken und Olivenöl*.
Reis für Risotto	Am liebsten verwende ich *Carnarolo superfino*, der aber eher schwer zu finden ist. Sehr gut geeignet ist auch *Vialone nano*. Der Reis, der am meisten für Risotto angeboten wird, nennt sich *Arborio*. Jede dieser Reissorten hat (leicht) verschiedene Garzeiten, das heißt, nicht immer genau 18 Minuten, sondern je Sorte 1–2 Minuten mehr oder weniger. In den Rezepten gebe ich immer 18 Minuten an. Das ist die normale Garzeit beim Kochen von Risotto. Sollte man keine der von mir erwähnten Reissorten finden, achte man auf die auf der Reispackung angegebenen Informationen über die Eignung der Sorte.

Risotto	In einem eher weiten Topf in etwas Olivenöl oder Butter eine halbe kleine, feingeschnittene Zwiebel kurz anziehen lassen. Dann 300 g Reis (vier Personen) für Risotto dazugeben und für ca. 30 Sekunden glasig dünsten. Der Reis wird glasig gedünstet, damit sich die Poren schließen und während der Kochzeit die Reisstärke nicht in die Flüssigkeit übergeht. Dann mit ca. einem halben Glas Weißwein ablöschen und diesen zur Gänze einkochen lassen, dabei rühren. Danach mit einem Schöpfer Hühnersuppe aufgießen und langsam köcheln lassen, dabei ab und zu rühren. Sobald nur mehr wenig Flüssigkeit im Topf ist, wieder Hühnersuppe hinzufügen und weiterkochen lassen. So für 18 Minuten weiter verfahren, dann vom Feuer nehmen, reichlich Parmesan sowie ein Stück Butter dazugeben und kräftig rühren, bis der Reis sämig und cremig dick ist. Wenn zum Schluß die kalte Butter und der Parmesan dazugegeben werden, sollte kräftig gerührt werden, damit sich die Stärke löst und der Reis cremig und sämig wird (mantecare). Dies ist die Zubereitungsbasis für einen Risotto *Parmigiano*. Wenn man nun einen Risotto nach eigener Vorstellung machen will, gibt man einfach zum Grundrezept den gewünschten Geschmack dazu.
Rosa braten	Bis *z u m P u n k t* garen. Fleisch gart ja von außen nach innen. Sobald der Garprozeß am Punkt in der Mitte des Fleisches angekommen ist, ist das Fleisch rosa. Auf diese Weise bleibt es saftig und zart. *B i e n c u i t* heißt gut durchgebraten, also schon nicht mehr rosa, *m e d i u m* heißt halb durch. Dann ist das Fleisch in der Mitte noch leicht roh. Nur bei dunklem Fleisch zu empfehlen. Geschmacksache des einzelnen Gastes. Es gibt auch Menschen, die Fleisch gerne *blutig* essen. Das nennt man in der Fachsprache *S a i g n a n t*. Das Fleisch ist dann nur außen leicht gegart und bleibt innen roh.
Sabayon	Ist eine Masse, die aus Eigelb und Flüssigkeit besteht und über Dampf (Wasserbad) aufgeschlagen wird, bis sie schaumig dick ist. Man nennt sie auch Weinschaum. Meist wird ein Sabayon süß gereicht. Ich mache aber auch pikante Sabayons wie z. B. den *Trüffelsabayon zum Steinpilzstrudel* (Seite 126).
Sämig	Eine Sauce ist sämig, sobald sie mit Butter gebunden ist. Sämig heißt auch soviel wie dickflüssig oder cremig-dickflüssig, was bei Risotto zutrifft.
Sahne	Muß, wenn sie geschlagen wird, immer aus dem Kühlschrank kommen und gut kalt sein, sonst läßt sie sich nicht schlagen. Ebenso muß sie rein sein. Die Schüssel, in der man die Sahne schlägt, sollte aus Metall, Glas oder Hartplastik sein. Ich putze die Schüssel immer mit einem Tuch aus, bevor ich die Sahne hineingebe. Siehe auch *Die kleinen Geheimnisse der Kunst des Kochens* bei *Mousse, Creme, Halbgefrorenes* (Seite 202).
Salatdressing	Es gibt kein Dressing, das ich grundsätzlich für alle Rezepte verwende. Ich nehme aber immer: ein wenig Salz, guten Essig, bestes Olivenöl (oder auch Samenöl) und einen Hauch Pfeffer. Nach Wunsch für eine kleine Kreation können Kräuter, etwas Ingwer, Parmesan und Tomatenwürfel dazukommen.
Salzen	Salzen ist eine Gefühlssache und kann nicht in Gramm ausgedrückt werden. Wenn man kleine Fleisch- oder Fischstücke salzt, sollte man Salz zwischen die Finger nehmen und es mit genügend Abstand regenartig rieseln lassen. Zum Salzen von größeren Mengen Flüssigkeit verwende ich immer grobes Salz, weil sich das besser messen läßt. *Eine Prise Salz* ist das, was zwischen Daumen und Zeigefinger Platz hat. Wenn ich schreibe *salzen*, ist das etwas mehr. *Gut salzen* gilt meist für Wasser zum Kochen von Gemüse, Nudeln und dergleichen oder auch zum Pochieren von Fisch. Große Fleischstücke sollten mit Salz eingerieben werden.
Schalotten	Schalotten sind kleine, den Perlzwiebeln ähnliche Zwiebeln, die zwar kräftig, aber trotzdem feiner im Geschmack als normale Zwiebeln sind.
Saucen	Ich mache nie ein und dieselbe Grundsauce, sondern bereite die Sauce immer aus den Knochen des jeweiligen Fleischs zu. Das ist bei *Die kleinen Geheimnisse der Kunst des Kochens* unter *Saucen* genau beschrieben. Sollte man es einmal eilig haben, kann man einen Braten- oder Schnitzelsatz auch mit etwas Fleischsuppe ablöschen und mit einem Stückchen Butter verfeinern. Das erspart natürlich eine Menge Zeit und kann trotzdem zu einem guten Resultat führen.
Sauce Hollandaise	*Pochiertes Rippenstück auf Gemüse, Sauce Hollandaise mit Rosmarin* auf Seite 97. Die Sauce Hollandaise ohne Rosmarin ist das Grundrezept.
Sautieren	In einer heißen Pfanne mit ein wenig Fett etwas schwenken. Dabei wird die Pfanne (fast) dauernd bewegt, damit das jeweilige Produkt gleichmäßig gegart wird und zugleich Farbe annimmt. Deshalb muß die Pfanne auch gut heiß sein und sollte während des Sautierens nicht vom Feuer genommen werden, damit die Hitze konstant bleibt. Sonst könnte bei Fleischstücken der Saft auslaufen, und das Fleisch wird trocken und zäh.

Schwenken	Eine Speise in einer Pfanne schwenken, dabei die Pfanne bewegen, damit das jeweilige Produkt nicht anbrennt oder ansitzt. Das ist eine Übungssache.
Sorbet	Ein Sorbet besteht aus einer reifen Frucht, die mit genügend Zuckersirup gesüßt, dann fein gemixt und schließlich in der Eismaschine gefroren wird. Siehe auf Seite 108. *Salat von Sommerfrüchten mit einem Sorbet von denselben.* Wenn man keine Eismaschine hat, kann man die gemixte Frucht auch in ganz kleine Becher abfüllen, tiefgefrieren und im gefrorenem Zustand in einem guten Mixer cremig mixen.
Strudelteig	Bei Strudelteig (Ziehteig) ist es wichtig, daß er gut geknetet wird, danach mindestens dreißig Minuten rasten lassen, daß er nach dem Rasten auf keinen Fall mehr geknetet wird und daß er, während man ihn auszieht, auf einem gut bemehlten Tuch liegt und auch selbst immer gut bemehlt ist. Ein Strudelteig für eine gesalzene Speise (z. B. Steinpilzstrudel Seite 126) wird so zubereitet wie ein Strudelteig für eine süße Speise (z. B. Aprikosenstrudel Seite 106), nur daß ich anstelle von Olivenöl bei gesalzenem Strudel, Samenöl bei süßem verwende. Die Kreationen im Buch sind auch eine Basis dafür, einen Strudel einmal nach eigener Fantasie zu füllen, sei es mit Gemüse, Obst oder sonstigem. Ausprobieren macht Freude!
Sud	Heißt soviel wie Suppe oder Brühe (z. B. Fischsud).
Terrinenformen	Zum Pochieren von Terrinen oder Parfaits im Ofen wäre eine emaillierte Gußeisenform am geeignetsten, weil sie zu starke Hitze dämpft und so für schonendes Garen gesorgt ist. Erhältlich meist nur im Fachhandel für Hotel- und Gaststättenbedarf. Auch Terrinenformen (Pastetenformen) aus Porzellan oder Steingut sind geeignet. Formen, wie ich sie zum Abfüllen der Himbeer-Joghurt-Terrine oder der Bitterschokolade-Terrine verwende, gibt es in jeder Größe, aus verschiedenen Materialien und preisgünstig. Terrinen aus Edelstahl sollten zum Pochieren mit Alufolie umwickelt werden, damit die Hitze etwas gedämpft wird.
Timbal	Anderer Ausdruck für Flan, den man auch Pudding nennen könnte.
Timbalförmchen	Auch Karamelförmchen aus Edelstahl sind geeignet und werden zum Abfüllen von Flans, Cremes oder Pudding verwendet.

Tomaten enthäuten	In der klassischen Küche werden Tomaten zum Enthäuten mit einem Messer eingeritzt und blanchiert. Dann wird die Haut abgezogen. Ich habe meine eigene Methode: Die Tomaten je nach Größe vierteln oder sechsteln. Dann die Kerne herausschneiden. So bleibt das Fleisch mit der Haut zurück. Das Fleisch mit einem kleinen, scharfen Messer von der Haut wegschneiden. Dabei auf die Fleischseite einen Finger zum Festhalten legen und mit dem Messer zwischen Haut und Fleisch durchfahren (siehe Bild Seite 234). Auf diese Weise bleibt die ganze Frische der Tomate, und man erspart sich die Zeit des sonst üblichen Blanchierens. Es sind auch nicht immer alle Tomaten gleich reif, und beim Blanchieren müßte die weniger reife länger im Wasser bleiben als die reifere. Bei der Methode, die ich verwende, spielt das keine Rolle.
Tomatensauce	Dazu braucht man ca. 1/2 kg sehr reife, schmackhafte Tomaten, einige Knoblauchzehen, eine geschnittene Schalotte und vier bis fünf Eßlöffel bestes Olivenöl. Die Tomaten werden in Stücke geschnitten und mit reichlich Salz mindestens eine Viertelstunde mariniert. Die Knoblauchzehe und die Schalotte wird im Olivenöl eine Weile gedünstet, dann werden die Tomaten gemixt und dazugegeben. Alles zusammen einmal gut aufkochen, dann durch ein Sieb passieren und noch einmal kurz aufmixen. Das ist die Tomatensauce, wie ich sie zubereite. Wenn man sie für Nudeln verwendet, rate ich, die Teigwaren sehr »al dente« zu kochen und dann mit der Tomatensauce unter dauerndem Rühren zwei bis drei Minuten weiterzukochen, bis die Sauce beginnt, sich mit den Nudeln zu binden.
Trüffelpasta	Findet man in Feinkostgeschäften und kann an Stelle von frischer Trüffel verwendet werden. Trüffelpasta besteht (außer der Zugabe von Konservierungsmitteln) zu 100 Prozent aus reiner Trüffel. Trotzdem kann sie der Qualität von frischer Trüffel nicht gleichkommen.
Turnieren	Gemüse oder Früchten eine bestimmte Form geben, meist olivenähnlich. Als Beispiel Karotten: Die Karotte in ca. 4 cm lange Stücke schneiden, vierteln und mit einem kleinen Messer, auch Turniermesser genannt, rundherum zuschneiden, so daß die Karotte eine einheitliche Form erhält. Dies benötigt einen ziemlichen Zeitaufwand. Ich rate also, dies nur zu tun, wenn man genügend Zeit hat.
Unterheben	Eine Masse mit Vorsicht mit einer Gummispachtel unter eine andere Masse heben. Dabei nur so lange rühren, bis die Masse vermischt ist, damit sie locker bleibt.
Wasserbad	a) Wasserbad, auf dem Biskuitmassen, Sabayons u. ä. warm-schaumig geschlagen werden: In einem weiten Topf wird Wasser auf ca. 90 Grad erhitzt. Die jeweilige Masse wird dann in einer Metallschüssel oder in einem Rührkessel auf dem Dampf des Wasserbades schaumig geschlagen, anfangs bei weniger (bis die Masse an Volumen gewonnen hat), später bei mehr Hitze. Auf diese Weise werden Massen schonender warm geschlagen. Darauf achten, daß das Wasser nicht zu heiß ist, sonst passiert es im Fall einer Biskuitmasse oder einem Sabayon, daß die Eier in der Masse kochen und sie nicht mehr schaumig wird (sie fällt zusammen). Ab und zu kurz vom Wasserbad wegnehmen. Langsam warm schlagen, einfach mit ein bißchen Gefühl! b) Wasserbad zum Garen von Terrinen, Parfaits, Flans u. ä. Für Terrinen und Parfaits wird in eine entsprechend große Rein ein Tuch gelegt, die Terrine oder das Parfait daraufgestellt und die Rein mit fast kochendem Wasser bis fast zum Rand der Terrinenformen aufgegossen. Dann wird im Ofen gegart (die Temperatur des Ofens ist bei den jeweiligen Rezepten angegeben). Das Wasser im Ofen darf auf keinen Fall kochen, deshalb muß man ab und zu kontrollieren. Allenfalls die Hitze im Ofen reduzieren und ein wenig kaltes Wasser nachgießen. Zum Garen von Flans kein Tuch und nur wenig Wasser in die Rein geben. Soufflés werden gleich wie Terrinen mit Tuch und in reichlich Wasser gegart (bis zu zwei Drittel der Formenhöhe). c) Wasserbad zum Binden von Eismassen, Cremes u. ä. Wenig Wasser in einem Topf zum Kochen bringen, die jeweilige Masse in einen entsprechend kleineren Topf geben und in das Wasser stellen. Am Herdrand oder bei wirklich kleinster Flamme langsam binden lassen, dabei ab und zu umrühren. Durch die Hitze des Wassers beginnt die Masse langsam dicker zu werden. Es könnte passieren, daß das Wasser im Wasserbad zu heiß wird und die Masse gerinnt. In diesem Falle rate ich, die Masse mit einem Mixstab kräftig durchzumixen, damit sie wieder glatt wird.
Zuckersirup	1/2 Liter Wasser mit 1/2 kg Zucker zum Kochen bringen. Das ergibt Zuckersirup und dient zum Süßen oder Nachsüßen von Desserts. Zuckersirup hält sich im Kühlschrank sehr lang (mindestens zwei Monate). Deshalb rate ich, ihn auf Vorrat zu machen.
Zutaten	Bei den Angaben der Zutaten schreibe ich nie Salz und Pfeffer, sondern erst bei der Zubereitung.

1 EL = ein Eßlöffel · 1 TL = ein Teelöffel · g = Gramm · kg = Kilogramm · dcl = Deziliter · l = Liter

Dinge, die man immer griffbereit haben sollte

Olivenöl von bester Qualität
Olivenöl von mittlerer Qualität
gutes Samenöl
Champagneressig
oder guten Weißweinessig
Himbeeressig, Balsamessig
guten Rotwein
trockenen Weißwein
trockenen Sekt
trockenen Vermouth
Cognac
Zucker, Staubzucker
Vanillezucker
Mehl, Kartoffelmehl
Brotbrösel
Hartweizengrieß
Reis für Risotto
grobes und feines Salz
Pfefferkörner
Nelken, Nelkenpulver
Zimtrinde, Zimtpulver
Paprika
Korianderkörner
Aniskörner, Kümmel
Muskatnuß, Safran
Blattgelatine
Kartoffeln
Zwiebeln, Schalotten
Knoblauch
Eier
Zitronen
Butter, Sahne, Milch
Parmesan
Zuckersirup
Klarsichtfolie, Alufolie, Butterpapier

Arbeitsgeräte

Ich wünschte, du könntest meine Küche sehen, wo alles so praktisch wie möglich an seinem Platz ist. Was ich brauche, finde ich beinahe blind. Versuche du dir aber einfach im Laufe der Zeit deine eigene Küche so praktisch wie möglich einzurichten. Kaufe nur, was du wirklich brauchst, dafür gute Qualität! Alles, was du nicht nötig hast, wird dir immer wieder im Weg sein und dir nicht helfen. Immer wenn dir aber auffällt, dieses oder jenes wäre praktisch, notiere es gleich. Bald wirst du in deiner Traumküche arbeiten. In der Folge und als kleine Hilfe zähle ich dir einige der wichtigsten Arbeitsgeräte auf:

- 2 Suppentöpfe inox 20 und 24 cm
- 2 Kasserollen (weiter Topf) inox 20 cm
- 1 Kasserolle (weiter Topf) inox 16 cm
- 1 Kasserolle flach inox 24 cm
- 2 Deckel inox 20 und 24 cm
- 2 Pfannen mit Stiel beschichtet 20 und 28 cm
- 3 Butterpfännchen inox 11 cm
- 2 Suppensiebe inox 10,5 und 14 cm
- 1 Nudelsieb mit Stiel inox 18 cm
- 1 Spitzsieb inox 18 cm
- 1 Schnabeltopf inox 12 cm
- 2 Schüsseln inox 24 cm
- 2 Schüsseln inox 28 cm
- 2 Schüsseln inox 32 cm
- 2 Schneeruten inox 25 und 30 cm
- 1 Muskatreibe inox
- 1 Gemüseraffel inox
- 1 Reibeisen inox
- 1 Schaumlöffel flach inox 12 cm
- 1 Schaumlöffel Draht inox 12 cm
- 1 Saucenschöpfer inox 6 cm
- 1 Suppenschöpfer inox 9 cm
- 1 Fischbackschaufel inox
- 2 Küchenmesser 19 cm
- 1 Brotmesser 23 cm
- 1 Auslösemesser 14 und 16 cm
- 1 Hackbeil 18 cm
- 1 Fleischgabel
- 1 Tranchiermesser 25 cm
- 1 Lachsmesser 31 cm
- 2 Gemüsemesser (gebogen und gerade)
- 1 Trüffel-(Käse-)hobel
- 1 Streicher klein
- 1 Palette 22 cm
- 2 Kartoffel-Gemüseschäler
- 1 Kernhausausstecher
- 1 Kartoffellöffel (Parisienneausstecher)
- 1 Teigrad
- 1 Fleischklopfer
- 1 Zisliermesser
- 1 Fadenschneider (für Zitrusfrüchte)
- 1 Küchenmaß 1 Liter
- 1 Schüttelsieb
- 1 Holzrandsieb 25 cm (Haarsieb)
- 2 Gummispachteln mit Stiel
- 2 Teigkarten
- 2 Spritzsäcke Nr. 2 mit verschiedenen Tüllen
- 1 Garnitur Ausstecher elfteilig rundglatt
- 1 Tortenform 26 cm (Ringform)
- 1 Obstkuchenform 24 cm
- 2 Kastenformen 30 cm (Terrinenform)
- 1 Terrinenform für Parfaits (Gußeisen emailliert)
- 1 Butterpinsel
- 1 Teigrolle 25 cm
- 8 Timbal-Formen (Creme Karamel) 6,5 cm
- 8 Timbal-Formen (Creme Karamel) 5,5 cm
- 1 Flotte Lotte (Passiermaschine)
- 1 Nudelmaschine
- 1 Nudelzange
- 1 Schneidbrett Plastik 45 cm
- 3 Holzkochlöffel
- 1 Eisportionierer 1/30
- 1 Pfeffermühle
- 1 Küchenwaage
- 1 Kirschentkerner
- 1 Zitronenpresse
- 1 Elektromesser
- 1 Elektrorührmaschine
- 1 Cutter (Moulinex)
- 1 Mixgerät

Rezeptverzeichnis

Apfelkuchen in Orangensauce	220
Aprikosenstrudel mit Joghurt-Minze-Eiscreme	106
Artischockenkuchen mit Trüffelsabayon	122
Blumenkohlsuppe mit Kaviar	169
Bratapfel auf Orangensauce mit Nußeis	190
Brombeersuppe mit Vanilleeis und Schwarzpolentatörtchen	104
Capuccino-Bavaroise in Anissauce	217
Carpaccio mit rohen Artischocken auf Frühlingssalaten	212
Consommè von der Ente mit Konfit von Belgischer Endivie und Zitronenmelisse	50
Crêpes von der Passionsfrucht	191
Die Aperitifhappen	116
Ente auf Wirsing mit Balsamessigsauce	184
Entenbrustscheiben mit Zwiebeln in der eigenen Sauce	143
Feigen in Rotwein mit Ingwereis	150
Frikassee vom Kaninchen mit Artischockenherzen	53
Fischsuppe	218
Forelle in der Kruste mit wilden Spargeln in leichter Zitronensauce	46
Frühlingsrisotto in Erinnerung an Dennis	213
Gänsestopfleber mit Weißkohl, Steinpilzen und weißer Trüffel aus Alba	118
Garganelli mit Tomaten, Zucchini und Peperoncino	128
Geflügellebercrêpes in Spinatcreme	123
Gefüllte Kaninchenkeule mit Fenchel in Koriandersauce	182
Gewürztraminercreme mit Bergäpfeln	146
Grüne Tortelloni vom Kalbsbries in Lorbeersauce	40
Himbeer-Joghurt-Terrine	102
Hühnerkraftbrühe mit feinen Streifen von Wintergemüse	168
Italienische Bohnensuppe	216
Kalte Tomatensuppe mit Basilikumöl	80
Kaninchen mit Knödeln von der Leber in Rosmarinsauce	144
Karottenkuchen mit Schwarztee-Eis und Ananas	196
Karottensuppe mit Miesmuscheln	167
Käsekuchen mit Kastanieneis und Honigsauce	153
Kerbelflan mit Pfifferlingen in Knoblauchsauce	82
Kirschhalbgefrorenes in Rotweinsauce	64
Kleine Kalbsschnitzel mit bestimmtem Gemüse und weißer Trüffel aus Alba	140
Kleine Rotbarbenfilets im Himbeeressigsud	135
Kräuterrahmsuppe	37
Kräuterrisotto mit kleinen Scampi	42
Lachs auf Spinat mit Zitrone	93
Lachs in der Kerbelkruste mit Zitronensauce und Karotten	132
Lachsterrine mit Dillkartoffeln in Artischockensauce nach Armin Mairhofer	162
Lammkarree mit Thymian und Knoblauch Rösti von Kartoffeln und Weißkohl	98
Lammkeule mit Kräutern auf Frühlingsgemüse	56
Lammscheiben in Thymiangelee mit Selleriesalat	161
Lauwarmer Salat von Spargeln und Scampi mit Himbeer-Zitronen-Dressing	31
Litschi mit Eis von exotischen Früchten	197
Mangoldsuppe mit Dillklößchen	124
Marinierter Lachs mit Spargelspitzen	30
Marmorbrasse im Champagneressigsud mit Aniskartoffeln	175
Melanzanestrudel mit Basilikumsabayon	84
Mit Pfifferlingragout gefüllte Zucchiniblüte in Garnelensauce	86
Mousse von Langustinen in der Zucchiniblüte mit einem kleinen Salat von Karotten und Zucchini	
Ochsenfilet in Rotwein-Schalotten-Sauce mit Petersilienpüree	186
Parfait vom Kalbshirn mit Schalottenkonfit	164
Peperoniflan mit Peperoncino	170
Perlhuhnbrust mit bestimmten Kräutern in Armagnacsauce	188
Petersiliennudeln mit Herbstpfifferlingen	215
Petersilientaglierini mit Venusmuscheln, Miesmuscheln und Tomaten	39
Piccata vom Kalb in der Schwarzbrotkruste mit Karotten-Zucchini-Gemüse und Zitrone	52
Pilze im Gelee und Kaninchensalat	76
Pilzrisotto	125
Pochierte Wachteleier auf Spinat mit Hühnerlebersauce	43
Pochierter Pfirsich mit Amaretti-Eis oder mit Amaretti-Halbgefrorenem und Himbeermark	103
Pochiertes Hühnerei auf Rösti mit Kaviar	38
Pochiertes Rippenstück auf Gemüse Sauce Hollandaise mit Rosmarin	97
Ragout von Schweinefilet und Wintergemüse mit Kümmel	185
Ragout von Seezunge, Steinpilzen und Kartoffeln in Anissauce	89
Ragout von Seezungen und Artischocken mit Olivenöl	129
Ravioli vom Kaninchen in der eigenen Sauce	172
Rehmedaillons in Wacholdersauce mit Sellerie- und Petersilienpüree	139

REZEPTVERZEICHNIS

Rhabarber in leicht geliertem Holundersaft mit Erdbeereis	61
Rinderfiletstreifen und Sommergemüse in der eigenen Sauce	94
Risotto mit Paprikaschoten	173
Rotbarbenfilets auf Rote-Rüben-Streifen mit Himbeerdressing	166
Rotbarbenfilets in Sauce von Miesmuscheln und Olivenöl	176
Rotkohltimbal mit Flußkrebsen nach Scott Carsburg	136
Safranfarfalle mit kleinem Gemüse	174
Salat von Gartensalaten, Steinpilzen und rohen Rinderfiletscheiben	72
Salat von gebackenem Hirn und Artischocken	119
Salat von Gemüsestreifen, Steinbutt und Miesmuscheln an Champagnervinaigrette	28
Salat von Gurken, Bohnen und Tomaten mit lauwarmer Räucherlachsforelle	214
Salat von Kalbsbries und Pfifferlingen mit Kerbeldressing	78
Salat von der Kalbszunge mit Ingwerdressing	160
Salat von neuen Kartoffeln und Bohnen mit Gänsestopfleber	73
Salat von Sommerfrüchten mit einem Sorbet von denselben	108
Sankt-Peter-Fisch mit Flan von Petersilie in Rosmarinsauce	134
Scampi auf Erbsencreme mit jungen Karotten	48
Schokoladeterrine mit Äpfeln und Calvados	194
Schwarzpolentaroulade mit Erdbeeren und Eis von schwarzem Pfeffer	58
Schwarzpolenta-Soufflé mit Birne und Rotweineiscreme	192
Schweinefilet mit Melanzane und kleinem Risotto mit Origano	100
Seeteufelmedaillons auf Tomatenmark mit Estragon	92
Seewolf im Sud von rosa Pampelmusen mit grünen Spargeln	44
Seewolf mit Herbstpfifferlingen im Sud und weiße Albatrüffel	130
Seezungenfilets mit Petersilie und Karotten in Zitronensauce	180
Seezungenröllchen in Steinpilzcreme	81
Spargelsuppe mit Lachsstreifen	36
Steinbuttfilet in Safran-Tintenfisch-Sauce	178
Steinbuttfilet mit Karottenfarce in Basilikum-Zucchini-Sauce	88
Steinpilzstrudel mit Sabayon von weißer Trüffel aus Alba	126
Störklößchen mit Kaviarsauce	47
Stubenküken mit Morcheln in weißer Pfeffersauce	54
Sülze von Kaninchen und Frühlingsgemüse auf Kressesalat	32
Taubenbrüstchen mit Parfait von der Geflügelleber und kleinem Maissalat	120
Taubenbrüstchen mit Petersilienfarce im Karottensud	96
Terrine von weißer Schokolade mit Kirschen	62
Tomatenmousse an Lachsmedaillons mit Basilikumdressing	74
Tortellini von Miesmuscheln in Basilikumsauce	83
Wachtelbrüstchen mit Gänsestopflebersauce und trüffliertem Kartoffelpüree	138
Wachteln mit Totentrompeten in Steinpilzsauce	142
Walderdbeeren mit Minzeis	60
Zahnbrasse auf Tomaten im Knoblauchsud	90
Zimtbirnen mit Bananeneis	152
Zucchinisuppe	79
Zwetschgensülze auf Apfel-Minz-Sauce	148